校企合作电子商务专业精品教材

互联网+教育改革新理念教材

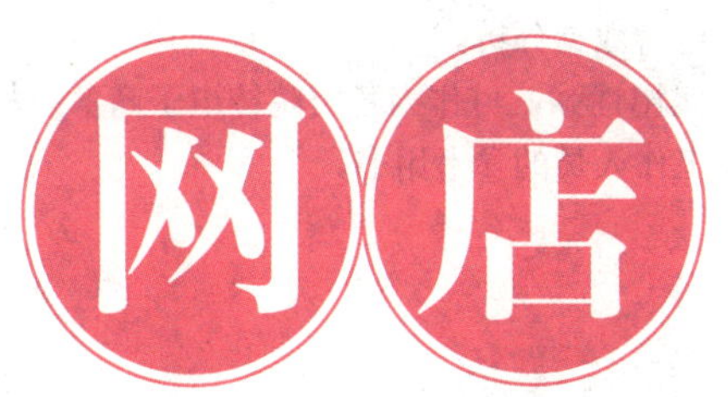

网店运营与管理

（第 2 版）

主审 卢立红

主编 喻红艳 禹 云 周党华

教·学
资 源

镇 江

内 容 提 要

本书采用项目化教学方式，以通俗易懂的语言、翔实生动的实例，全面系统地阐述了网店运营与管理的相关知识。全书共分为 9 个项目，内容包括网上开店前期筹划、网店开设与货源选择、网店商品发布、店铺装修、网店日常运营管理、网店客服管理、网店物流管理、网店推广与营销，以及网店运营数据分析。

本书内容全面、理实一体、知识新颖、实用性强，可作为各类院校电子商务及相关专业的专用教材，也可作为网店运营相关工作人员的参考用书。

图书在版编目（CIP）数据

网店运营与管理 / 喻红艳，禹云，周党华主编. -- 2 版. -- 镇江 ：江苏大学出版社，2021.10（2023.12 重印）
ISBN 978-7-5684-1707-5

Ⅰ. ①网… Ⅱ. ①喻… ②禹… ③周… Ⅲ. ①网店－运营管理 Ⅳ. ①F713.365.1

中国版本图书馆 CIP 数据核字(2021)第 214893 号

网店运营与管理（第 2 版）
Wangdian Yunying yu Guanli（Di-er Ban）

主　　编 / 喻红艳　禹　云　周党华
责任编辑 / 郑晨晖
出版发行 / 江苏大学出版社
地　　址 / 江苏省镇江市京口区学府路 301 号（邮编：212013）
电　　话 / 0511-84446464（传真）
网　　址 / http://press.ujs.edu.cn
排　　版 / 北京同文印刷有限责任公司
印　　刷 / 北京同文印刷有限责任公司
开　　本 / 787 mm×1 092 mm　1/16
印　　张 / 14.25
字　　数 / 329 千字
版　　次 / 2021 年 10 月第 2 版
印　　次 / 2023 年 12 月第 2 版第 4 次印刷　累计第 15 次印刷
书　　号 / ISBN 978-7-5684-1707-5
定　　价 / 49.80 元

如有印装质量问题请与本社营销部联系（电话：0511-84440882）

前言
PREFACE

随着互联网的全面普及和电子商务的深入发展，网上销售的商品范围越来越广泛。网店的商品多样化给予了消费者更多的选择和便利，吸引了越来越多的消费者，带来了巨大的网络商机。不仅仅是初涉商海的创业者，很多企业和实体店铺也纷纷投入网上开店的热潮中。

要想使网店在竞争激烈的市场中脱颖而出，网店运营与管理工作不可或缺。为了培养精通网店运营与管理的新型电子商务人才，本书以在淘宝网上开设、运营和管理网店的实际操作流程为主线，指导初学者快速掌握网店运营与管理的方法。

“本书特色”

一本好书首先应该有用，其次应该让大家愿意看、看得懂、学得会；一本好教材，应该贴心为教师、为学生考虑。因此，我们在编写本书时竭力做到以下几点：

（1）立德树人，同向同行：党的二十大报告指出：“育人的根本在于立德。”本书有机融入党的二十大精神，秉承能力教育与思想教育同向同行的理念，通过“辉煌中国”“诚实守信”“明镜高悬”等模块，将能够体现大国风范、职业素养等的内容恰当地融入教材，力求培养有担当、高素质、高技能的专业型人才。

（2）校企合作，工学结合：本书邀请相关企业专家参与和指导编写，结合企业对网店运营与管理人才的实际要求，选用大量具有实用性的典型案例，将重心落在职业需要和岗位的实际应用上，充分发挥学校和企业在人才培养方面各自的优势，实现学生职业能力与企业岗位要求之间的无缝对接。

（3）全新形态，全新理念：本书采用项目化的教学方式，每个项目都编排了“引导案例”“课前学习”“任务实操”“技能实训”等模块，充分体现了“以学生为主体，以训练为主线”的原则，让学生在做中学、学中做，通过实用的任务激发学生的学习兴趣，让学生学以致用。

（4）数字资源，丰富多彩：本书将“互联网+”思维融入教材，读者借助手机或其他移动设备扫描二维码即可观看微课视频。另外，本书还有丰富的课件、素材和综合教育平台等配套教学资源，读者可以登录文旌综合教育平台“文旌课堂”（www.wenjingketang.com）查看并下载。如果读者在学习过程中有什么疑问，也可以登录该网站寻求帮助。

（5）内容全面，实用性强：本书按照网店运营与管理的整体流程（网店筹划→网店开设→商品发布→店铺装修→运营管理→客服管理→物流管理→推广与营销→数据分析）来编排内容，并以淘宝网上的真实店铺为例进行讲解，可以让学生真正掌握网店运营与管理的精髓。

（6）图文并茂，技巧荟萃：本书在每个项目的任务实操中采用步骤形式清晰、直观地展现了和网店运营与管理相关的操作与应用。此外，针对网店运营与管理中的不同难点，本书在任务中都会随时点出、立即解决，从而使学生少走弯路，快速成长为网店运营与管理的高手。

本书创作队伍

本书由卢立红担任主审，喻红艳、禹云、周党华担任主编，周剑锋、伍鑫、邵新、王磊、任海鹰、兆晶担任副主编。另外，本书项目九中涉及的数据由“耐可驰汽配”淘宝店提供，在此向店主表示感谢。

尽管我们在编写本书时已竭尽全力，但书中仍可能存在疏漏及不足之处，敬请广大读者朋友批评指正。

本书编委会

主　审　卢立红

主　编　喻红艳　禹　云　周党华

副主编　周剑锋　伍　鑫　邵　新
王　磊　任海鹰　兆　晶

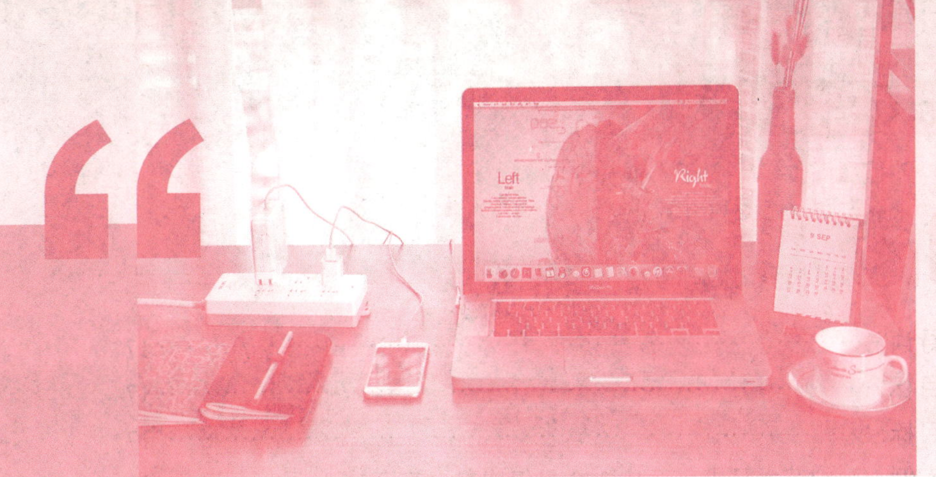

目录 CONTENTS

01 项目一 网上开店前期筹划

项目导读 ······ 1
学习目标 ······ 1
素质目标 ······ 1
引导案例——现在的年轻人越来越“野”了 ······ 2
课前学习 ······ 3
一、网上开店的定义 ······ 3
二、网上开店的优势 ······ 3
三、网上开店的模式 ······ 4
四、网上开店的相关平台 ······ 6
五、网店运营流程 ······ 7
任务实操一　网店定位 ······ 8
一、市场调研 ······ 8
二、买家群体定位 ······ 10
三、网店商品定位 ······ 11
四、网店视觉定位 ······ 13
任务实操二　筹备网上开店所需的软硬件 ······ 14
一、准备网上开店的硬件 ······ 14
二、准备网上开店的软件 ······ 15
技能实训　分析网店定位 ······ 15
一、实训背景 ······ 15
二、实训目的 ······ 16
三、实训内容 ······ 16

02 项目二 网店开设与货源选择

项目导读 …… 17
学习目标 …… 17
素质目标 …… 17
引导案例——细节太马虎，开店 3 个月仅成交一笔订单 …… 18
课前学习 …… 19
一、网店开设流程 …… 19
二、网店的进货方式 …… 20
三、进货时需要注意的事项 …… 23
任务实操一　开设个人网店 …… 25
一、注册淘宝账户 …… 25
二、重置淘宝账户登录密码 …… 26
三、创建店铺并进行认证 …… 28
任务实操二　在批发市场选货 …… 32
一、确定进货策略 …… 32
二、确定进货量 …… 33
三、确定最终货源 …… 33
任务实操三　在 1688 批发网选货 …… 34
一、注册 1688 批发网账户 …… 34
二、选择理想的货源 …… 36
技能实训　开设个人网店并寻找货源 …… 41
一、实训背景 …… 41
二、实训目的 …… 41
三、实训内容 …… 41

03 项目三 网店商品发布

项目导读 …… 43
学习目标 …… 43
素质目标 …… 43
引导案例——淘宝发布“2021 年度十大商品”，你下单过哪些？ …… 44
课前学习 …… 45
一、商品发布方式 …… 45

二、商品分类概述 …… 45
三、运费模板概述 …… 46
四、商品详情页概述 …… 46
任务实操一 发布商品 …… 47
一、选择商品类别 …… 47
二、填写商品信息 …… 48
任务实操二 设置商品标题、分类与运费模板 …… 59
一、巧设商品标题 …… 59
二、设置商品分类 …… 60
三、设置运费模板 …… 63
技能实训 在个人网店中发布一款商品 …… 65
一、实训背景 …… 65
二、实训目的 …… 65
三、实训内容 …… 65

04 项目四 店铺装修

项目导读 …… 67
学习目标 …… 67
素质目标 …… 67
引导案例——开网店，“门面功夫”也很重要 …… 68
课前学习 …… 69
一、店铺装修的基本流程 …… 69
二、店铺的风格管理 …… 69
三、店铺布局设计 …… 72
任务实操一 装修个人网店 …… 72
一、设置店铺基本信息 …… 72
二、选择店铺模板 …… 74
三、设置模板配色 …… 75
四、设置店铺背景 …… 76
五、设置店铺布局 …… 77
任务实操二 制作店铺主要模块 …… 80
一、制作“店招” …… 80
二、制作店铺导航 …… 84
三、制作图片轮播 …… 86

四、制作宝贝推荐 …… 88
技能实训　装修个人网店 …… 89
一、实训背景 …… 89
二、实训目的 …… 90
三、实训内容 …… 90

05 项目五 网店日常运营管理

项目导读 …… 91
学习目标 …… 91
素质目标 …… 91
引导案例——暖心遇到暖心，浙江大学博士生和蜜橘网店店主对话全网刷屏 …… 92
课前学习 …… 93
一、商品展示 …… 93
二、千牛工作台 …… 93
三、订单状态 …… 93
任务实操一　商品展示管理 …… 94
一、商品的上下架 …… 94
二、商品的编辑与删除 …… 96
任务实操二　设置千牛工作台 …… 99
一、设置千牛基本信息 …… 99
二、设置个性签名和欢迎语 …… 102
三、设置员工子账号 …… 104
任务实操三　交易订单管理 …… 106
一、核实订单信息 …… 106
二、商品发货管理 …… 111
三、提供物流信息 …… 112
四、交易评价管理 …… 113
技能实训　管理商品并处理网店订单 …… 114
一、实训背景 …… 114
二、实训目的 …… 114
三、实训内容 …… 114

06 项目六 网店客服管理

项目导读 …… 115
学习目标 …… 115
素质目标 …… 115
引导案例——优秀网店客服自述：帮助顾客是我最大的满足 …… 116
课前学习 …… 117
　一、网店客服的含义与作用 …… 117
　二、网店客服的分类与工作流程 …… 119
　三、售前客服的工作要点 …… 120
　四、售中客服的工作要点 …… 121
　五、售后客服的工作要点 …… 122
任务实操一　网店客服售前服务 …… 123
　一、设置与通知促销活动 …… 123
　二、催付未付款订单 …… 128
任务实操二　网店客服售中服务 …… 129
　一、处理未发货订单 …… 129
　二、处理已发货订单 …… 131
任务实操三　网店客服售后服务 …… 132
　一、处理退货退款 …… 132
　二、处理差评 …… 135
技能实训　搜集网店客服话术并将其设置为快捷短语 …… 136
　一、实训背景 …… 136
　二、实训目的 …… 137
　三、实训内容 …… 137

07 项目七 网店物流管理

项目导读 …… 139
学习目标 …… 139
素质目标 …… 139
引导案例——菜鸟裹裹的“1234战略” …… 140
课前学习 …… 141
　一、网店物流管理概述 …… 141

二、仓储管理概述 …… 142
三、货物打包流程 …… 142
四、主流快递公司介绍 …… 144
任务实操一　商品仓储管理 …… 145
一、入库检验 …… 145
二、编号保管 …… 145
三、登记入库 …… 146
任务实操二　商品发货管理 …… 147
一、凭单发货 …… 147
二、物流跟踪 …… 148
技能实训　打包商品并选择快递公司 …… 149
一、实训背景 …… 149
二、实训目的 …… 150
三、实训内容 …… 150

08 项目八 网店推广与营销

项目导读 …… 151
学习目标 …… 151
素质目标 …… 151
引导案例——上万茶企默默无闻，竹叶青何以破局？ …… 152
课前学习 …… 153
一、淘宝营销工具 …… 153
二、站内流量来源 …… 154
三、商品搜索排名概述 …… 156
四、常用的网络营销方法 …… 159
任务实操一　店内推广 …… 160
一、创建店铺优惠券 …… 161
二、修改与删除店铺优惠券 …… 163
任务实操二　站内推广 …… 164
一、利用淘宝客推广网店 …… 164
二、利用直通车推广网店 …… 169
任务实操三　站外推广 …… 177
一、利用微博推广网店 …… 177
二、利用微信推广网店 …… 177

三、利用 QQ 推广网店 ······ 183
技能实训　布置一次推广活动 ······ 184
一、实训背景 ······ 184
二、实训目的 ······ 184
三、实训内容 ······ 185

09 项目九 网店运营数据分析

项目导读 ······ 187
学习目标 ······ 187
素质目标 ······ 187
引导案例——“生意参谋”助力卖家提高销售额 ······ 188
课前学习 ······ 189
一、网店运营数据分析的流程 ······ 189
二、网店运营需要分析的数据 ······ 192
三、常用网店数据分析工具 ······ 197
任务实操一　使用“生意参谋”分析网店运营数据 ······ 198
一、登录“生意参谋” ······ 198
二、分析网店流量数据 ······ 200
三、分析网店主要页面数据 ······ 203
四、分析网店转化数据 ······ 204
任务实操二　使用 Excel 分析网店运营数据 ······ 206
一、分析付费流量占比 ······ 206
二、分析客服数据 ······ 208
技能实训　分析网店运营数据并制定改进措施 ······ 209
一、实训背景 ······ 209
二、实训目的 ······ 210
三、实训内容 ······ 210
参考文献 ······ 212

项目一

网上开店前期筹划

项目导读

随着网络的不断发展，网上购物已经成为人们常用的一种购物方式，网上开店因此火爆起来。优秀的网店经营者会在开店之前了解一些网上开店的基本知识，做好相关的准备工作，包括对网店进行定位、置办运营网店所需的硬件设备、安装相关的软件等。

学习目标

- 了解网上开店的定义和优势；
- 熟悉网上开店的模式；
- 掌握网店运营流程；
- 掌握网店的定位方法；
- 熟知网上开店所需的软硬件。

素质目标

- 遵纪守法，牢固树立法治观念；
- 了解我国电子商务的发展趋势，树立民族自豪感和自信心。

现在的年轻人越来越“野”了

现在的年轻人越来越“野”了，你永远不知道他们的脑袋里会蹦出什么稀奇古怪的点子：3 万平方米沉浸式密室空降，《长安十二时辰》实景重现，国内首家太空酒店限时试睡，在人造风洞里漂浮，还有透明汉堡（见图 1-1）、中药咖啡（见图 1-2）、西兰花冰淇淋等暗黑系料理“争奇斗艳”……

图 1-1 透明汉堡

图 1-2 中药咖啡

这不是在做什么科学实验，而是第六届淘宝造物节的日常。这届淘宝造物节现场加入了大量设计、艺术元素，如同一扇窗户，由此可以看到中国年轻人的喜好。实际上，这届淘宝造物节的最大特点就是“年轻”，新晋商家的平均年龄不超过 26 岁。

90 后淘宝店主小乔就是其中一员，她出身“裁缝世家”，14 岁时就开始设计、裁剪和缝制汉服。传统的汉服一般配色温婉柔和，给人一种大家闺秀的感觉。然而，小乔这位看上去文雅安静的“乖乖女”却酷爱摇滚。她设计的汉服不仅使用了鲜艳的色彩和大量的几何图案，甚至还挂着荧光条，不少年轻人穿着她设计的汉服去蹦迪。如此脑洞大开的事，恐怕也只有年轻人才能想得出来。然而，也正是这样“离经叛道”，才打动了年轻消费者，从而开辟出一条致富新路。在不到 4 年的时间里，小乔靠汉服淘宝店实现了创业梦想，店铺累计销售额已突破 1 亿元人民币。

随着电子商务的快速发展，越来越多的人将创业的目光瞄准网上开店，他们渴望自由发挥自己的聪明才智，对朝九晚五的工作说“不”，因此，网店之间的竞争变得日益激烈。要想经营好网店，经营者不仅需要一腔热情，还需要熟悉网店运营的整个流程，掌握科学的管理方法及有效的营销技巧。只有做好充分的准备，才能让自己的网店脱颖而出，获得顾客的青睐，最终走向成功。

课前学习

一、网上开店的定义

所谓网上开店，简单来说就是经营者自己搭建或在相关网络开店平台（如淘宝网、京东商城等）注册一个虚拟的网上店铺（简称网店），然后将待售商品或服务的信息发布到网页上。当对商品或服务感兴趣的浏览者进入网店后，就会查阅相关商品或服务的信息（形象、性能、质量、价值、功能等），然后通过线上支付方式为选中的商品或服务支付货款，最后经营者通过各种方式（如邮寄等），将商品或服务提供给购买者。

明镜高悬

网上开店也要注意遵守法律法规，不能销售以下商品：

（1）法律法规禁止或限制销售的商品，如枪支弹药、管制刀具、文物、珍稀野生动物、淫秽商品及毒品等。

（2）涉及违反《刑法》《民法典》《产品质量法》《著作权法》等相关法律法规的商品，如不属于出卖人所有或者出卖人无权处分的商品、假冒伪劣商品、侵犯知识产权的商品等。

（3）违反所在平台商品发布规则的商品。例如，淘宝网的《淘宝平台违禁信息管理规则》《淘宝网市场管理与违规处理规范》中规定的禁售商品。

二、网上开店的优势

网上开店是互联网时代背景下诞生的新型销售方式，它具有实体店无法比拟的优势，如投入资金少、操作方便快捷、经营方式灵活、无时间限制、消费群体庞大等。

1. 投入资金少

如今想要自主创业的人越来越多，但是一提到创业，大部分人首先闪过的念头就是钱从哪里来？如果开一个实体店，需要租赁经营办公场所、购买办公用具、准备一定的库存，以及负担不菲的物业费、水电费、管理费等各项支出，有的甚至还需要雇佣营业员、收银员、导购员、清洁员等，这些都是不小的开支，不少人因此望而却步。

而网上开店的成本就很低，许多大型购物网站收取的租金很少，有的甚至免费；网店可以根据买家的订单进货，不会因为囤积商品占用大量资金；网店经营主要通过网络实现，节省了水电费、管理费等方面的支出。

2. 操作方便快捷

线下开实体店必须经过严格的注册、登记手续，办理营业执照等，而网上开店一般只需要简单地在网上开店平台注册即可。

3．经营方式灵活

由于网店的经营是借助互联网进行的，经营者可以全职经营，也可以兼职经营。网店经营商品的种类可以按个人的实际情况来确定，范围非常灵活。在经营过程中，如果发现某类商品的销售业绩良好，可以加大营销力度，也可以专卖；如果发现其他有潜力的商品，可以马上引入店中进行销售。

此外，网店商品在销售之前只需要少量存货，甚至不需要存货，因此随时都可以更换商品，或者改行做其他生意，进退自如。

4．无时间限制

网上开店基本不受营业时间的影响，只要网络服务器不出现问题，可以一天24小时、一年365天不停地运转，消费者可以随时访问网店进行购物。

5．消费群体庞大

网店完全没有地域限制，只要是能上网的人都有可能成为商品的浏览者或购买者。只要网店的商品有特色、宣传得当、价格合理，就会有不错的访问流量，继而大大增加销售机会，取得良好的销售收入。

辉煌中国

中国互联网络信息中心发布的第48次《中国互联网络发展状况统计报告》显示，截至2021年6月，我国网民规模达10.11亿，互联网普及率达71.6%，超过全球平均水平6个百分点。

《中国电子商务：全球最大电子商务市场的趋势和前景》报告显示，中国电商规模世界第一，并预计中国电子商务市场的规模将在2022年达到1.8万亿美元。中国消费者是“需求最大、最前沿、最渴望创新的数字消费者”。

三、网上开店的模式

按照交易对象的不同，网上开店可以划分为B2B、B2C、C2C、ABC、B2M、B2G、M2C、O2O、C2B、B2B2C等十余种电子商务模式，其中常见的是B2B模式、B2C模式、C2C模式和O2O模式，如图1-3所示。

1．B2B模式

B2B（business to business）模式是指商家（泛指企业）对商家的电子商务模式。采用这种模式的网店交易双方都是商家，是网上批发市场的主要业务模式。例如，某生产电视机的厂家需要采购一批电子元件，于是在1688批发网上联系了一家供应商，通过该网站下单并用支付宝支付货款，随后供应商通过物流公司向该厂家发货。

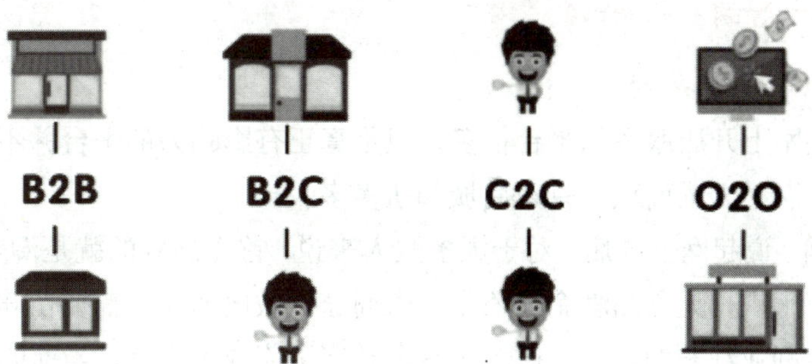

图 1-3　常见的电子商务模式

B2B 模式使商家之间的交易减少了许多事务性的工作流程和管理费用，降低了商家的经营成本。

2．B2C 模式

B2C（business to customer）模式是指商家对个人的电子商务模式，也就是通常说的直接面向消费者销售商品和服务的商业零售模式。采用这种模式的网店一般以网络零售为主，主要借助互联网开展在线销售活动。

例如，小黄在内蒙古旅游时，品尝过一种牛肉干，回到湖南后念念不忘，于是他访问天猫商城，依据商品名称搜索到了售卖该牛肉干的品牌旗舰店并下单付款，没过几天他就收到了来自内蒙古的快递包裹。

3．C2C 模式

C2C（customer to customer）模式是指个人对个人的电子商务模式。采用这种模式的网店类似于零售市场，交易的双方都是个人。C2C 模式与 B2C 模式共同构成网上零售市场的主要业务模式。

例如，阿琳将自己的闲置手机放到闲鱼 App 上转卖，如果报价合适，其他想买手机的消费者就会找她议价或购买。

4．O2O 模式

O2O（online to offline）模式是指将线下的商务机会与互联网结合，让互联网成为线下交易的前台的电子商务模式。这种模式中，商家通过本地生活服务平台将商家信息、商品信息等展现给消费者，消费者在线上进行服务筛选和支付，然后进行线下消费验证和体验。

例如，小北在天津旅游，突然感觉饿了，这时他登录美团 App，搜索天津有名的小吃和餐馆。对比考量之后，小北在一家餐馆的网店选购了一个午间优惠套餐，然后根据美团 App 的导航找到这家餐馆，美美地吃了一顿。

课堂讨论

在日常生活中，你接触过哪些网店？它们分别采用了什么模式？

四、网上开店的相关平台

1. 常见的网上开店平台

目前，提供网上开店服务的平台很多，但是真正有影响力的平台并不多。常见的网上开店平台有淘宝网、天猫商城、京东商城和拼多多。

- **淘宝网：**说起网上开店，对于大多数人来说，首先想到的就是淘宝网（见图 1-4）。就目前来讲，无论品牌企业还是个人商家，做电商还是需要留守淘宝。然而，由于淘宝创业红利的消失，在淘宝网上开店引流成本高昂，当前的淘宝运营更趋向个性化、无线化、社区化、内容化。因此，建议在淘宝开店的商家尤其要注意引入网红（达人）经济、移动端运营、数据分析等方面的内容。
- **天猫商城：**天猫商城是目前国内外品牌商参与度最高的电商平台（见图 1-5）。几乎所有品牌企业都有一家天猫旗舰店。
- **京东商城：**京东商城是目前唯一能与天猫商城相提并论的 B2C 电商平台（见图 1-6）。京东以经营 3C 家电类目起家，现在已经发展成经营全商品类目的电商平台。京东商城以独立、优质、快速的自营物流为特色，吸引了很多城市消费者。
- **拼多多：**拼多多（见图 1-7）是国内移动互联网的主流电子商务应用产品之一，是专注于 C2M 拼团购物的第三方社交电商平台，用户通过发起和朋友、家人、邻居等的拼团，可以以更低的价格拼团购买商品。

图 1-4　淘宝网 logo

图 1-5　天猫商城 logo

图 1-6　京东商城 logo

图 1-7　拼多多 logo

2. 第三方支付平台

第三方支付是指具备一定实力和信誉保障的独立机构，通过与银联或网联对接，为用户提供支付服务，进而方便交易双方快速达成交易的网络支付模式。在这种支付模式下，充当支付中介或支付服务商的独立机构通常称为第三方支付平台。

知识延伸

网联的全称是网联清算有限公司，是非银行支付机构网络支付清算平台的运营机构。网联是在央行指导下，中国支付清算协会组织支付机构按照“共建、共有、共享”原则共同发起筹建的，旨在为支付机构提供统一、公共的资金清算服务，纠正支付机构违规从事跨行清算业务，改变目前支付机构与银行多头连接开展业务的情况。它支持支付机构一点接入平台办理，以节约连接成本，提高清算效率，保障客户资金安全，也有利于监管部门对社会资金流向的实时监测。按规定，支付机构的线上支付通道直接通过网联平台与各家银行对接，所有支付交易环节必须经过网联平台才行。

作为网络交易的监督人和主要支付渠道，第三方支付平台提供了丰富的支付手段和可靠的服务保证。在通过第三方支付平台的交易中，买家选购商品后，使用第三方支付平台提供的账户进行货款支付；支付完成后，由第三方支付平台通知卖家货款到账，可以进行发货；买家接收并检验商品后，通知卖家，第三方支付平台再将款项转至卖家账户。

当前知名的第三方支付平台如图 1-8 所示，其中最为知名的是支付宝和财付通（含微信支付，微信支付是财付通的前端产品）。

图 1-8　知名的第三方支付平台

- **支付宝：**阿里巴巴集团的关联公司。最初，支付宝被用于淘宝网的交易安全保障，随着用户的增多及支付服务范围的扩大，2004 年，支付宝从淘宝网分拆独立，逐渐向更多的合作方提供支付服务。此后，经过不断发展，支付宝成为中国最大的第三方支付平台。它致力于为中国电子商务提供“简单、安全、快速”的在线支付服务，同时与众多银行保持着良好的合作关系。
- **财付通：**腾讯公司于 2005 年 9 月正式推出的专业在线支付平台，致力于为互联网用户和企业提供安全、便捷、专业的在线支付服务。财付通的业务覆盖 B2B、B2C 和 C2C 领域，提供卓越的网上支付及清算服务。针对个人用户，财付通提供了包括在线充值、提现、支付、交易管理等丰富功能；针对企业用户，财付通提供了安全可靠的支付清算服务和极富特色的 QQ 营销资源支持。

课堂讨论

请大家讨论一下，自己在生活中是使用微信支付的时候多，还是使用支付宝支付的时候多？

五、网店运营流程

要想高效运营网店，就必须熟悉网店运营流程，精心设计每个环节，只有这样才能获得满意的成交量和销售额，网店运营的具体流程如图 1-9 所示。

网店运营流程

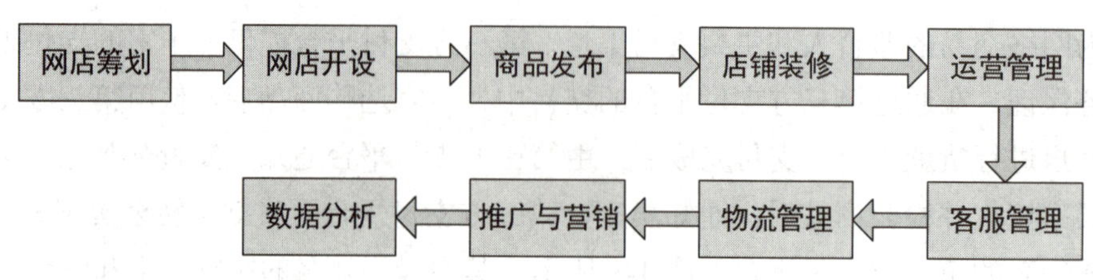

图 1-9　网店运营流程

（1）网店筹划：开店前首先要考虑的是开一家什么样的店。在这点上，开网店与线下店铺没有区别，提供有市场竞争力的商品才是成功的基石。

（2）网店开设：选择一个网上开店平台，然后注册成为会员，进行相关认证后创建店铺。

（3）商品发布：将商品的图片、名称、产地、交易方式等相关信息发布到网站上。

（4）店铺装修：首先确定店铺的风格和布局，然后设置店铺的背景、配色方案和页面，最后制作店铺的主要模块（店铺导航、宝贝推荐等）。

（5）运营管理：进行商品的上下架、商品订单管理等网店日常运营管理。

（6）客服管理：对买家进行商品售前、售中和售后服务。例如，售前及时并耐心地回复买家在决定是否购买商品时提出的问题，售中处理商品订单，售后处理买家退换货要求、买家评价等。

（7）物流管理：包括商品仓储管理、商品发货管理等。

（8）推广与营销：为了提升网店的人气，开店过程中应适当进行推广与营销。

（9）数据分析：通过分析网店运营数据，可以了解买家的喜好和网店存在的不足之处，从而对网店进行优化。

任务实操一　网店定位

一、市场调研

现在淘宝比较推崇“小而美”的网店运营模式，这不仅因为淘宝现在已经不缺“大而全”的网店（如服饰鞋包、美妆护肤等大多由几个大公司垄断，小卖家艰难存活），还因为要满足更多买家的优质购物体验需求，强化个性化推荐，实现流量的效率匹配。

案例赏析

下面举例说明什么是“小而美”的网店，什么是非“小而美”的网店。

“小而美”的网店如图 1-10 所示。这类网店的品类单一，商品专业、有特色。非“小而美”的网店如图 1-11 所示。这类网店的品类过多（鞋子、衣服、帽子、水杯等），商品繁杂，俨然是一个杂货铺。

织造司原创[小鹿女]马面裙明制汉服女妆花半身连衣长裙中国风夏季

¥ **278.00**　~~¥ 598.00~~　已售：13件

评论(81)

织造司天鹅镜原创汉服明制仿妆花织金马面半身裙4.5米摆日常套装

¥ **278.00**　~~¥ 598.00~~　已售：100+件

评论(809)

织造司明制汉服比甲马面裙长上袄女正品原创云肩秋装大袖晚明国风

¥ **138.00**　~~¥ 288.00~~　已售：5件

评论(23)

织造司原创[指渊为期]红色马面裙明制汉服女套装半身裙长裙日常

织造司原创[秋望]立领对襟衫明制褶裙闺蜜套装格裙日常汉服女夏

[特价]织造司原创[玉兔]方领补服马面裙明制汉服女套装半身裙妆花

图 1-10　“小而美”的网店

琪琪自留字母渐变色8.24

¥ **325.00**　已售：20件

评论(3)

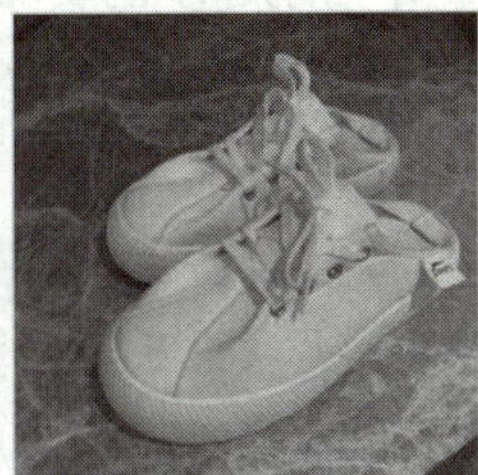

半托小白鞋8.2

¥ **49.90**　已售：23件

评论(10)

温柔丝带发绳8.14

¥ **9.50**　已售：43件

评论(0)

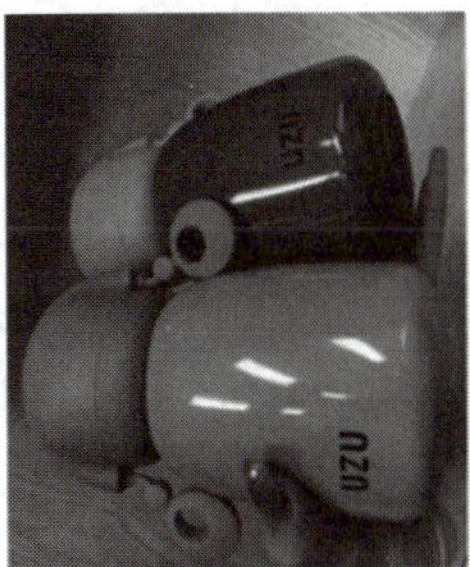

胖胖杯8.14

一次性手套一盒8.14

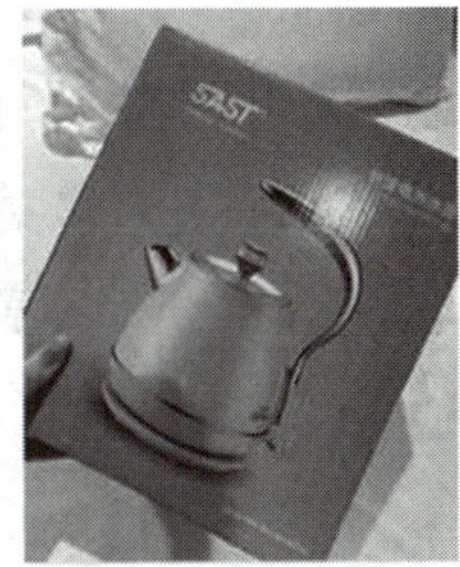

电热水壶8.14

图 1-11　非“小而美”的网店

步骤1 了解“小而美”网店的特点。具体来说，“小而美”的网店有如下几个特点：

（1）精选的库存量单位（SKU，在淘宝网中指的是商品的销售属性集合，供买家在下单时选择，如“规格”“颜色分类”“尺码”等）。

（2）精美的店铺装修。

（3）独具个性化的商品。

（4）精准的类目运营方式。

案例赏析

一家拥有淘宝五皇冠的女装店，其吸引人之处不仅是简洁明快的装修风格和颇具文艺范儿的商品，还有不可或缺的“个性”。例如，店主写了很多有关生活、心情等方面的文案，读起来很有味道，会让买家感觉像是在以文会友，从而平添了一份信任感和亲切感。

步骤2 定位“小而美”网店，主要包括以下4个方面：

（1）细分市场。对于“小而美”的网店来说，不一定能兼顾每个买家的感受，但是要培养出一批忠诚的买家，必然要让这些买家感受到卖家对服务的重视。所以，“小而美”网店卖家的买家群体可能不大，但是却很固定，只要好好维护，就会有源源不断的老用户重复消费。

（2）找到属于自己的“标签”。作为刚起步的卖家，不要总想着通过打造爆款来打败其他卖家，而应该形成自己的特色，找到自己喜欢也适合自己的风格。例如，若要做女装，可将棉麻文艺风作为自己的标签。

（3）提供好的商品和服务。除了商品有特色、质量过硬之外，卖家还要完善供应链，做好商品规划、营销推广、物流管理、买家维系等，尤其是要做好个性化服务。例如，一家卖眼部护理商品的网店，客服要对每种商品的适用对象非常清楚，只有这样，在和买家沟通时才能有针对性地推荐商品。

（4）坚持做到极致。“小而美”网店之所以能成功，是因为专注于极致，而极致就是将细分行业做深、做透。

二、买家群体定位

买家群体定位的重点是对买家群体的性别、年龄、消费水平等进行筛选。

步骤1 从性别维度分析买家群体，如表1-1所示。

表 1-1　不同性别的买家群体特征

性别	消费特点
男	因需要而购买，购买决策是想出来的；极少评价，注重整体结果；购物追求方便快捷；因为实用而购买；购买大宗物品较多
女	因喜欢而购买，注重购物体验和商品细节；常犹豫不决，购买决策是逛出来的；购买日用易耗品、母婴用品较多

步骤 2 从年龄维度分析买家群体，如表 1-2 所示。

表 1-2　不同年龄阶段的买家群体特征

年龄	阶段	消费特点
18～23 岁	在校学生	追求时尚、个性、高性价比
24～28 岁	就业求职	追求时尚、新颖，崇尚品牌和名牌，容易冲动，注重情感与直觉
29～35 岁	工作、生活稳定	追求时尚、性价比，为父母、子女购买商品时常有大笔投入
36 岁以上	事业趋于稳定	追求经济实惠，注重便利，讲究实效，需求稳定，消费惯性较强

步骤 3 从消费水平维度分析买家群体，如表 1-3 所示。

表 1-3　不同消费水平的买家群体特征

消费水平	消费特点
高消费水平者	关注享受型商品，注重商品的品质、品位
低消费水平者	在意衣食住行等基本需求，关注商品的性价比、质量

三、网店商品定位

网店商品定位是基于不同的买家群体对于商品的属性要求、价格要求、质量要求、风格要求等不同而进行的，目的是确定网店商品在买家心目中的形象和地位。

网店商品定位

步骤 1 商品属性定位。商品属性定位最好细分到准确的目标买家群体。例如，选择女装行业，需要进一步细分到大码女装、白领女装、淑女装等。

步骤 2 价格定位。商品的价格要符合买家群体的消费水平。例如，针对 35 岁左右的公务员群体，考虑到他们有一定的社会地位，对服装有一定的质量要求，但又觉得实体店两三千元一件的大衣太贵，那么根据这类买家群体的消费水平，在考虑款式优势后，可以将价格定位在 1 000 元左右。

技巧

卖家也可以通过淘宝网的价格区间来定价。首先，打开淘宝网首页，假设卖家要卖的商品是女士卫衣，在搜索栏中输入关键词“女士卫衣”，单击“搜索”按钮，在搜索结果页面中设置价格区间为 0～300 元，单击“确定”按钮，如图 1-12 所示。

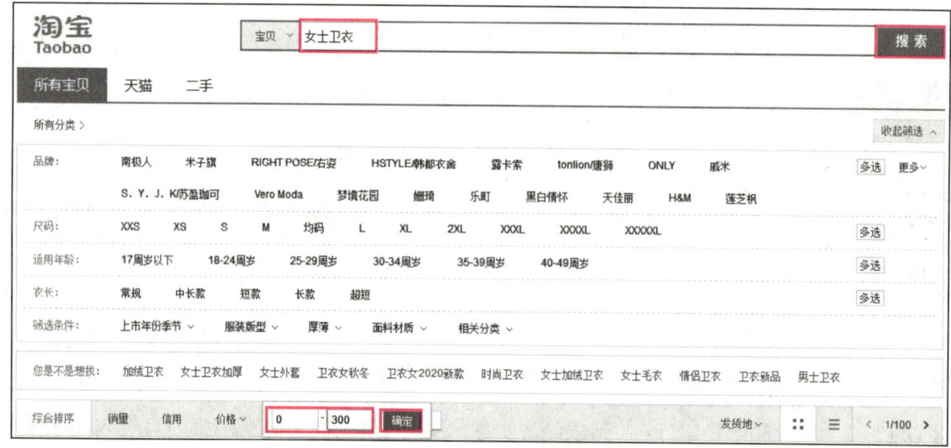

图 1-12　搜索商品并设置价格区间

在搜索结果列表中，将鼠标指针移至价格柱形图上，可以查看买家喜欢的价位占比，如图 1-13 所示。从统计数据可以看出：30%的买家喜欢的商品价格为 0～35 元，60%的买家喜欢的商品价格为 35～123 元，9%的买家喜欢的商品价格为 123～257 元，1%的买家喜欢的商品价格在 257 元以上。

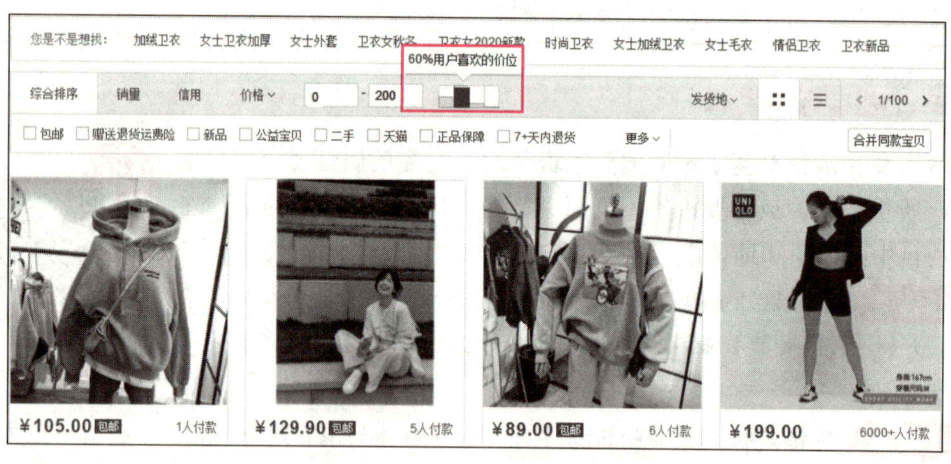

图 1-13　查看买家喜欢的价位占比

步骤 3 质量定位。不同消费群体对商品的质量有不同的需求，通过把控质量也可以定位目标买家。同样款式的服装，采用涤纶、纯棉、丝绸等不同面料制作出来的商品质量是完全不一样的，在这个方面，市场拿货是重中之重，商品质量在选货的时候就要定位好。

步骤 4 风格定位。做好商品风格定位远比在商品描述上下功夫更能提升流量的转化率。风格定位同样需要在拿货时就做好决定，根据划分好的买家群体及对商品的定位，选择风格相符的货源档口来拿货，这样通过货源供应环节就把商品风格定位好了。

四、网店视觉定位

确定视觉定位也是网店开设中的一个重要环节。在网店装修时使用不同色调可以给买家带来不同的视觉感受和心理效应，而商品图片的构造、视角、光线不同也会使网店呈现不同的店铺风格。

步骤 1 使用相符的色调。暖色调给人以温暖、温馨的感觉，可以使买家感到安心；冷色调有一种冷艳的感觉，纯黑或者其他深色更能突出衣服的色泽、对比度，给买家以硬朗的感觉，具有鲜明的个性。一般来说，休闲风格、田园风格的网店卖家更喜欢使用暖色调装修网店，如图 1-14 所示；而欧美风格、职场风格的网店卖家偏向使用冷色调装修网店，如图 1-15 所示。

图 1-14　使用暖色调的网店

图 1-15　使用冷色调的网店

步骤 2 选择合适的图片构造、视角与光线。不同的图片拍摄方式呈现出来的效果大不一样。例如，休闲、田园风格的商品宜用外景，选取一定的亮色作为背景，以半身为主的构图方式，可以达到景中有物的整体效果，如图 1-16 所示；而职场风格的商品，宜选取灰黑色内景和以半身为主的构图方式，如图 1-17 所示。

图 1-16 休闲风格的商品图片效果

图 1-17 职场风格的商品图片效果

任务实操二 筹备网上开店所需的软硬件

一、准备网上开店的硬件

在线个体工商户注册

无论是个人开网店还是企业开网店，硬件设备都必不可少。

步骤 1 准备电脑。能够快速上网的电脑（台式电脑或笔记本电脑均可）是开网店必备的硬件设备。由于开网店的电脑主要用于商品图片的处理、商品的上下架、完成交易流程、线上沟通、简单的文案处理等，因此显卡的配置一定要好，内存及硬盘的存储空间要足够大，否则处理速度太慢会影响网店经营。

步骤 2 准备数码摄影设备。从事实物商品交易的网店卖家需要对商品进行拍照并上传商品图片到网店中，以让买家对商品有更加直观的感受和了解。要想得到足够吸引眼球的商品图片，配备合适的数码相机和相应的拍摄器材（机顶闪光灯、反光板、三脚架等）是很有必要的，如图 1-18 所示。

数码相机

机顶闪光灯

反光板

三脚架

图 1-18 数码相机和相应的拍摄器材

步骤 3 准备智能手机。智能手机的作用有以下几点：① 手机是注册网店必不可少的设备；② 卖家可通过联系买家，加强买家和卖家的情感联系，也便于解决交易纠纷；③ 可以在手机上开通手机淘宝店铺、微店等，还可以创建微信公众号，拓宽营销渠道。

步骤 4 准备打印机。打印机也是一家成熟网店所必备的硬件之一。使用打印机将订货单打印出来，不仅方便管理，而且能体现网店的专业性，更有利于日后打造自己的品牌。

二、准备网上开店的软件

网上开店常用的软件有即时通信软件（如 QQ、微信等）、运营助理软件（如千牛工作台）、图像处理软件（如 Photoshop）等。

步骤 1 安装即时聊天工具。QQ 和微信是腾讯公司开发的基于 Internet 的即时通信软件，在网店的买家服务中应用非常广泛。此外，不同的电子商务平台还有自己内部指定的在线交流沟通工具，如阿里旺旺。

步骤 2 安装网店助理。以淘宝为例，千牛工作台是一款提供给淘宝卖家免费使用的、功能强大的客户端工具软件。利用它，淘宝卖家不用登录淘宝网就能直接编辑商品信息，快捷上传商品信息，批量发货、评价、打印快递单等，省去了大量上传和修改商品信息的时间，可大大提高网店运营效率。

提示

千牛工作台本身的功能是免费的，但里面的一些插件模块（如营销工具、装修模板等）由第三方服务商提供，是否收费取决于服务商。

步骤 3 安装图片处理软件。通常情况下，使用数码相机拍摄的图片需要处理后才能上传到网店。最专业的图片处理软件当属 Photoshop，但 Photoshop 的操作比较专业、复杂。卖家还可以选择易操作的美图秀秀、光影魔术手、可牛图片处理、拼立得等软件对图片进行处理。

技能实训 分析网店定位

一、实训背景

在优生优育理念不断普及和强化的背景下，我国人均童装消费支出持续上升，童装行业市场规模不断扩大。欧睿咨询数据显示，预计到 2024 年，我国童装市场规模将超过 4 000 亿元，到 2025 年市场规模将达到 4 738 亿元。

现在生活节奏快，足不出户的网上购物方便快捷，越来越多的人选择这种方式购物，因而开网店卖童装的前景可期。要想在各大品牌和平台争相抢占线上童装市场的环境下分得一杯羹，细分化经营才是中小卖家的出路。A 童装旗舰店算是较早走上童装细分道路的网店，网店定位身高为 0.9～1.6 m 的女童，主营女童生日、宴会、舞台等各种场合的礼服。

二、实训目的

掌握网店定位相关的知识。

三、实训内容

（1）在网上进行有关于童装的市场调查，在天猫商城搜索 A 童装旗舰店，了解该店的网店定位，包括买家群体定位、商品定位和网店视觉定位。然后模仿该童装旗舰店，针对某一个年龄段或者某一性别的目标消费群体的某种需求为网店选择一类主打商品。

（2）以书面形式说明该商品品类的市场前景、目标消费群体特征，并设计该品类的商品属性、价格定位、质量定位和风格定位。

项目二
网店开设与货源选择

项目导读

网上开店，实际上就是将商品买进卖出的过程，买进的商品成本越低、质量越好、货源越稳定，卖出的时候就能获得越高的收益。可以说，优质货源是网店快速成长的基石。

学习目标

- 熟悉个人网店的开设流程；
- 了解网店线下进货的货源渠道；
- 了解网店线上进货的货源渠道；
- 掌握在批发市场选货的策略；
- 掌握在 1688 批发网选货的策略。

素质目标

- 了解农村电子商务在乡村振兴方面的积极作用；
- 树立诚信意识，践行爱岗敬业、脚踏实地的职业精神。

细节太马虎，开店 3 个月仅成交一笔订单

“没注意细节，我的店开了 3 个月就关门了。”提起开网店的经历，小薇至今仍唏嘘不已。

2021 年，小薇利用业余时间开起了网店，专门销售从朝天门批发市场批发来的服装，如图 2-1 所示。“由于是第一次在网上开店，进货全凭自己的喜好，这为后来的关门埋下了祸根。”小薇说，她进货时，看到款式好看、价格也能接受的就购进，没有货比三家，导致成本过高，商品售价无任何优势，并且网店里只有简单的商品介绍，商品图片也拍得很马虎。买家问及尺码、型号、材料等，她也解答得不够详细。最终，她的网店开了 3 个月，只成交了一笔订单，不得不关门。

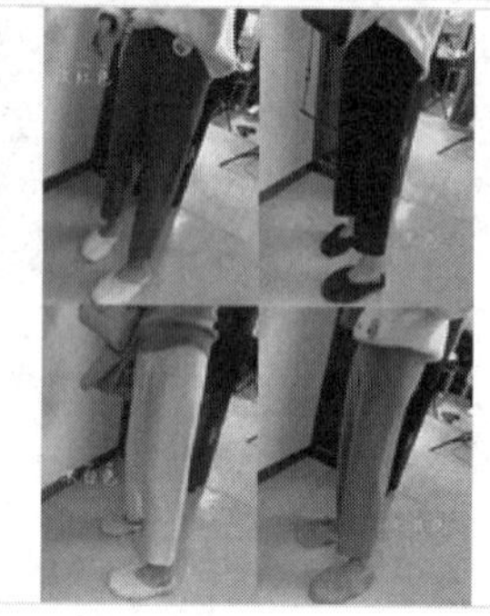

图 2-1 小薇的网店

小薇经营网店失败最重要的原因就是没有找好货源。货源是每个网店店主都要面对的难题，货源不好、进价高、对货源各项资料不熟悉等，都会导致商品没有竞争力，直接影响网店经营。“经营者不能一厢情愿地只卖自己喜欢的商品。当买家前来咨询时，也不能想当然地作答，必须细致、完整。”小薇感慨地说。

没有进货渠道，店主是巧妇也难为无米之炊。进货渠道不好，商品的样式陈旧，很难卖出去，只能变成积压品；如果商品样式合格了，但质量不达标，买家买后不满意还会退货；商品样式、质量虽好，但进货价格贵也没有利润空间。因此，可以说，货源决定了网店的生死，找到优质的货源对网店来说至关重要。

课前学习

一、网店开设流程

虽然提供网上开店的平台很多，但其开设个人网店的基本流程大致相同。以淘宝网为例，开设个人网店的流程共分为 3 个步骤：

第 1 步：注册淘宝账户；

第 2 步：重置淘宝账户密码；

第 3 步：创建店铺并进行认证。

诚实守信

淘宝村制定《诚信经营村规民约》

“制定《诚信经营村规民约》对我们电商的发展大有裨益，这既是一种经营规范，更是一种鞭策鼓励。我们愿意接受群众和社会的监督，共同营造一种诚信的大环境。”谈及新制定的《诚信经营村规民约》，江苏省沭阳县颜集镇堰下村花木电商经营户李某表示，既要把村里的产品卖到全国各地，又要把沭阳的诚信经营理念传播到全国各地。

2021 年 9 月，在江苏省宿迁市沭阳县颜集镇堰下村召开的党群议事会上，参会的全体党群议事会代表及部分列席电商代表专题研究讨论并表决通过了《诚信经营村规民约》。该《诚信经营村规民约》分别从遵守法律法规、合法持证经营、张贴诚信标签、禁止虚假宣传、服从行业监管、做好售后保障、加强业务学习、维护交易秩序、严格失信惩戒、严格遵守约定 10 个方面，对电商诚信经营行为进行了明确规定。这不仅是全县首创，也走在全国的前列。

地处中国南北地理分界线的江苏沭阳，是“南花北移之地、北木南迁之所”，是全国闻名的“花木之乡”。在沭阳，各类活跃花木盆景电商达 4.5 万余家、有 15 个“中国淘宝镇”、84 个“中国淘宝村”。2020 年花木产业年销售额达 220 亿元，从业人员达 32 万人。该县花木电商产业蓬勃发展，有少数短视的经营户为利益铤而走险，“虚假宣传”“卖假苗”等事件时有发生。

为强化诚信电商品牌建设，近年来，沭阳县相继开展“十大淘宝精英”“花木诚信电商”评选，设立 1 000 万元网络交易诚信专项资金，积极开展线下“春风”行动、线上“绿盾”行动、花木“亮牌”行动，持续开展网络诚信体系建设。同时，围绕网络综合治理工作，主动作为，精准发力，实施网商互助发展工程，通过成立沭阳县网络电商互助联合会等有效举措，进一步加强网络文明建设。

二、网店的进货方式

网上开店，货源是重中之重，进货的质量和价格直接关系到网店的生存和发展。网店想要取得发展，首先要找到有竞争力和有保障的货源。

一般来说，网店进货有两种方式：线下进货和线上进货。

线下货源渠道

1．线下进货

线下进货方式主要包括从厂家直接进货、从批发市场进货、从品牌经销商进货、从外贸或代工厂进货，以及买入具有地方或民族特色的商品、库存积压或清仓处理商品。

（1）从厂家直接进货。

正规厂家（见图 2-2）货源充足，信用度高，如果长期合作，一般都能争取到商品调换。但是相对而言，厂家的起批量较高，不太适合刚起步的卖家。

- **优点：**商品质量稳定，价格有优势。
- **缺点：**商品种类单一；有资金和库存压力。
- **适合人群：**有一定的经济实力，并有自己分销渠道的卖家。

技巧

联系厂家的途径：一是网上搜索，和厂家销售部联系，洽谈有关销售事宜；二是参加全国各地的展会、交易会等，接触一手货源，真正和厂家建立合作。

（2）从批发市场进货。

所谓批发市场，就是指向再销售者、产业和事业用户销售商品或服务的商业市场，如义乌国际商贸城（见图 2-3）、沈阳五爱批发市场、石家庄南三条小商品批发市场等。在批发市场中，商家把商品从生产者手中收购进来，然后将其转卖给其他生产者或零售商。

图 2-2　正规厂家

图 2-3　义乌国际商贸城

- **优点：**商品更新快，品种多；商品质量容易把握。
- **缺点：**寻找货源的过程烦琐，费时费力；容易断货，商品品质不易维持。
- **适合人群：**网店所在地有较大的批发市场，且具备一定议价能力的卖家。

技巧

在开设网店的最初阶段，如果商品的销售量较低，就在本地批发市场进货完全可以满足网店的供货需求。例如，网店经营的是服装，就可以去附近的大型服装批发市场进货，尽量将批发价格压到最低，同时与批发商建立良好关系，在有关调换货的问题上与批发商协商一致，以免日后产生纠纷。

（3）从品牌经销商进货。

卖家还可以在网上做品牌代理商，直接和正规的专卖店或品牌经销商联系。但是，这种方式往往需要较大的进货量，而且越是大品牌，商品的利润空间越小，卖家的实际利润只是完成销售额后获取的返利。

- 优点：货源稳定；渠道正规；商品不易断货。
- 缺点：商品更新慢；进货价格相对较高，利润低。
- 适合人群：网店发展到一定程度，想做品牌旗舰店的卖家。

（4）从外贸或代工工厂进货。

外贸商品因其质量、款式、面料、价格等优势，一直是网上销售的热门品类。目前，许多工厂在处理外贸订单或贴牌生产之余，会有一些剩余商品需要处理。这类商品通常价格十分低廉，一般为市场价格的 2～3 折，但品质、做工均属上乘。

知识延伸

贴牌生产即代工，具体指某个厂家根据厂商的要求，为其生产产品和产品配件，亦称为定牌生产或授权贴牌生产。

- 优点：价格低廉；品质、做工有保证。
- 缺点：一般要求进货者全部买进，有资金压力。
- 适合人群：有一定的分销渠道和经济实力，同时有一定辨识能力的卖家。

（5）买入地方或民族特色商品。

如果卖家有亲戚朋友从事具有地方或民族特色商品，如黑木耳、野生榛蘑（见图 2-4）、猴头菌及一些民族工艺品（见图 2-5）等的培育或销售，卖家可以直接拿货到网上销售。这类商品竞争小，利润高，是较为理想的进货对象。

- 优点：有商品特色优势；有价格优势；利润空间大。
- 缺点：货源不受控制。
- 适合人群：有地方或民族特色商品货源的卖家。

图 2-4　野生榛蘑

图 2-5　民族工艺品

（6）买入库存积压或清仓处理商品。

有些品牌的商品库存积压很多，一些商家干脆把库存积压商品全部卖给专职网络销售的卖家。虽然这些商品在某一地域属于积压品，但由于网络覆盖面广的特性，完全可使其在其他地域成为畅销品。

清仓处理的商品由于急于销售，通常可以用很低的价格买进。如果卖家具有自己的分销渠道，也可以获得丰厚的利润。

- 优点：成本低。
- 缺点：具有不确定因素，如进货的时间、地点、规格、数量、质量等都不受控制。
- 适合人群：有一定的资金实力，对所从事行业比较了解的卖家。

2. 线上进货

线上进货是从批发网站上进货，或者选择代销与一件代发。

（1）从批发网站上进货。

批发网站可为卖家提供多种商品，卖家在家就可以进货。较为知名的批发网站有 1688 批发网（见图 2-6）、3158 批发网、中国制造网等。

线上货源渠道

图 2-6　1688 批发网

批发网站上普通商家众多，其商品品质参差不齐，有些店铺还会有最小起批量的要求。因此，在批发网站上进货时，要谨慎辨别和挑选。

- 优点：货源充足；商品种类多。
- 缺点：售后服务没有保障；议价范围小；折扣低。
- 适合人群：有自己的分销渠道，销售量较大的卖家。

（2）选择代销与一件代发。

代销是网上销售的一种模式，是指厂家为卖家提供货源，卖家负责销售，产生销售额后厂家给卖家提成。

一件代发是指厂家免费帮卖家发货。在一件代发模式下，某些提供网上批发服务的网站或者能提供批发货源的销售商，与想做网店代销的人达成协议，为其提供商品图片等数据，而不是实物，并以代销价格提供给网店代销人员销售。

对于新手来说，这两种方式都是不错的选择。

- 优点：避免压货，降低投资成本；节约时间成本；享受批发折扣，不限数量款式；专业打包发货，节省人力成本；积累实战经验。
- 缺点：不接触实物，无法了解商品质量，售后也无法保障。
- 适合人群：低成本创业的网店店主，想开店但没有资金的初级卖家。

三、进货时需要注意的事项

下面我们来了解一下进货时需要注意的事项和在网上进货时如何防范货源骗子。

1．进货要点

要开好网店，除了掌握有效的销售方法外，最关键的一点是“懂”进货，如了解各批发市场的价格水平，学会淘货，练就一双选货的“火眼金睛”。一般来说，进货的要点有以下几个方面：

（1）根据买家的需求进货。卖家在经营网店的过程中应充分了解买家的需求，并将此作为进货的依据。例如，网店中可设立买家意见簿，有意识地记录买家对商品的意见，然后对这些意见进行整理并做出改善；建立缺货登记簿，对买家需要但缺货的商品进行登记，以便及时补货。

总之，只有了解买家对商品质量、品种、价格等方面的需求，才能采购到适销的商品，避免库存积压而造成不必要的损失，使经济效益得到提高。

（2）货比三家。在进货时，卖家应首先到市场上转一转，比较一下各个市场和批发商之间的价格。为了使进货价格最合理，可以向多家供货商咨询，并从中挑选出各方面都适合自己店铺销售的商品。

（3）按不同商品的供求规律进货。对于供求平衡、货源正常的商品，少销少进，多销多进。对于货源时断时续、供不应求的商品，根据市场需求来开辟货源，随时了解供货情况，随时进货。对于采取了促销措施仍然销量不大的商品，应当少进，甚至不进。

（4）注意季节性。服装的换季时间一般会提前 2～3 个月。例如，当还是炎热的夏季时，批发市场的批发商们已经在忙着预备秋装了。假如不注意这一点，卖家进回来的当季货物就可能会因转季而卖不出去，所以看准季节时机慎重进货也是很重要的。

（5）注意进货的数量。进货的数量涉及多个方面，如进货金额、商品种类等。确定进货金额有个比较简单的方法，即把整个店铺的单月经营成本加起来，然后除以利润率，得出的数据就是每月要进货的金额。

第一次进货应使商品的种类尽可能多，因为需要给买家多种选择的机会。当对买家有了一定的了解后，就可以锁定一定种类的商品了。资金总是有限的，只有把资金集中投入有限的种类，增加单种商品的进货量，才能要求批发商给予更低的批发价格。

2．如何防范货源骗子

如何防止被骗是所有卖家进货时都十分关心的问题，尤其是在网络上寻找货源时要更加小心。以下总结了一些在网上进货时防范货源骗子的方法。

（1）注意批发商提供的地址。一般来说，批发商都会有一个固定的地址，可以通过各种搜索引擎查询相关信息，仔细查看是否有漏洞。

（2）注意批发商实体店的公司名称。各地一般都有很多的网络黄页，找到商家的公司名称进行核实，确认该公司是否存在，以及公司的相关简介是否和进货的商品类型相符。另外，可以去各地的工商部门官方网站查询或电话咨询该公司的相关营业执照信息，确认这个公司是否注册。

（3）注意批发商提供的网址。仔细研究批发商销售网站，然后有针对性地提出一些问题，通过批发商的回答来确认其真实性。

（4）多与批发商联系。在决定正式批发商品之前要多与批发商联系，了解更多的信息，从中查看有没有疑点。这一点尤其重要，因为在和批发商的交谈中会了解到许多信息，如是否有实体店，是否可以当面看货，以及批发商对商品的了解程度等。

（5）注意批发商提供的汇款途径。如果从网上进货的话，就一定会存在汇款的问题。一般来说，一家正规的实体公司在进行网络批发时，应当提供的是公司账号而不是个人账号。

另外，最好通过支付宝或其他电子方式汇款，这样可以节省汇款手续费，降低汇款的风险性。

防微杜渐

面对网络诈骗，谨记“四要四不要”

四要：

（1）转账前要通过电话等方式核实确认。

（2）手机和电脑等相关设备要安装安全软件。

（3）QQ、微信等相关软件要开启设备锁及账号保护，提高账户安全等级。

（4）网上聊天时要留意系统弹出的防诈骗提醒。

四不要：

（1）不要连接陌生 Wi-Fi，有些 Wi-Fi 容易导致支付账号密码被盗。

（2）不要向他人透露短信验证码。

（3）不要将支付密码与账号登录密码设置为同一个。

（4）不要将身份证号、银行卡号等个人身份信息保存在手机中。

淘宝店铺注册流程

任务实操一　开设个人网店

下面介绍在淘宝网开设个人网店的具体操作步骤。

一、注册淘宝账户

步骤 1 启动浏览器，打开淘宝网（https://www.taobao.com），进入淘宝网首页（见图 2-7），然后单击页面左上角的“免费注册”超链接。

图 2-7　淘宝网首页

步骤 2 打开用户注册页面，在“手机号码”编辑框中正确输入手机号码，然后单击“获取验证码”按钮，如图 2-8 所示。接着在“验证码”编辑框中输入收到的验证码，最后单击“同意并注册”按钮。

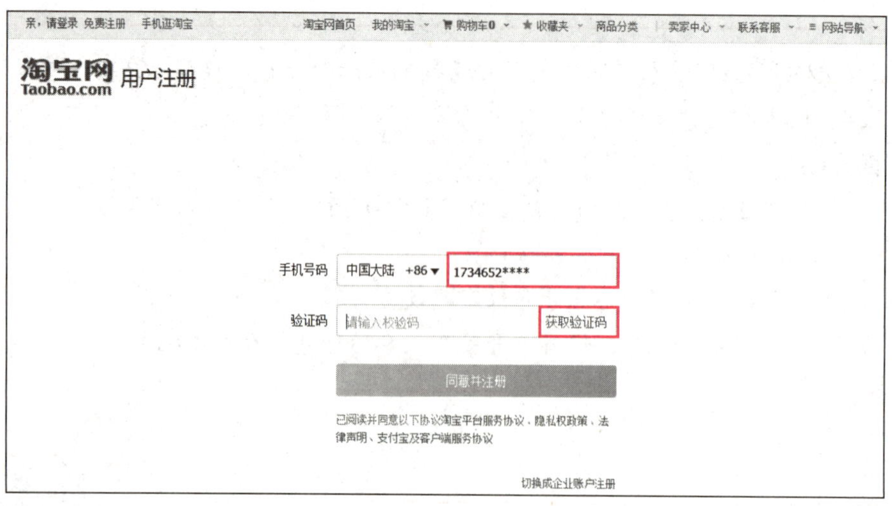

图 2-8 注册账户

步骤 3 打开信息提示页面（见图 2-9），可看到账户注册成功信息及用户的淘宝会员名，用户可用该会员名或图 2-8 中填写的手机号码登录淘宝网。

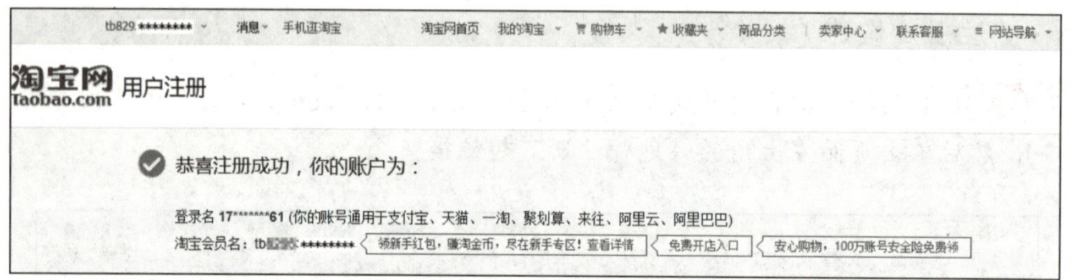

图 2-9 账户注册成功

淘宝账户注册成功的同时，会自动创建一个支付宝账户，其账户名与淘宝账户名相同。

二、重置淘宝账户登录密码

初次注册淘宝账户时，不需要设置登录密码，下次登录时可通过短信验证方式登录淘宝网。如果想通过账户密码方式登录淘宝网，可执行如下操作设置淘宝账户登录密码。

步骤 1 将鼠标指针移至页面左上角的会员名上方，在展开的下拉列表中选择“账号管理”选项，如图 2-10 所示。

步骤 2 在打开的“账号管理”页面中单击“登录密码”右侧的“修改”按钮，如图 2-11 所示。

步骤 3 在打开的“重置登录密码”页面中选择重置方式，本例单击“通过验证短信”方式右侧的“立即重置”按钮，通过短信验证方式重置密码，如图 2-12 所示。

图 2-10　选择“账号管理”选项

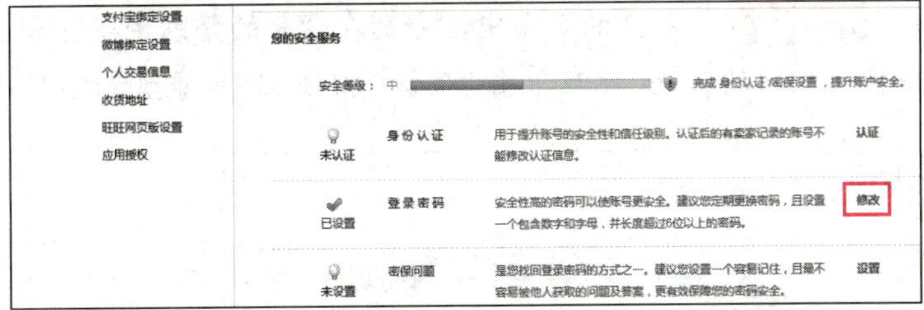

图 2-11　单击“修改”按钮

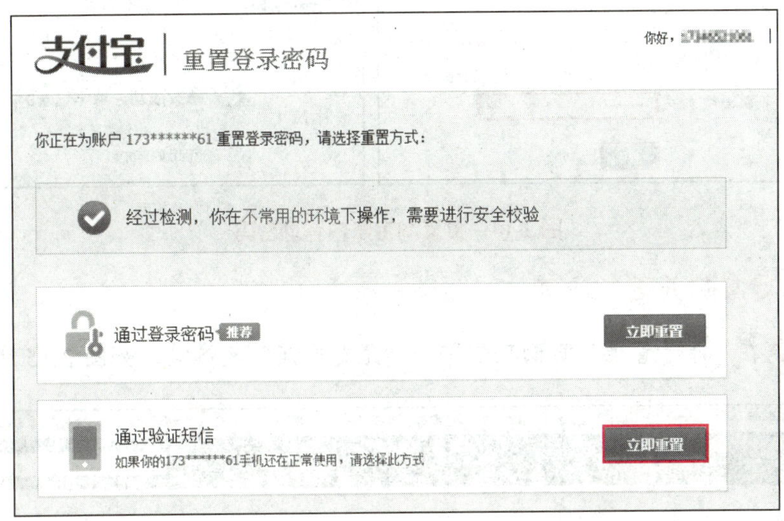

图 2-12　选择重置方式

步骤 4 在打开的页面中单击“点此免费获取”按钮，获取验证短信。然后将收到的验证码输入“校验码”编辑框中，并单击“下一步”按钮，如图 2-13 所示。

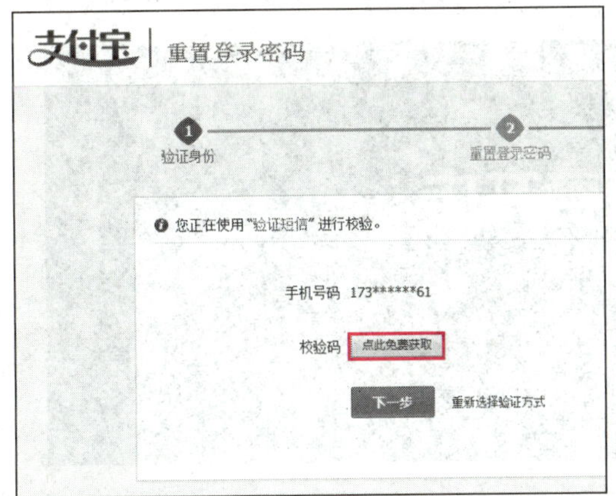

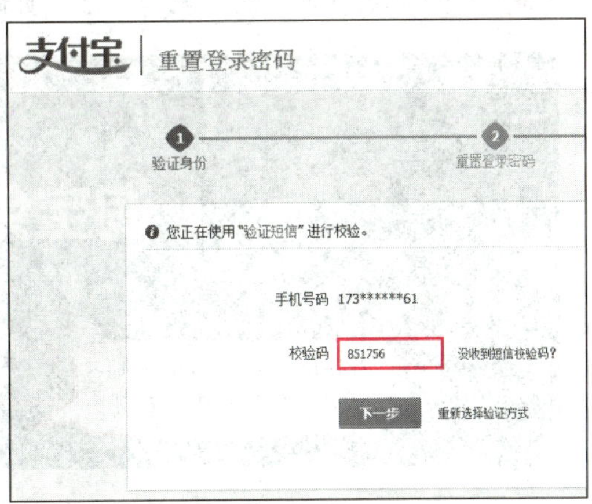

图 2-13　短信验证

步骤 5 在打开的页面中，分别在“新的登录密码”和“确认新的登录密码”编辑框中输入相同的密码，然后单击“确认”按钮，即可重置淘宝账户登录密码，如图 2-14 所示。

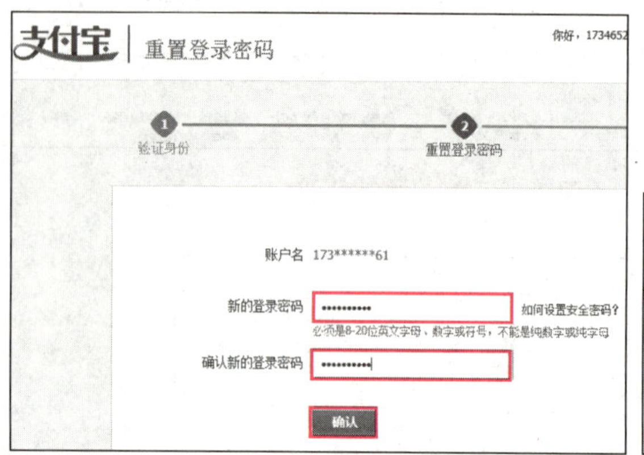

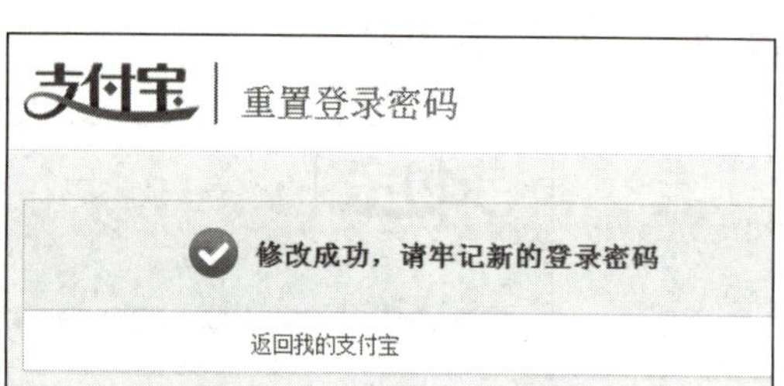

图 2-14　重置淘宝账户登录密码

三、创建店铺并进行认证

步骤 1 在“账号管理”页面顶端单击“免费开店”超链接，如图 2-15 所示。

图 2-15　单击“免费开店”超链接

步骤 2 在打开的“淘宝免费开店”页面中单击“个人开店”按钮，如图 2-16 所示。

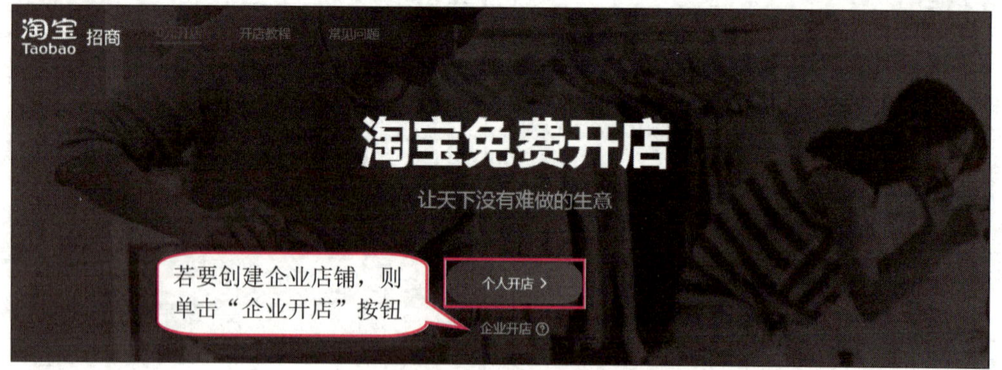

图 2-16　单击“个人开店”按钮

步骤 3 在打开的页面中的“店铺名称”编辑框中输入店铺名称，阅读并勾选三大协议条款：淘宝网卖家服务协议、消费者保障服务协议、支付宝支付服务协议。然后单击

“0 元开店”按钮，即可成功开店，如图 2-17 所示。

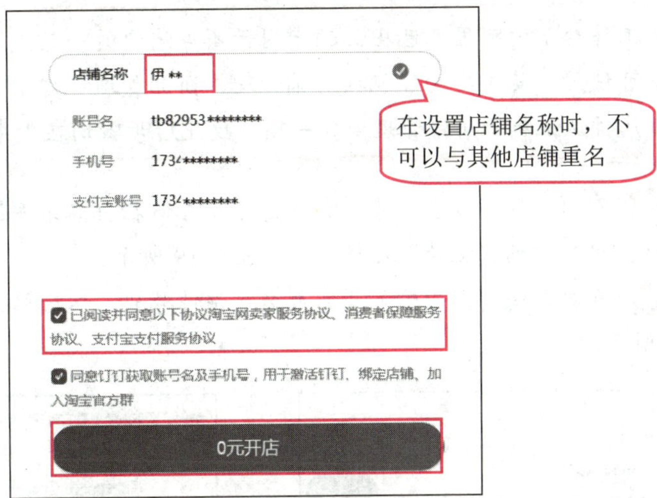

图 2-17　设置店铺名称并勾选协议条款

步骤 4 打开店铺认证页面，进行支付宝账号认证和实人认证。本例首先单击“支付宝认证”右侧的“去认证”按钮，如图 2-18 所示。

提示

店铺认证是指淘宝网针对卖家开设的一项特殊的身份识别服务。卖家申请淘宝店铺完全免费，但需要经过店铺认证才能使用，一个身份证只能开设一家店铺。使用别人的身份证开店或自己的身份证已被他人用来开店，一经核实，均无法通过店铺认证。

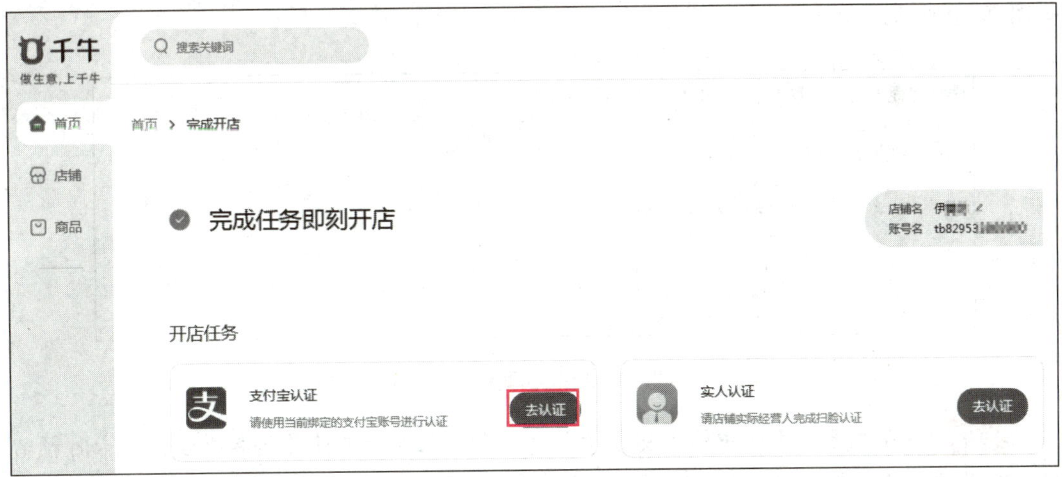

图 2-18　选择支付宝认证

提示

千牛工作台是由阿里巴巴出品的专用于商务沟通的一站式工作台，淘宝卖家、天猫商家均可使用。其主要功能包括店铺管理、商品管理、订单管理、消息中心、阿里旺旺等。店铺认证属于店铺管理中的一项，故此后步骤均在千牛工作台进行。

步骤 5 在打开的浮动窗口中，使用支付宝 App 扫描二维码进行认证，或通过电脑上传资料认证。单击“电脑上传”超链接，如图 2-19 所示。

步骤 6 在打开的页面中输入卖家姓名和证件号码，然后单击“确认并提交”按钮，如图 2-20 所示。

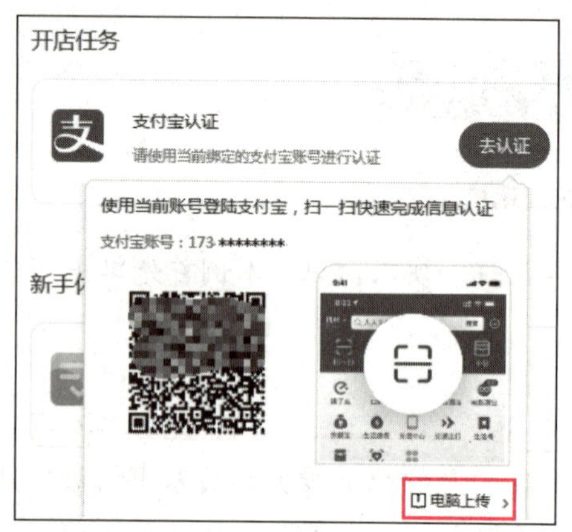

图 2-19　单击“电脑上传”超链接

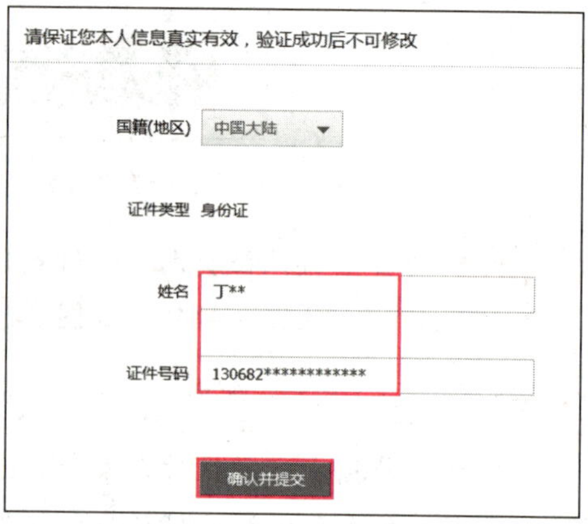

请保证您本人信息真实有效，验证成功后不可修改

国籍(地区)　中国大陆

证件类型　身份证

姓名　丁**

证件号码　130682************

确认并提交

图 2-20　输入卖家证件信息

步骤 7 在打开的页面中选择身份验证方式，本例选择“验证中国大陆银行卡”选项，如图 2-21 所示。

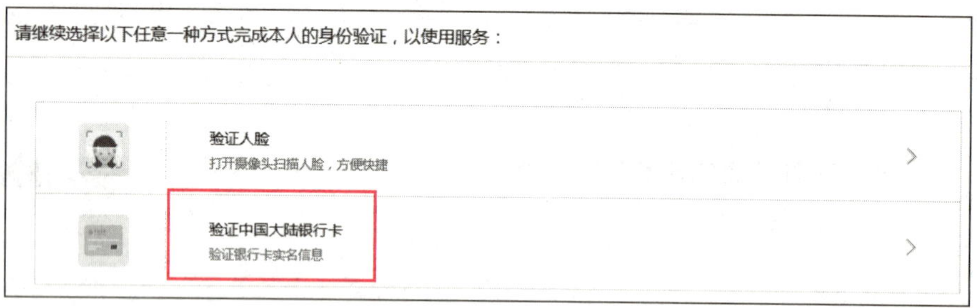

图 2-21　选择“验证中国大陆银行卡”选项

步骤 8 在打开的页面中输入银行卡号、持卡人姓名、证件号码和办理银行卡时预留的手机号码，然后单击“获取校验码”按钮，并在“校验码”编辑框中输入收到的校验码，最后单击“下一步”按钮，如图 2-22 所示。

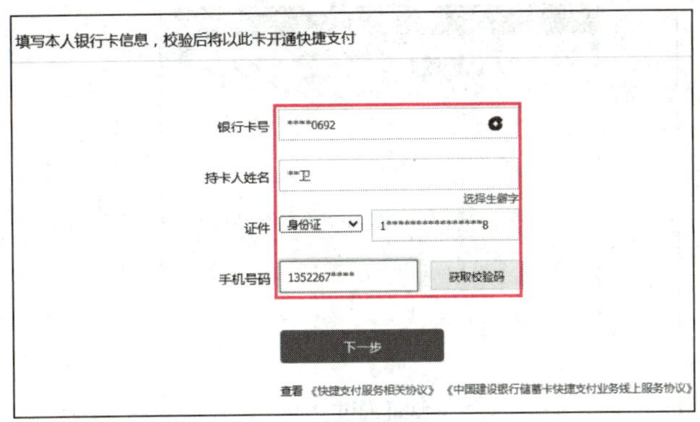

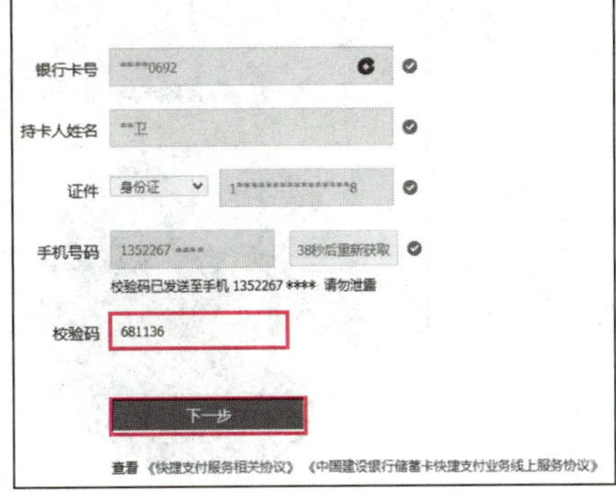

图 2-22　输入银行卡信息并验证手机号码

步骤 9 在打开的页面中提示身份信息已完善，表示支付宝认证成功，如图 2-23 所示。

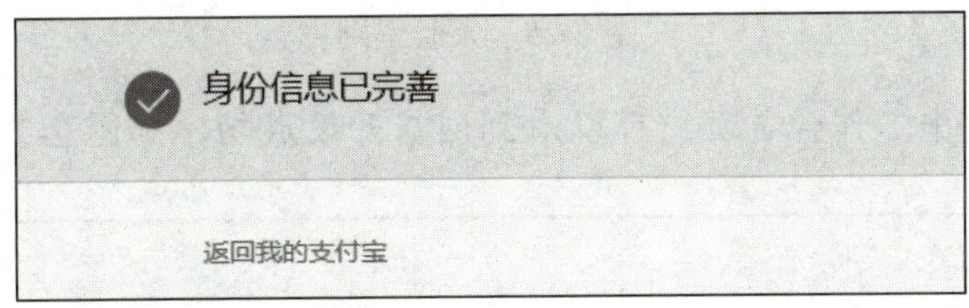

图 2-23　支付宝认证成功

步骤 10 在店铺认证页面中单击"实人认证"右侧的"去认证"按钮，打开浮动窗口，然后用淘宝 App 扫描浮动窗中的二维码，如图 2-24 所示。

图 2-24　用淘宝 App 扫描二维码

步骤 11 打开人脸识别页面，根据手机屏幕的提示操作，人脸识别成功后在显示的页面中单击"完成"按钮，如图 2-25 所示。

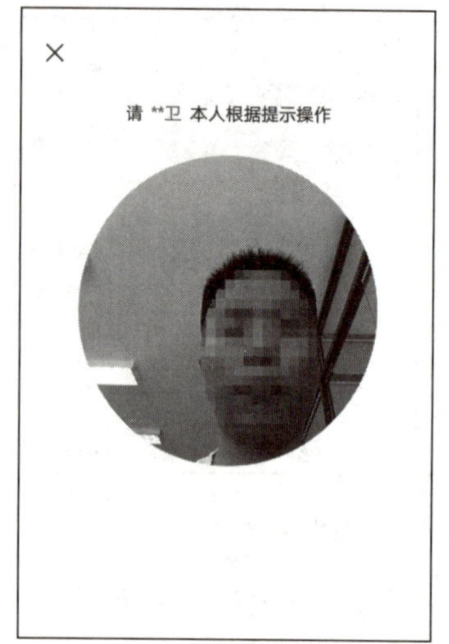

图 2-25　人脸识别

步骤 12 在千牛工作台首页中可以看到网店开设成功，如图 2-26 所示。

图 2-26　网店开设成功

任务实操二　在批发市场选货

一、确定进货策略

在批发市场选货

批发和零售最大的区别在于：批发商售卖单个商品的利润低，只有通过大量的出货才能赚钱；而零售商售卖单个商品的利润较高，但出货量要比批发商少。

开店初期，大多数卖家由于不想积压太多的商品，会选择每种商

品都只进一小部分作为样品，然后通过样品去慢慢了解买家的市场需求。如果发现某个商品的需求量很大，再决定是否去补货，这样做相对稳妥，风险要小。

二、确定进货量

进货量包括两个方面，即进货金额和进货数量。

步骤 1 计算进货金额。将整个网店的单月经营成本（人工水电费用、税费、管理费用等）加起来，然后除以利润率，得出的数据就是网店每月的进货金额。

例如，网店每月的全部经营成本为 5 000 元，商品卖出的平均利润率为 200%，那卖家每月最低需要进 2 500 元的货，即：

$$\frac{5\,000\,(元)}{200\%}=2\,500\,(元)$$

这样的话网店刚好能够平衡收支。如果卖家只进了 2 000 元的货，那即使把这些货在一个月内全部卖完，卖家的利润也只有 4 000 元，就会出现收不抵支的情况。

步骤 2 确定进货数量。当网店确定需购进的商品种类后，单个商品种类的数量可以细分为陈列数量、库存数量和周转数量。陈列数量就是放在货架上的商品数量，库存数量就是仓库中备货商品的数量，周转数量就是在两次进货之间实际的商品出货数量。从有多年经验的卖家得出的结论看，每个单品的数量最少要有 3 件才能够维持比较良性的商品周转。

例如，当网店中某个商品热销，卖家就需要为这个商品单独补货，这时无论是从花费的时间还是资金上看，都是得不偿失的。而卖家不补货，又只能眼睁睁看着买家流失。但如果卖家进了 3 件同样的商品，在销售完这 3 件商品的期间其他的商品也很可能需要补货，这时就可以通过一次性补货来提高补货的效率，从而节约补货开支。

三、确定最终货源

步骤 1 每个城市大大小小的批发市场都不少，所以想好进货种类后，就可以选择几家综合指数靠前的批发市场开始调研。卖家可以制作一个简单的表格（见表 2-1），将货源调研情况记录下来。

表 2-1　货源调研情况

商铺名称	地址	主要风格	质量等级	单价范围	最低拿货量	可否退换货	包装	备注

步骤 2 根据前面确定的进货量，在表 2-1 中挑选最合适的货源进货。

任务实操三 在 1688 批发网选货

1688 批发网是全球企业间电子商务的著名品牌，为数千万网商提供了海量商机信息和便捷安全的在线交易市场。它以批发和采购业务为核心，目前已覆盖原材料、工业品、服装服饰、家居百货、小商品等 16 个行业大类，提供从原料采购到生产加工，再到现货批发等一系列的供应服务。

1688 批发网选货技巧

一、注册 1688 批发网账户

如果已有淘宝账户，可以直接使用淘宝账户登录 1688 批发网。如果不想使用淘宝账户或要注册企业账户，则可以执行以下操作注册 1688 批发网账户。

步骤 1 启动浏览器，在地址栏中输入网址“https://www.1688.com”，按“Enter”键打开 1688 批发网首页，然后单击“免费注册”按钮，如图 2-27 所示。

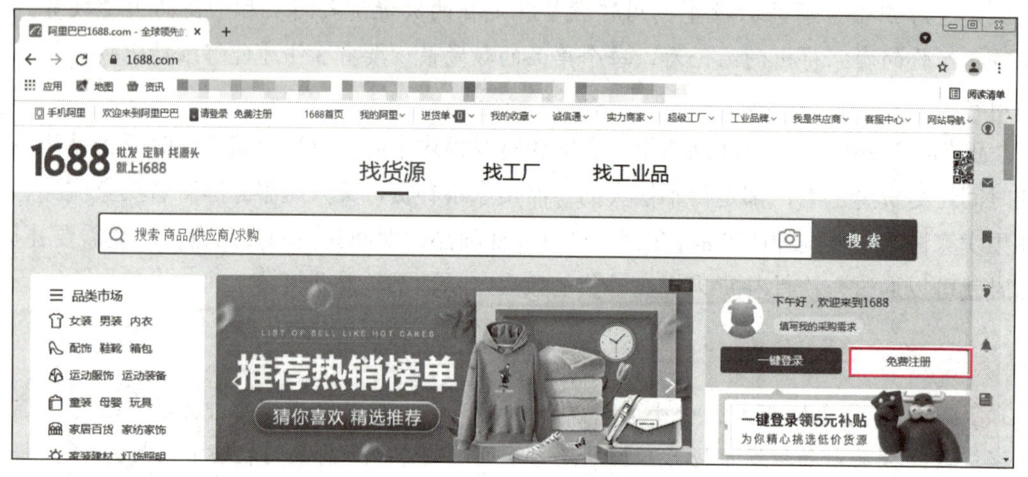

图 2-27 1688 批发网首页

步骤 2 在打开的页面中选择“个人账户注册”选项，然后阅读注册协议，并单击“同意协议”按钮，如图 2-28 所示。

步骤 3 在打开的页面中输入账户信息，然后将“验证码”右侧的滑块拖动到最右侧，并选中“创建网站账号的同时，我同意遵守：《阿里巴巴服务条款》及《隐私声明》”复选框，最后单击“同意并注册”按钮，如图 2-29 所示。

步骤 4 打开“验证手机”对话框，在“校验码”编辑框中输入收到的校验码，然后单击“提交”按钮（见图 2-30），即可成功注册 1688 批发网账户。

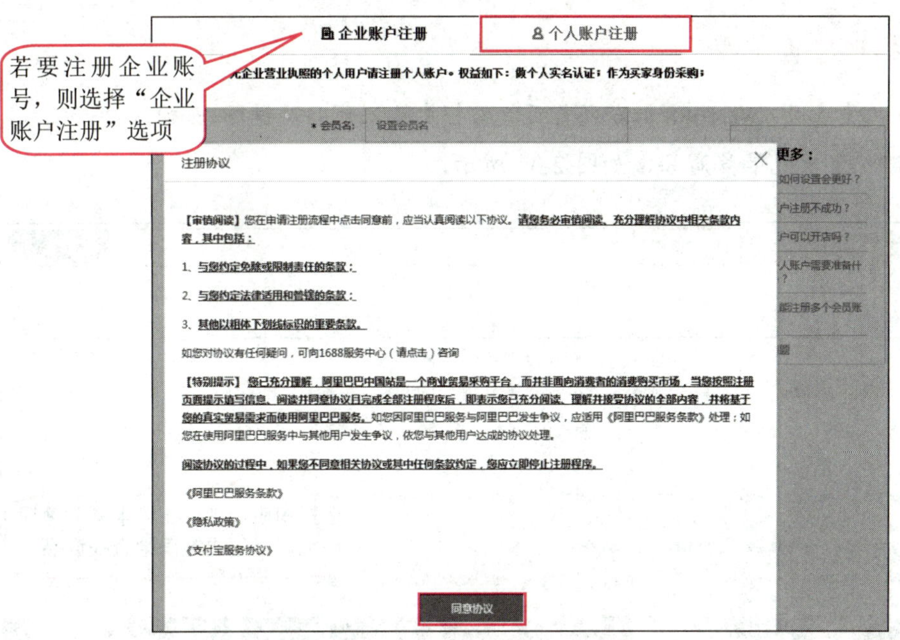

图 2-28　阅读并同意注册协议

1688　账户注册

企业账户注册　个人账户注册

无企业营业执照的个人用户请注册个人账户。权益如下：做个人实名认证；作为买家身份采购；

* 会员名：
* 登录密码：******
* 密码确认：******
* 手机号码：中国大陆 +86　1352267****
* 验证码：验证通过

创建网站账号的同时，我同意遵守：《阿里巴巴服务条款》及《隐私声明》

同意并注册

了解更多：
会员名如何设置会更好？
会员账户注册不成功？
个人账户可以开店吗？
注册个人账户需要准备什么资料？
一个人能注册多个会员账户吗？
其它问题

图 2-29　输入账户信息

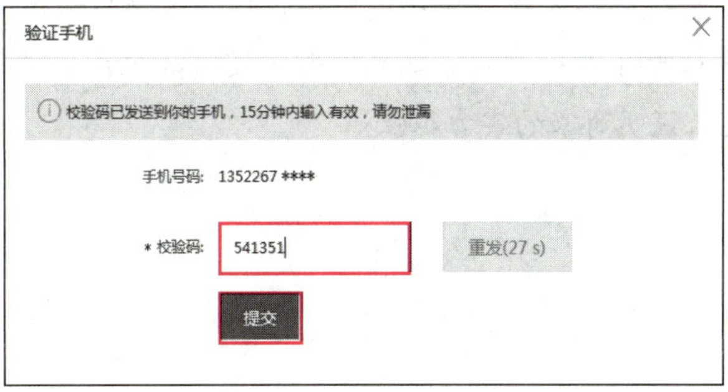

验证手机

校验码已发送到你的手机，15分钟内输入有效，请勿泄漏

手机号码：1352267 ****

* 校验码：541351　重发(27 s)

提交

图 2-30　验证手机号码

二、选择理想的货源

步骤1 搜索商品。在1688批发网首页搜索框中输入商品关键词，如输入“女卫衣”，按“Enter”键就会出现很多商品，如图2-31所示。

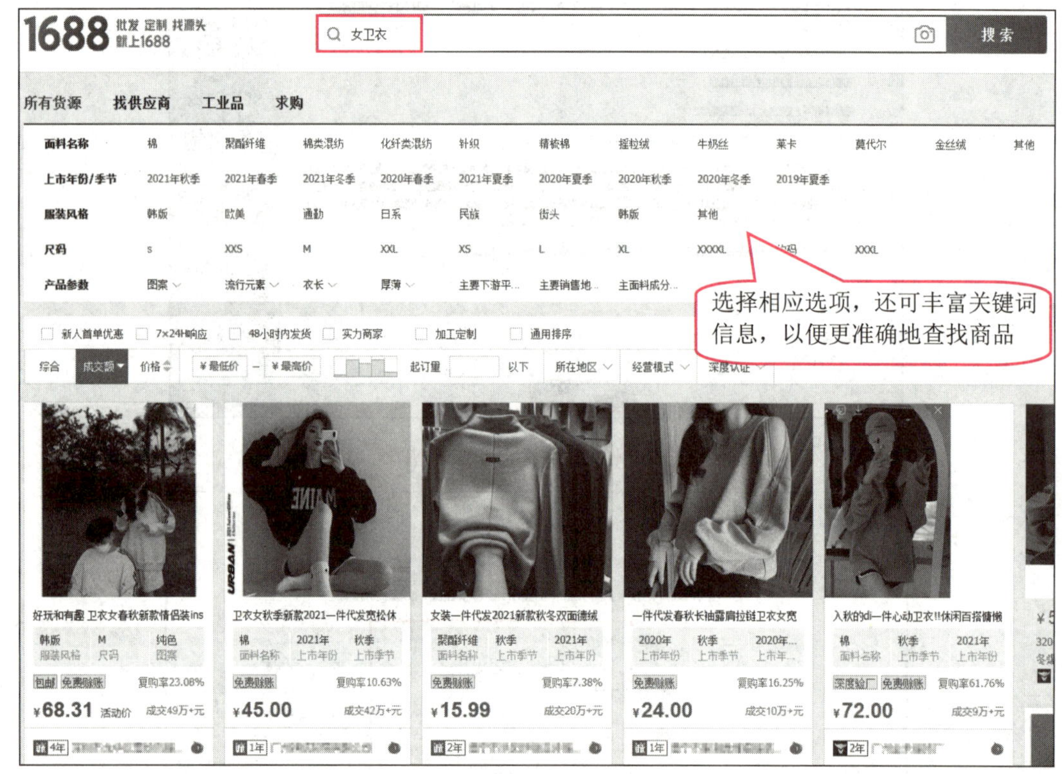

图2-31 商品搜索结果

步骤2 查看商品价格区间。将鼠标指针移至价格柱形图上，查看买家喜欢的价位占比，本例中买家喜欢的女卫衣的价格普遍集中在15～80元。

步骤3 初步筛选货源。在商品搜索结果页面中，通常依据商品成交额和商品价格初步筛选合适的货源。单击“成交额”按钮，商品将按成交额排列，选择其中销量较多和价格合适的货源，结果如图2-32所示。这里一般不建议选择开店时间低于两年的商家货源，因为开店时间越长说明商家的实力越强。

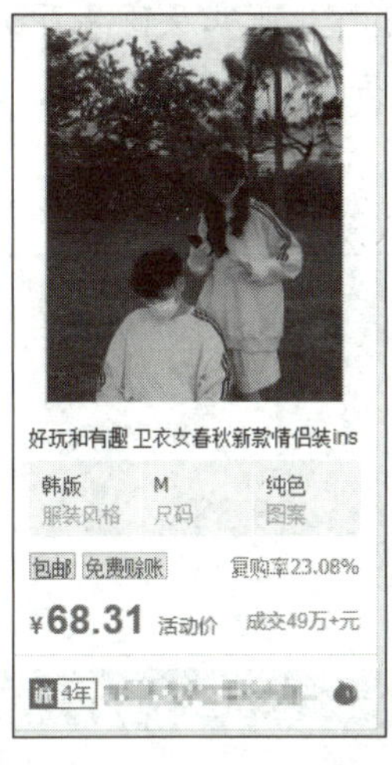

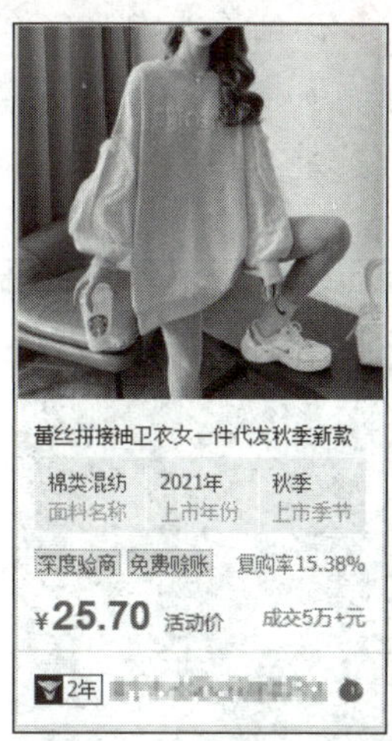

图 2-32　初步筛选结果（部分）

技巧

在 1688 批发网进货时最好选择经过“深度验厂”或“深度验商”的商家。深度验厂表示商家有厂房，生产资质比较齐全，所卖商品为厂家直销。深度验商表示商家是有实力的商家，各种资质都比较齐全。将鼠标指针移至商品图片上，在打开的浮动窗口中单击“验厂报告”超链接，在打开的页面中可以查看验厂报告，如图 2-33 所示。

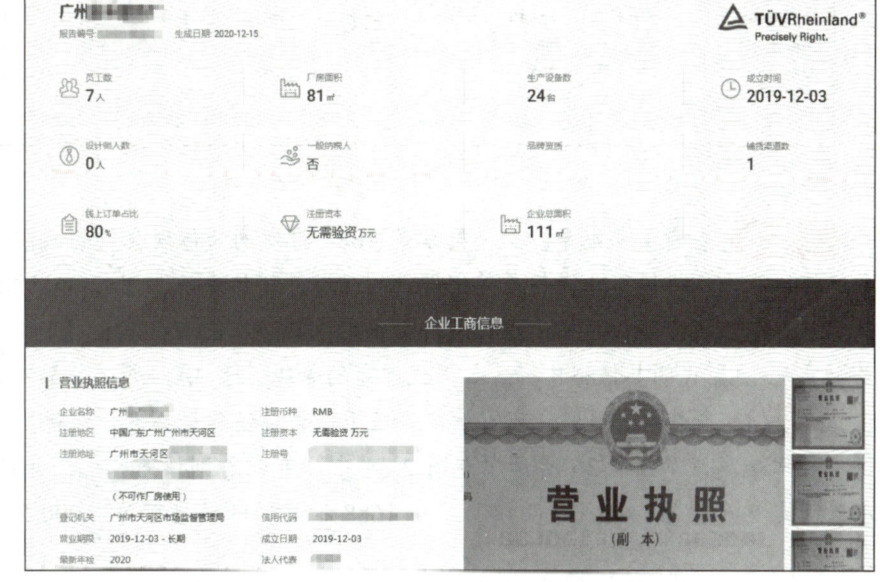

图 2-33　查看验厂报告

步骤 4 详细筛选货源。单击初步筛选出的商品，即可打开商家及商品页面查看商家及商品详情，如图 2-34 所示。需要查看的信息通常包括交易勋章、供应等级、店铺评价、商品评价、起批量等。

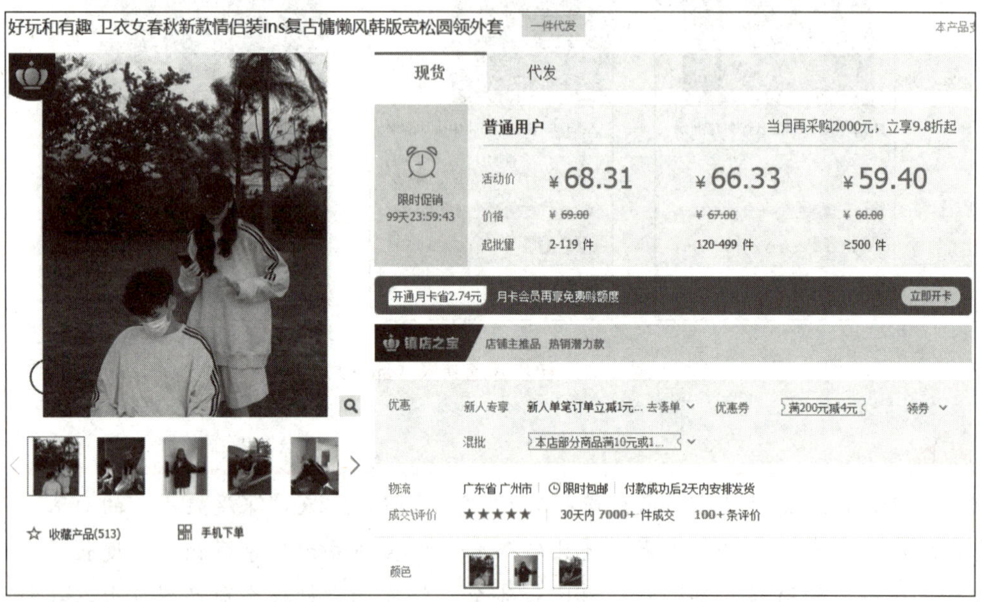

图 2-34　商家及商品详情

步骤 5 查看交易勋章。交易勋章是 1688 批发网为体现会员的诚信、在线销售、服务的综合能力，根据行业进行差异化设计的动态评级体系，如图 2-35 所示。会员等级越高，代表综合实力越强，相应也会获得更多的权益。在图 2-34 中，可以看到该商家的交易勋章是 5A，说明其信誉良好。如果代理商的等级低于 3A，那么尽量不要选择。

步骤 6 查看供应等级。商家供应等级根据会员销售金额累计获得，销售金额越高，供应等级越高，如图 2-36 所示。在图 2-34 中，可以看到该商家已经开店 4 年以上，供应等级是 3 个皇冠，这就说明该商家在 1688 批发网的销售额为 5 000 万～1.5 亿元，实力很强。

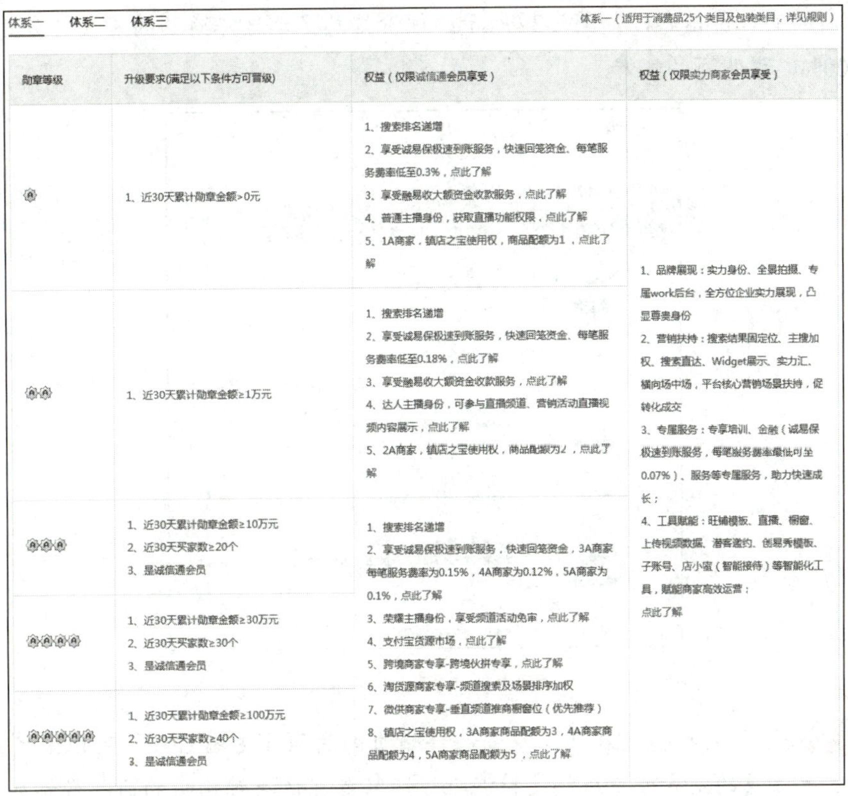

体系一　体系二　体系三　　　　体系一（适用于消费品25个类目及包装类目，详见规则）

勋章等级	升级要求(满足以下条件方可晋级)	权益（仅限诚信通会员享受）	权益（仅限实力商家会员享受）
	1、近30天累计勋章金额>0元	1、搜索排名递增 2、享受诚易保极速到账服务，快速回笼资金、每笔服务费率低至0.3%，点此了解 3、享受融易收大额资金收款服务，点此了解 4、普通主播身份，获取直播功能权限，点此了解 5、1A商家，镇店之宝使用权，商品配额为1 ，点此了解	1、品牌展现：实力身份、全景拍摄、专属work后台，全方位企业实力展现，凸显尊贵身份 2、营销扶持：搜索结果固定位、主搜加权、搜索直达、Widget展示、实力汇、横向场中场，平台核心营销场景扶持，促转化成交 3、专属服务：专享培训、金融（诚易保极速到账服务，每笔服务费率最低可至0.07%）、服务等专属服务，助力快速成长； 4、工具赋能：旺铺模板、直播、橱窗、上传视频数据、潜客邀约、创易秀模板、子账号、店小蜜（智能接待）等智能化工具，赋能商家高效运营； 点此了解
	1、近30天累计勋章金额≥1万元	1、搜索排名递增 2、享受诚易保极速到账服务，快速回笼资金、每笔服务费率低至0.18%，点此了解 3、享受融易收大额资金收款服务，点此了解 4、达人主播身份，可参与直播频道、营销活动直播视频内容展示，点此了解 5、2A商家，镇店之宝使用权，商品配额为2 ，点此了解	
	1、近30天累计勋章金额≥10万元 2、近30天买家数≥20个 3、是诚信通会员	1、搜索排名递增 2、享受诚易保极速到账服务，快速回笼资金，3A商家每笔服务费率为0.15%，4A商家为0.12%，5A商家为0.1%，点此了解 3、荣耀主播身份，享受频道活动免审，点此了解 4、支付宝货源市场，点此了解 5、跨境商家专享-跨境伙拼专享，点此了解 6、淘货源商家专享-频道搜索及场景排序加权 7、微供商家专享-垂直频道推商橱窗位（优先推荐） 8、镇店之宝使用权，3A商家商品配额为3，4A商家商品配额为4，5A商家商品配额为5 ，点此了解	
	1、近30天累计勋章金额≥30万元 2、近30天买家数≥30个 3、是诚信通会员		
	1、近30天累计勋章金额≥100万元 2、近30天买家数≥40个 3、是诚信通会员		

图 2-35　交易勋章

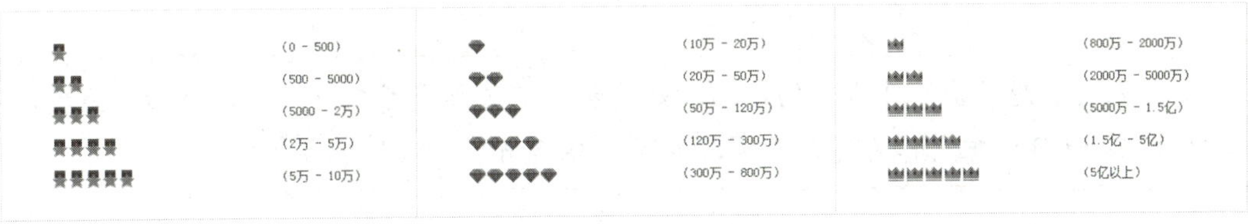

	(0 - 500)		(10万 - 20万)		(800万 - 2000万)
	(500 - 5000)		(20万 - 50万)		(2000万 - 5000万)
	(5000 - 2万)		(50万 - 120万)		(5000万 - 1.5亿)
	(2万 - 5万)		(120万 - 300万)		(1.5亿 - 5亿)
	(5万 - 10万)		(300万 - 800万)		(5亿以上)

图 2-36　供应等级（单位：元）

步骤 7 查看店铺评价。店铺评价包括 4 个方面，即货描、响应、发货和回头率。商家得分越高，其服务能力越强，获得商家权益和商业机会越多。从图 2-34 中可以看出，该商家的货描相符低于行业均值、回头率也较低，而响应速度和发货速度均高于行业均值，说明该商家有一定的实力，但有些商品销量较低，需要买家擦亮眼睛，仔细筛选商品并与商家及时沟通，深入了解商品特点和退换货政策。

- **货描：**商品描述是否与商品相符，主要来自买家的评价。
- **响应：**回复买家的速度。
- **发货：**线上的发货速度。
- **回头率：**买家的重复采购率。

步骤 8 查看商品评价。在商家及商品详情页面中单击“评价”超链接，转到评价栏目，查看商品的评价信息，如图 2-37 所示。评价信息显示这件商品的货品评分是 5 分，好评率是 100%，说明商品良好。

图 2-37　商品的评价信息

步骤 9 了解起批量。在商家及商品详情页面的商品主图右侧，可以看到该店铺的起批量。需要注意的是，很多店铺支持混批，即只要在该店铺购买的商品数量加起来够起批量即可按批发价购买。

提示

如果卖家想寻找一件代发的商品，则要看一下店铺是否支持。如果商品页面显示“代发”，就可以把它作为货源选项，如图 2-38 所示。

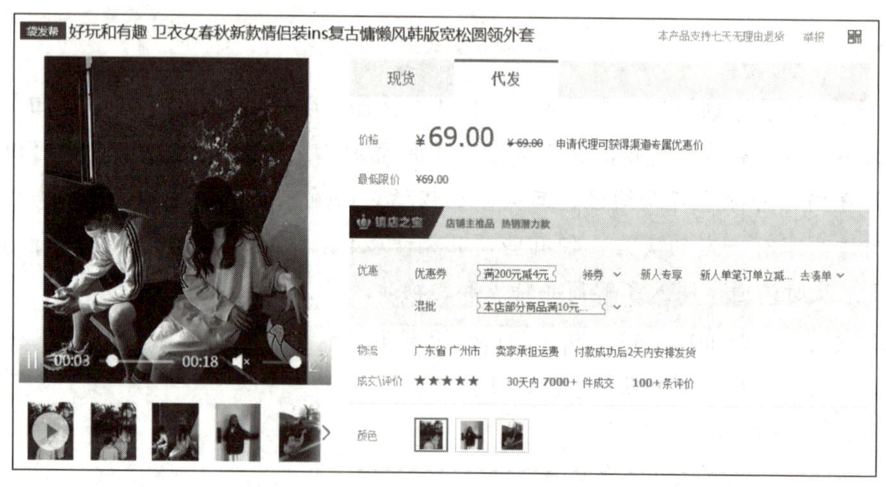

图 2-38　商品代发

技能实训 开设个人网店并寻找货源

一、实训背景

确定了网店卖什么之后，就要开始找货源了。要想网店有利润空间，成本低是关键。找到了物美价廉的货源，网店就有了成功的基础。

要想获取优质货源，需要多看、多想、多问，既要在线下批发市场或厂家进行调研，又不放过线上机会，最后将两者进行对比分析，确定最优质的货源。

二、实训目的

开设网店，并能够根据自己选定商品的特点及自己的优势，确定最优货源。

三、实训内容

（1）在淘宝网上注册账户，并开设一个童装网店。

（2）在1688批发网找工厂平台上选择一家货源。

知识延伸

找工厂（找工厂平台网址：https://factory.1688.com）是1688批发网上的一个网上批发平台。它连接电商卖家和工厂，将懂电商但不懂供应链的淘宝卖家和懂供应链但不懂电商的工厂联系起来。

（3）有条件的情况下，到所在城市的批发市场调查商品批发价格，并与批发商进行简单接触或进货谈判。

（4）对商品特点和价格有一定了解后，以书面形式制订一个进货方案，要求包括商品种类、进货渠道、合作批发商、进货金额、进货数量等。

项目三
网店商品发布

项目导读

在寻求到合适的货源后，卖家便可将商品的图片、名称、产地、交易方式等相关信息发布到个人网店上，以便于买家了解和购买。此外，卖家还可以通过网店后台设置商品的分类、运费模板等内容，以便更好地管理商品。

学习目标

- 掌握商品发布的具体操作；
- 掌握商品标题的设置技巧；
- 掌握商品的分类方法；
- 掌握运费模板的设置方法。

素质目标

- 了解农村电子商务在乡村振兴方面发挥的积极作用；
- 筑牢诚信意识，树立法治观念。

淘宝发布“2021年度十大商品”，你下单过哪些？

2021年12月22日，淘宝发布“2021年度十大商品”，频上热搜的奥运冠军“杨倩同款小黄鸭发卡”、年初火到海外的“搪瓷痰盂”、表情包里天天见的“吴京同款运动服”等网红话题商品高票入选，如图3-1所示。

图3-1　2021年度十大商品

“国货”成榜单关键词

据了解，年度十大商品是根据各类商品在淘宝平台上这一年的销量、同比增速，以及网络平台的讨论热度等综合指标，由消费者投票，媒体、专家评审团多轮评议，最终选出的最具代表性的国民商品。在评选过程中，超过半数入围提名的商品带有明显的“国货”标签。

半个世纪前家家户户必备的搪瓷痰盂，年初爆红海外，被外国网友误认为是“60年代中国传统果篮”，身价暴涨40倍。消息传到国内，淘宝上痰盂销量应声大涨。近年来，以国民床单、国民搪瓷缸、国民痰盂为代表的“国民三件套”，带动怀旧商品回归。

消费者对国货的热情，也溢到购物车外。不管在微博评论区，还是微信群，身着梅花牌“中国”运动服的吴京，成了年度最好用的表情包。

年度十大商品承载社会情绪

2021年的公众情绪，被航天和奥运点燃。中国的空间站投入使用，掀起了全民航天热，也让2021年成为航天年。淘宝上，中国航天文创官方淘宝店推出的太空寄信服务、太空育种玫瑰都被“秒光”；空间站积木、火箭模型等航天文创产品销量同比翻了数十倍。

一代人有一代人的奥运，发弹幕、顶热搜、淘同款成为这届年轻人的追奥“三部曲”。奥运冠军杨倩同款的小黄鸭发卡屡次登上热搜，也成为淘宝爆款。

知微数据高级数据分析师表示，淘宝“2021年度十大商品”中，部分商品与热点同频，这背后是社会情绪的折射。相比2020年度十大商品较强的疫情印记，2021年度十大商品折射了这届网友积极、乐观、自豪的心态，展现了更蓬勃向上的积极情绪。

课前学习

一、商品发布方式

在淘宝网上发布商品的方式有一口价、拍卖和租赁 3 种，卖家可以根据需要进行选择。

- **一口价：**卖家以固定的价格出售商品。
- **拍卖：**卖家出售商品时设置商品起拍价和加价幅度。
- **租赁：**卖家将个人持有、自用或从未使用的闲置物品等出租给买家。

二、商品分类概述

以淘宝网为例，店铺的商品分类有两种：默认商品分类和个性化商品分类。其中，个性化商品分类可以在店铺设置的默认分类之外有自己独立的分类呈现，并且不会影响店铺设置的默认分类。图 3-2 和图 3-3 是同一家店铺在相同的后台商品分类情况下，两种商品分类方式在前台呈现的不同状态。

图 3-2　默认商品分类

图 3-3　个性化商品分类

三、运费模板概述

当买家购买网店商品后，卖家还需要通过快递将商品发送到买家手中，而这一过程需要花费运费。运费模板的作用是为一批商品设置同一运费。当修改某一运费模板后，与其关联的商品的运费将统一被修改。一般来说，建议卖家按照商品的类别、体积和重量来划分运费模板。例如，如果网店销售衣服和鞋子，那么卖家可以设置两个运费模板：① 衣服的运费；② 鞋子的运费。

四、商品详情页概述

商品发布成功后，所设置的信息会显示在商品详情页中，用于向买家介绍商品属性、使用方法等，如图 3-4 所示。一个好的商品详情页应包含买家想知道的关于商品的一切信息，能让买家无须咨询客服，没有任何顾虑就下单。

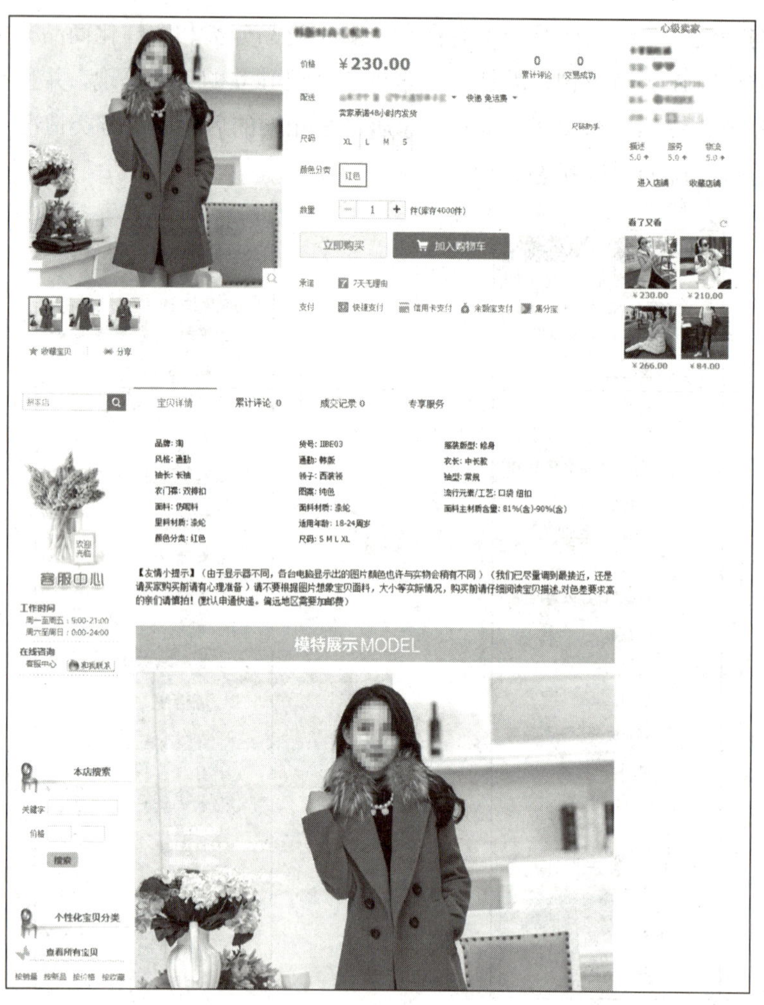

图 3-4　商品详情页

以淘宝网为例，个人网店中的商品详情页主要由商品基本信息模块、商品详情/评价记录/成交记录/专享服务模块、左侧栏，以及买家的浏览足迹和购买偏好等构成。

- **商品基本信息模块：** 成功发布商品后自动生成。
- **商品详情模块：** 需要卖家编辑内容，主要包括商品的基本信息，若干张图片、文字说明等其他附加信息。
- **评价记录模块、成交记录模块及专享服务模块：** 由系统自动生成，不需要卖家进行装修设计，但卖家可以对这些内容进行管理。
- **左侧栏：** 由本店搜索、商品推荐、商品分类等常规模块构成，可由卖家进行装修设计。

扫一扫

商品发布流程

任务实操一　发布商品

下面以淘宝网为例，在“千牛卖家中心”以“一口价”方式发布一款女装商品，介绍在网店中发布单个商品的具体操作步骤。

一、选择商品类别

步骤 1 登录淘宝网，在首页右上角单击“千牛卖家中心”超链接，打开“千牛卖家中心”页面，选择“商品”→“发布宝贝”选项，如图 3-5 所示。

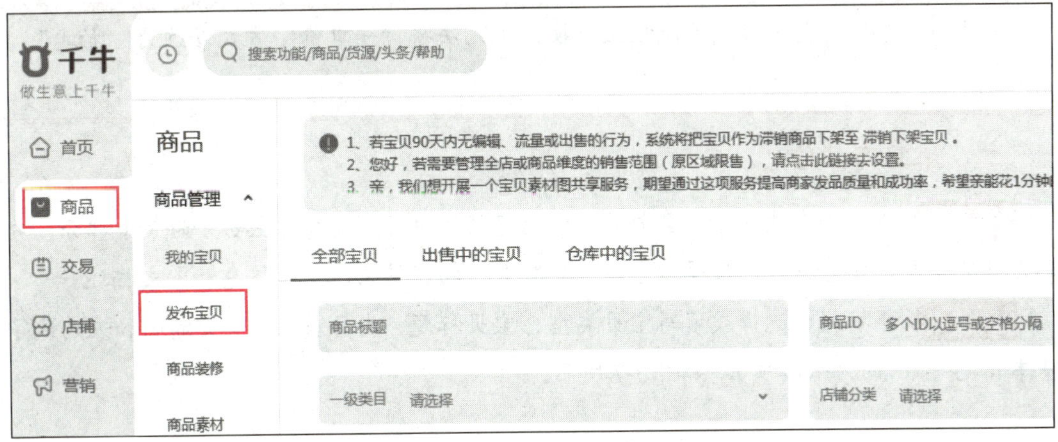

图 3-5　选择“商品”→“发布宝贝”选项

步骤 2 打开“商品发布”页面，默认选择商品发布的方式为“一口价”，然后在商品类目列表中逐级选择商品发布类目，如“女装/女士精品→卫衣/绒衫”，最后单击“下一步，发布商品”按钮，如图 3-6 所示。

图 3-6　选择商品发布方式及商品类目

提示

商品发布后，发布形式不能相互转换，如无法将“一口价”方式修改为“拍卖”方式。

二、填写商品信息

步骤 1 选择商品类别后，会打开商品信息填写页面，该页面主要分为 7 个部分，分别是基础信息、销售信息、尺码信息、售后服务、物流信息、支付信息和图文描述。

步骤 2 根据提示选择或填写宝贝类型、宝贝标题、类目属性、宝贝定制和采购地等基本信息（带*的为必填项），如图 3-7 所示。

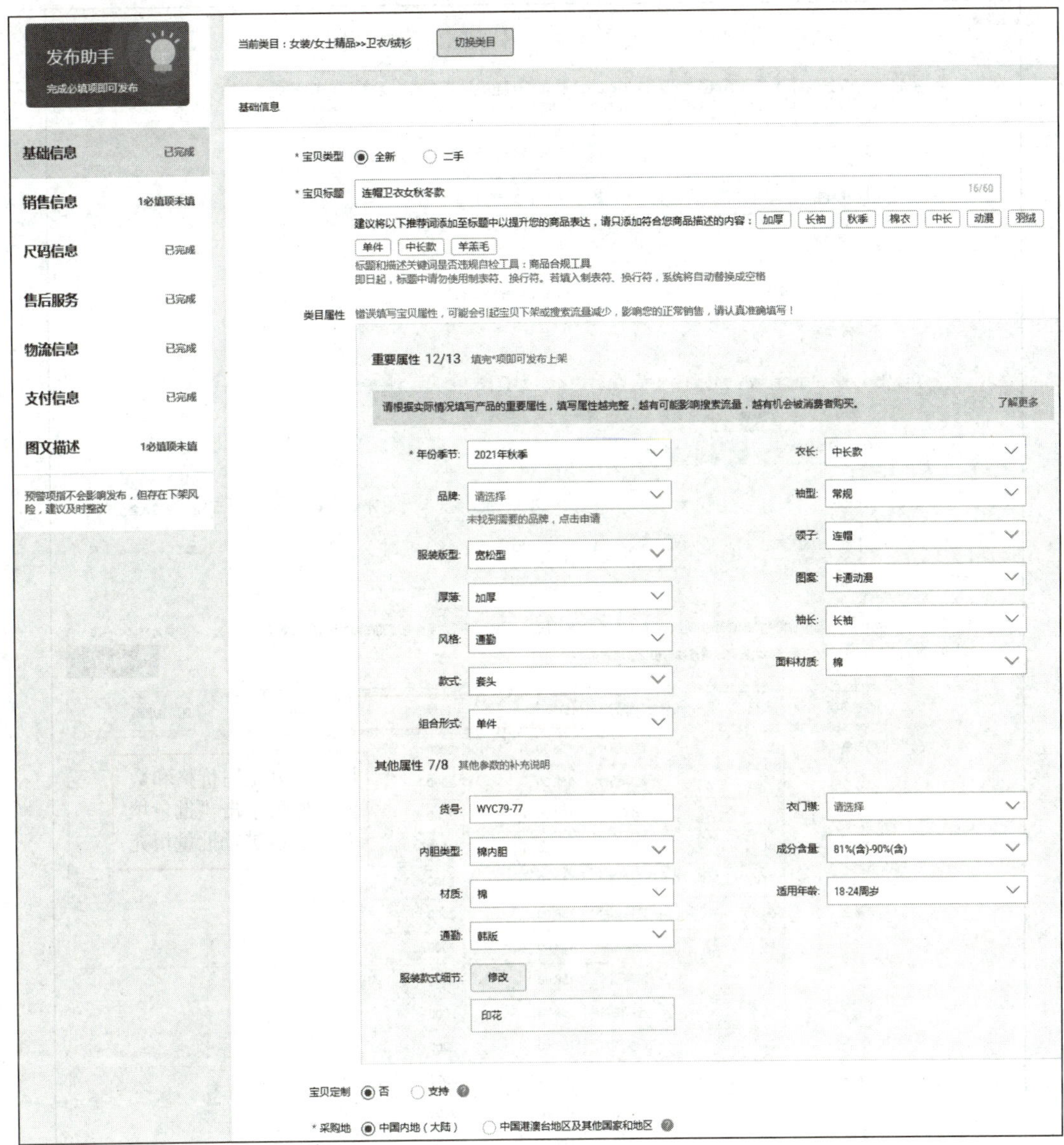

图 3-7　填写商品基础信息

步骤 3 向下拖动页面右侧的滚动条，填写或选择商品销售信息，如颜色分类、尺码、销售规格、价格、数量等，如图 3-8 所示。

销售信息

颜色分类 请选择或直接输入主色，标准颜色可增加搜索/导购机会，还可填写颜色备注信息（偏深、偏亮等）！查看详情
属性图上传功能更新，亲可以在sku设置中找到图片上传入口哦！
颜色名称最大长度为30个字符(15个汉字)

- ☑ 奶白色 | 备注（如偏深偏浅等）
- ☑ 卡其色 | 备注（如偏深偏浅等）
- ☑ 百搭黑 | 备注（如偏深偏浅等）
- 选择或输入主色 | 备注（如偏深偏浅等）

开始排序

尺码 选择标准尺码可增加搜索/导购机会，标准尺码还可填写尺码备注信息（偏大、偏小等）！查看详情

○ 通用 ◉ 中国码 ○ 英码 ○ 美码 ○ 均码

请输入自定义值 +添加

☐ XXS ☐ XS ☑ S 请输入备注 ☑ M 请输入备注 ☑ L 请输入备注
☑ XL 请输入备注 ☑ 2XL 请输入备注 ☐ 3XL ☐ 4XL ☐ 5XL
☐ 6XL

该类目下，宝贝规格中的销售属性请全选或者全不选（如销售属性有颜色、尺码，那么必须两样都勾选填写或者全部不勾选，不能只勾选其中一项）

宝贝销售规格 在标题栏中输入或选择内容可以进行筛选和批量填充 批量填充

颜色分类	尺码	颜色分类图	*价格(元)	*数量(件)	商家编码	商品条形码
奶白色	S	选择图片	158.00	2000		
	M	选择图片	158.00	2000		
	L	选择图片	158.00	2000		
	XL	选择图片	158.00	2000		
	2XL	选择图片	158.00	2000		
卡其色	S	选择图片	158.00	2000		
	M	选择图片	158.00	2000		
	L	选择图片	158.00	2000		
	XL	选择图片	158.00	2000		
	2XL	选择图片	158.00	2000		
百搭黑	S	选择图片	158.00	2000		
	M	选择图片	158.00	2000		
	L	选择图片	158.00	2000		
	XL	选择图片	158.00	2000		
	2XL	选择图片	158.00	2000		

可在此处填写价格和数量，然后单击“批量填充”按钮进行批量填充

*一口价 158.00 元
本类目常规价格最低是7.00元，请规范标价行为

*总数量 30000 件
总数量范围是1件~100000000件之间，默认为1件

批量填充价格和数量后，会自动计数填充一口价和总数量

商家编码 0/64

商品条形码 0/32

图 3-8 填写商品销售信息

杜绝虚假标注，倡导价格诚信

为维护良好的市场价格秩序，打击虚假标注，倡导价格诚信，青岛市市场监督管理局召开了“杜绝虚假标注、倡导价格诚信”价格政策提醒会。青岛市利群集团、海尔集团、万象城等较大规模的网络交易经营企业共 20 余名代表参加本次会议，由利群集团发出严守价格诚信的表态发言，各与会企业共同签署《“杜绝虚假标注，倡导价格诚信”承诺书》并集体签名倡议严守价格法，做到价格诚信。

会议中，青岛市市场监督管理局现场向各位企业代表发放并详细解读了《互联网交易价格行为政策提醒告诫书》，结合市场监管总局近期公布的价格行政处罚案例，深入分析各企业经营过程中容易出现的价格违法问题与风险点，为企业扫清法律和政策的盲点，要求企业切实做到知法守法、坚决落实主体责任、共同维护价格秩序。

各与会企业代表积极响应号召，并表示将不负政府部门的期望，践诺守信，切实遵守有关法律法规，依法依规开展经营活动，坚决杜绝不按规定明码标价、价格欺诈等价格违法行为，为维护青岛市良好的价格秩序做出应有贡献。

步骤 4 向下拖动页面右侧的滚动条，显示尺码信息，单击“填写尺码表”按钮，如图 3-9 所示。

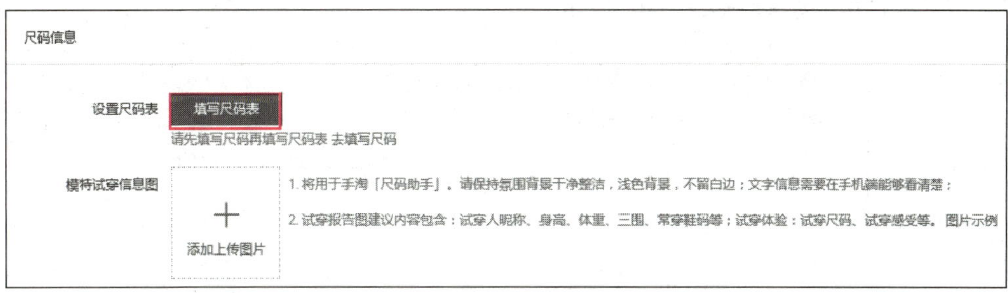

图 3-9 单击“填写尺码表”按钮

步骤 5 在打开的“尺码表提交”对话框中多次单击“自定义”按钮添加尺寸参数，如肩宽、胸围、衣长、袖长。然后勾选要使用的参数，并在尺码表中填写具体参数值。最后单击“保存”按钮，保存尺码表，如图 3-10 所示。

图 3-10　填写尺码表

提示

勾选“保存至模板”复选框后输入模板名称，可将当前尺码表保存为模板。待编辑其他商品的尺码信息时，可切换到“应用模板”选项卡，直接调用该尺码模板。

步骤 6 在“尺码信息”设置区中单击“添加上传图片”按钮，在打开的浮动窗口中单击“上传图片”按钮，如图 3-11 所示。

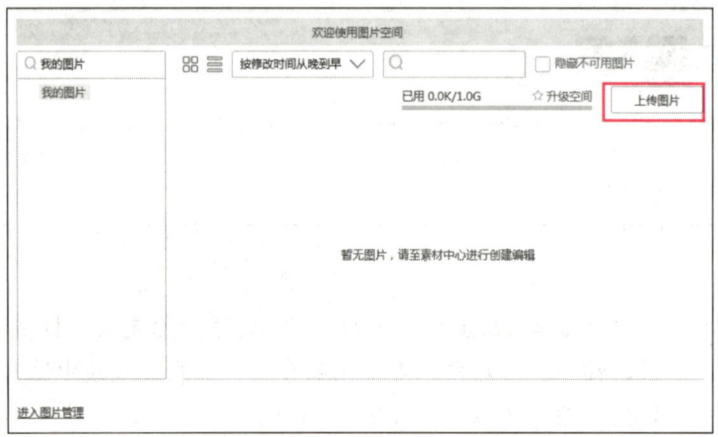

图 3-11　单击“上传图片”按钮

步骤 7 再次单击“上传”按钮，在打开的“打开”对话框中选择模特试穿信息图（可在按住“Ctrl”键的同时，依次单击要选择的图片，以同时选中多张图片），然后单击“打开”按钮，上传图片并返回浮动窗口，如图 3-12 所示。

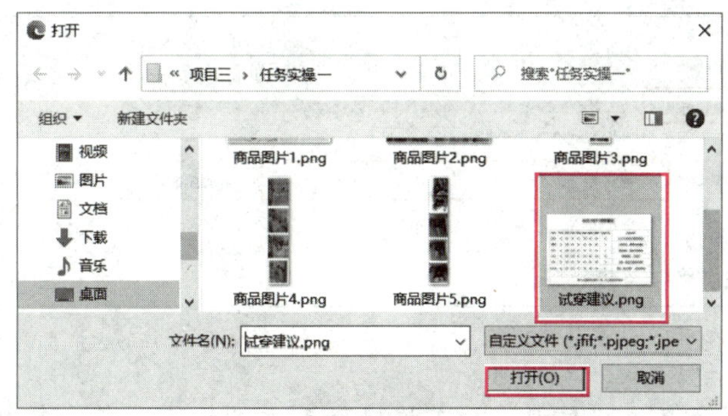

图 3-12　选择模特试穿信息图

步骤 8 单击刚上传的图片，在打开的界面中利用裁剪框调整图片要保留的区域，然后单击“保存”按钮，如图 3-13 所示。

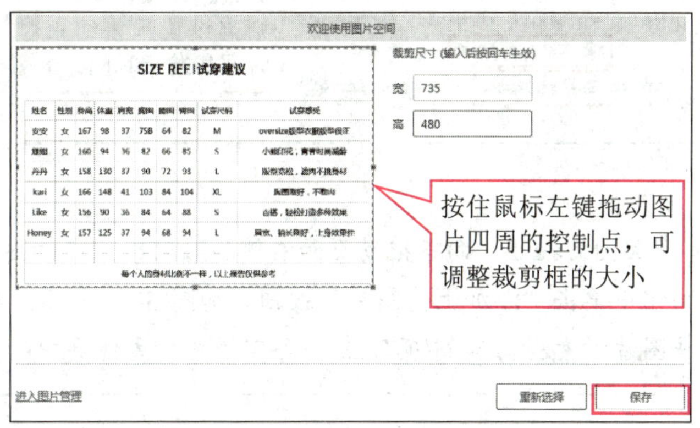

图 3-13　裁剪图片

步骤 9 填写商品售后服务信息，如图 3-14 所示。其中，选中“立刻上架”单选钮，则会直接发布商品；选中“定时上架”单选钮，则可指定一个日期，到该日期时系统会自动发布商品；选中“放入仓库”单选钮，系统会将商品信息存入商品仓库，待需要发布时再手动发布。

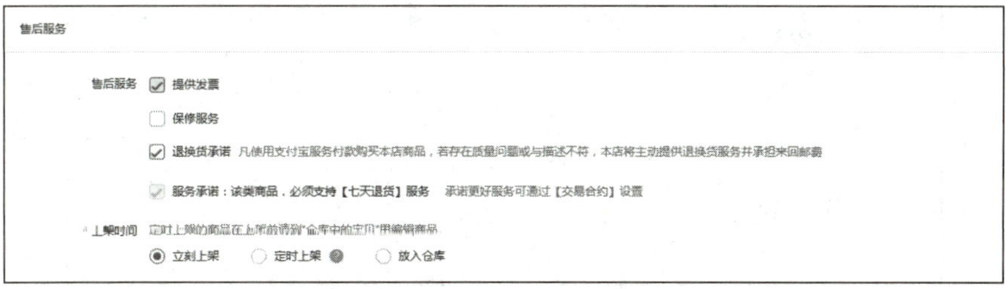

售后服务

售后服务 ☑ 提供发票

☐ 保修服务

☑ 退换货承诺 凡使用支付宝服务付款购买本店商品，若存在质量问题或与描述不符，本店将主动提供退换货服务并承担来回邮费

☑ 服务承诺：该类商品，必须支持【七天退货】服务　承诺更好服务可通过【交易合约】设置

上架时间 定时上架的商品在上架前请到"仓库中的宝贝"里编辑商品

◉ 立刻上架　○ 定时上架　○ 放入仓库

图 3-14　填写商品售后服务信息

步骤 10 填写商品物流信息。向下拖动页面右侧的滚动条，在“物流信息”设置区中勾选“使用物流配送”复选框，在“运费模板”下拉列表中选择“系统模板-商家默认模板”选项，如图 3-15 所示。

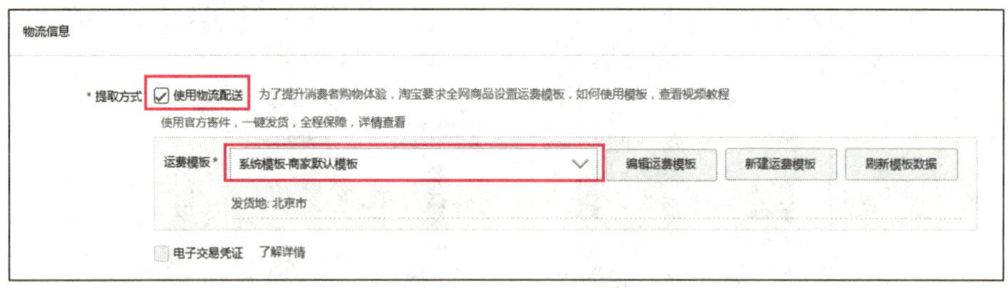

图 3-15　填写物流信息

步骤 11 填写商品支付信息。向下拖动页面右侧的滚动条，在“支付信息”设置区中填写支付信息，本例选择“一口价”支付，买家拍下后立减库存，如图 3-16 所示。

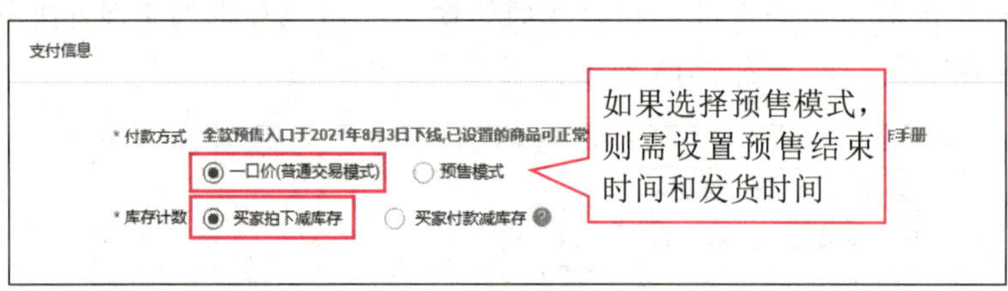

图 3-16　填写支付信息

步骤 12 填写商品图文描述。向下拖动页面右侧的滚动条，在“图文描述”设置区的“电脑端宝贝图片”组中单击“添加上传图片”按钮，如图 3-17 所示。然后参照步骤 6 至步骤 8 的操作，上传图片“素材与实例/项目三/任务实操一”文件夹中的主图 1 至主图 5。

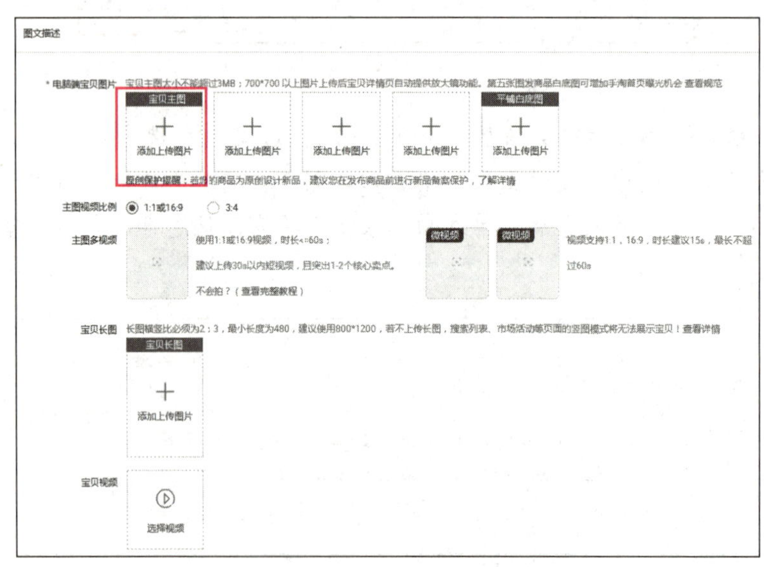

图 3-17　单击“添加上传图片”按钮

提示

商品主图大小不能超过 3 MB；当商品主图尺寸在 700 px×700 px（像素）以上时，在商品详情页中会自动提供放大镜功能；如果第五张主图用白色底图可增加商品在淘宝 App 首页的曝光机会。

步骤 13 如果要上传主图视频，需先选择主图视频比例，本例选中“3:4”单选钮，然后单击“主图多视频”右侧的“微视频”按钮，在打开的“选择视频”对话框中单击“主图视频”图标，如图 3-18 所示。

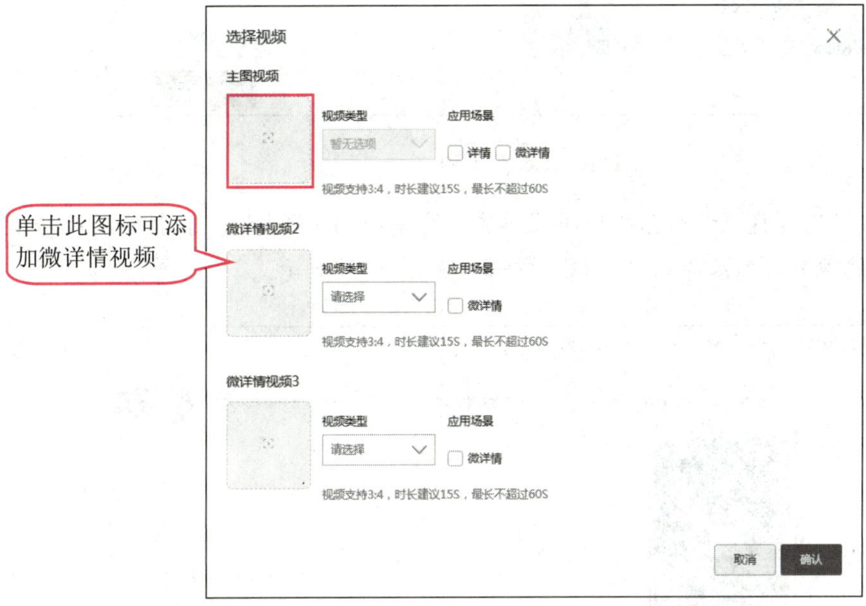

图 3-18 单击“主图视频”图标

提示

微详情视频用于在淘宝 App 首页的“猜你喜欢”场景中展示，单击该视频会打开商品详情页。

步骤 14 在打开的对话框中单击“上传视频”按钮，打开“上传视频”对话框，在“文本输入”编辑框中输入视频简介，然后将“素材与实例/项目三/任务实操一”文件夹中的“主图视频.mp4”拖放到左侧“添加视频”处，视频上传成功后单击“立即发布”按钮，返回“选择视频”对话框，如图 3-19 所示。

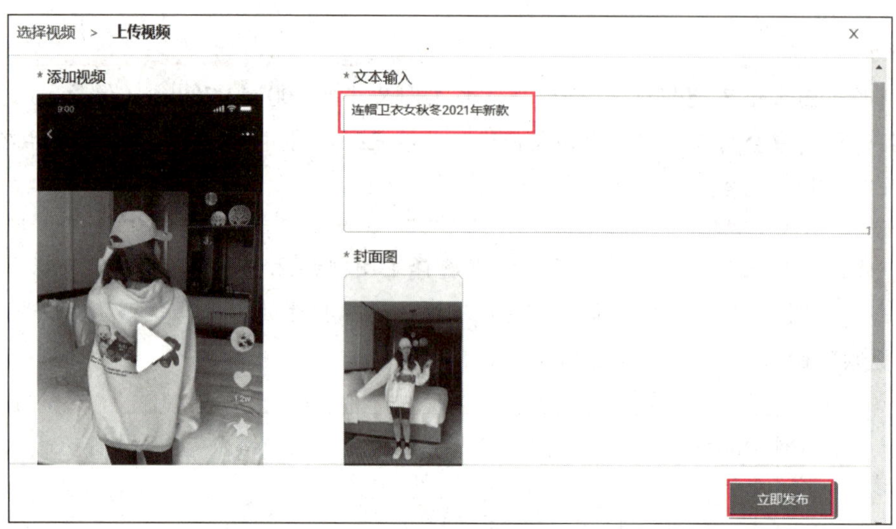

图 3-19　发布视频

步骤 15 在“选择视频”对话框中再次单击“主图视频”图标，在打开的对话框中选中前面上传的视频，然后单击“确认”按钮，如图 3-20 所示。

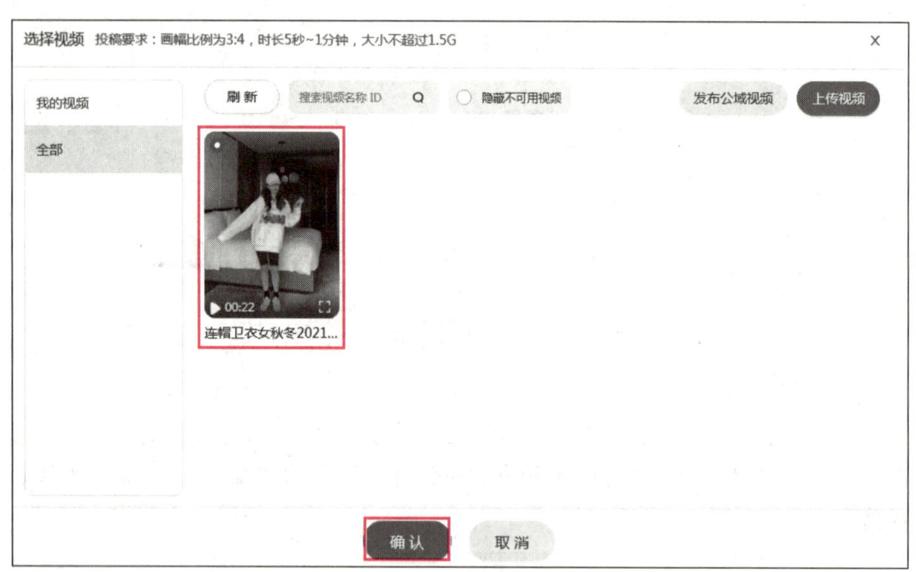

图 3-20　选择要采用的视频

步骤 16 返回“选择视频”对话框，单击“确认”按钮，完成主图视频的设置。

步骤 17 参照前面的操作，添加 3:4 商品图片（用于在淘宝 App 上展示，可选用主图图片），以及宝贝长图（可选取主图中的任意一张图片，主要用于在商品搜索列表、市场活动等页面展示），效果如图 3-21 所示。

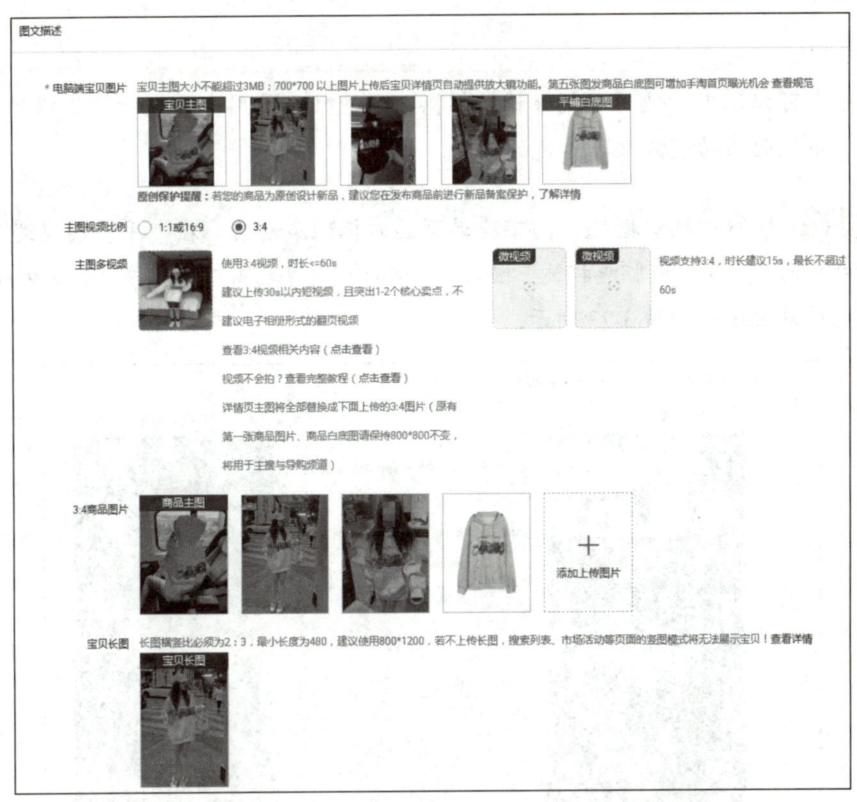

图 3-21 图文描述最终效果

步骤 18 填写电脑端描述。向下拖动页面右侧的滚动条，在“电脑端描述”设置区的文本编辑器中详细描述商品的特点、相关属性等，让买家看完描述信息就能了解该商品。然后运用文本编辑器上方的编辑工具，编辑文本的大小、颜色等，也可以单击“图像”按钮，插入“素材与实例/项目三/任务实操一”文件夹中的商品描述图片1～5，如图3-22所示。

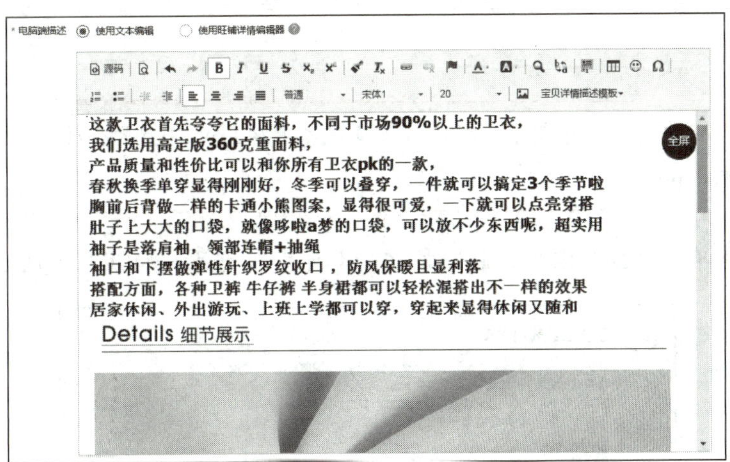

图 3-22 填写电脑端描述

提示

卖家也可以选中“使用旺铺详情编辑器”单选钮，使用专业设计师提供的商品描述模板，不过此项功能需收取一定的费用。

步骤 19 填写手机端描述。向下拖动页面右侧的滚动条，在“手机端描述”设置区中将鼠标指针移至“导入电脑端描述”按钮上，在打开的浮动窗口中单击“确认生成”按钮，一键导入电脑端描述，如图 3-23 所示。

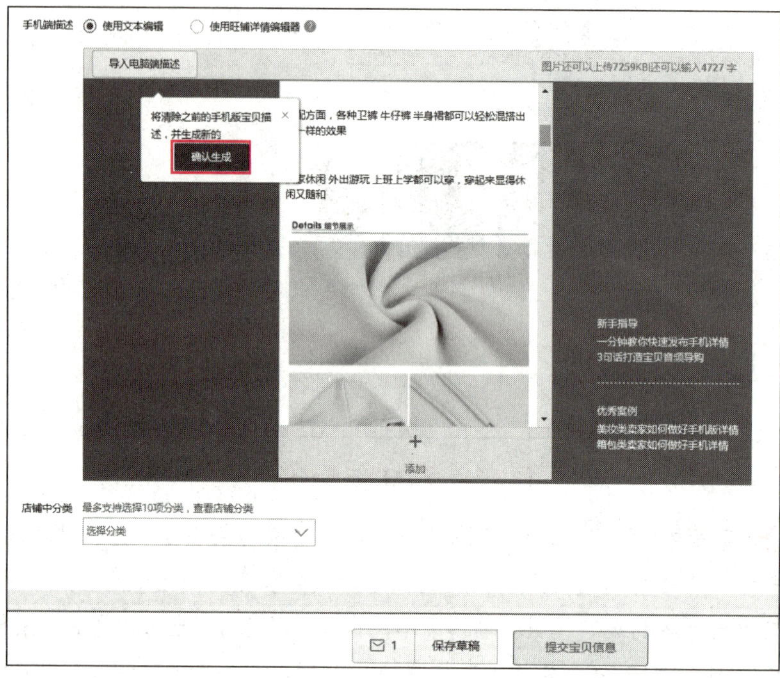

图 3-23　填写手机端描述

提示

手机端淘宝的图片尺寸要求：480 px≤宽度≤1 242 px，0 px<高度≤1 920 px；格式支持 jpg、gif、png。

步骤 20 单击“提交宝贝信息”按钮，即可发布商品，如图 3-24 所示。

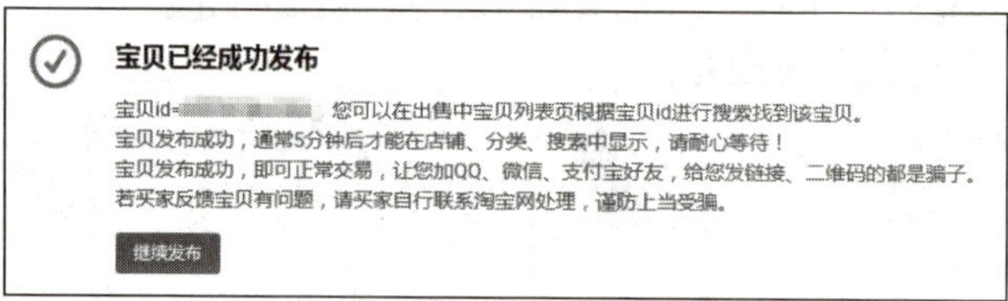

图 3-24　商品发布成功

步骤 21 商品发布成功后，在打开的页面中单击“继续发布”按钮，可继续发布商品。例如，利用“素材与实例/项目三/任务实操一/家居服”中的素材发布一款家居服商品，在填写商品售后服务信息时选中“放入仓库”单选钮，将其放入仓库，方便后面学习商品上架时调用。

任务实操二　设置商品标题、分类与运费模板

一、巧设商品标题

在淘宝网购物时，最常用的两种商品搜索方式是按照商品的属性进行类目检索，或在搜索栏中输入关键词进行搜索。关键词是组成商品标题的主要元素，也是提高商品曝光率的关键词语。

写好商品标题的技巧

淘宝网中，商品标题被限定在 30 个汉字（60 个字符）以内，否则会影响商品的发布。如果商品标题中没有包含买家所搜索的关键词，则该商品就无法出现在搜索结果列表中。按照买家搜索的特征分类，淘宝网的商品标题关键词可按如下方法进行设置。

步骤 1 设置核心关键词。核心关键词是指商品的名称或俗称。在商品有多种俗称的情况下，可以多设置几个核心关键词，以满足更多人的搜索需求。例如，马铃薯、土豆、洋芋、potato 指的是同一种食物，卖家便可以选择最常用的 1 个或 2 个俗称作为该商品的核心关键词。

提示

核心关键词也可分为精准核心关键词和模糊核心关键词。例如，“牛肉干”是一个精准核心关键词，而牛肉干属于零食，“零食”则属于一个模糊核心关键词。如果某商品的可选关键词较少，那么商品标题便可同时包含精准核心关键词和模糊核心关键词；如果商品的可选关键词较多，那么建议多采用精准核心关键词。

步骤 2 设置属性关键词。属性关键词是指商品的风格、材质及颜色等与属性相关的词语。例如，对于服装来说，风格属性词包括淑女、校园等，材质属性词包括纯棉、蚕丝等。非标品行业会经常使用风格属性词，而标品行业则更多使用材质属性词。

知识延伸

标品与非标品

标品是指有明确规格和型号的产品。例如，某品牌手机有很多种型号，每个型号又根据内存容量划分了多个不同的子型号。

非标品是指无法进行规格化分类的产品，即产品没有明确的型号区分。例如，女装有不同的风格和款式，根据季节还有不同的类型；又如，对于腊肉来说，无法界定其型号，也无法根据其口感是辣或不辣、产地是湘西或娄底、储存时间是三年陈或两年陈来分类，因而腊肉没有明确的分类，也便没有明确的型号。

步骤 3 设置促销关键词。促销关键词是指关于清仓、折扣、甩卖、赠礼等活动信息的关键词，这类关键词往往最容易吸引买家。因此，卖家经常推出各种促销活动，并将“特价”“清仓”“打折”“大降价”等关键词体现在商品标题中，可以有效吸引更多买家的关注，从而提高商品和网店的浏览量。

步骤 4 设置品牌关键词。如果网店或商品的品牌有足够的影响力，那么可以在商品标题中加入品牌关键词。增加商品品牌关键词可以为买家提供更精确的搜索信息，而增加网店品牌关键词可以为买家提供一个具体、可记忆、便于查找、有利于口头宣传的网店形象，这对于提高网店知名度和打造品牌都有现实意义和显著效果。

步骤 5 设置人群关键词。人群关键词是指商品销售中针对的目标人群，如老人、小孩、青年、女性等关键词。人群关键词经常在一些目标人群比较具体的商品领域使用，如帽子、内衣等。

步骤 6 设置功能（功效）关键词。功能（功效）关键词是指描述商品的实际用处或效果类型的关键词。这类关键词包括美白、增高、保湿、保鲜等，一般在化妆品类商品中使用较多。还有一些功能比较强的标品也经常使用功能（功效）关键词，如保温杯、空调、保鲜盒等商品。

二、设置商品分类

下面以淘宝网为例，介绍设置商品分类的具体操作。

步骤 1 打开“千牛卖家中心”页面，选择“店铺”→“PC 店铺装修”选项，在打开的页面中单击“宝贝分类”超链接，如图 3-25 所示。

发布商品时选择类目的技巧

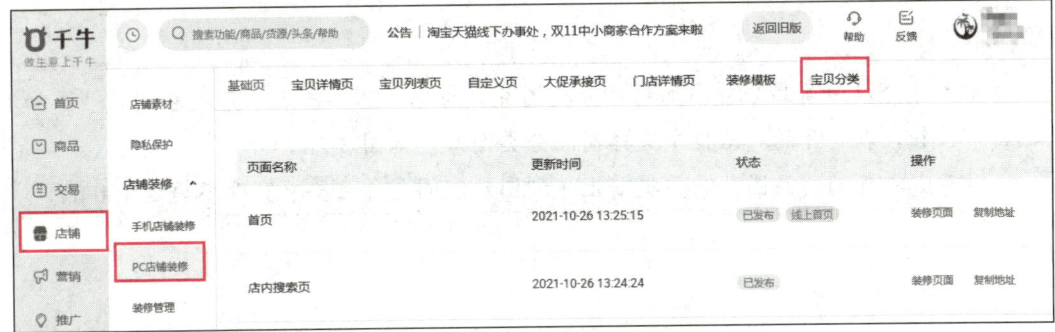

图 3-25　单击“宝贝分类”超链接

步骤 2 打开“宝贝分类”的“分类管理”页面，单击“添加手工分类”按钮，在“分类名称”下新增的编辑框中输入分类名称，如图 3-26 所示。

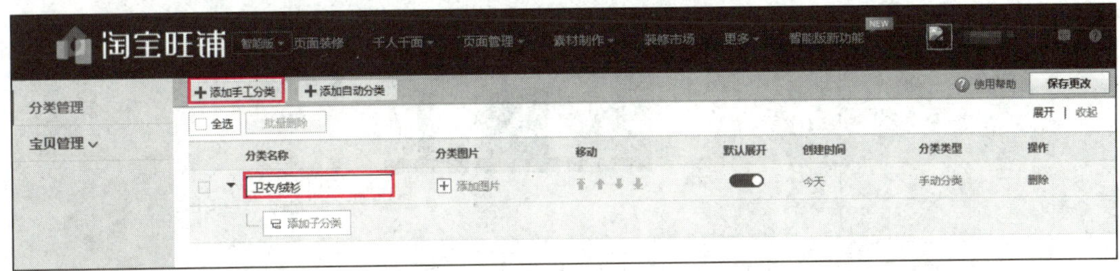

图 3-26　添加商品分类并输入分类名称

步骤 3 继续单击“添加手工分类”按钮，可以添加新分类；在某一分类下方单击“添加子分类”按钮可以添加子分类，最终效果如图 3-27 所示。

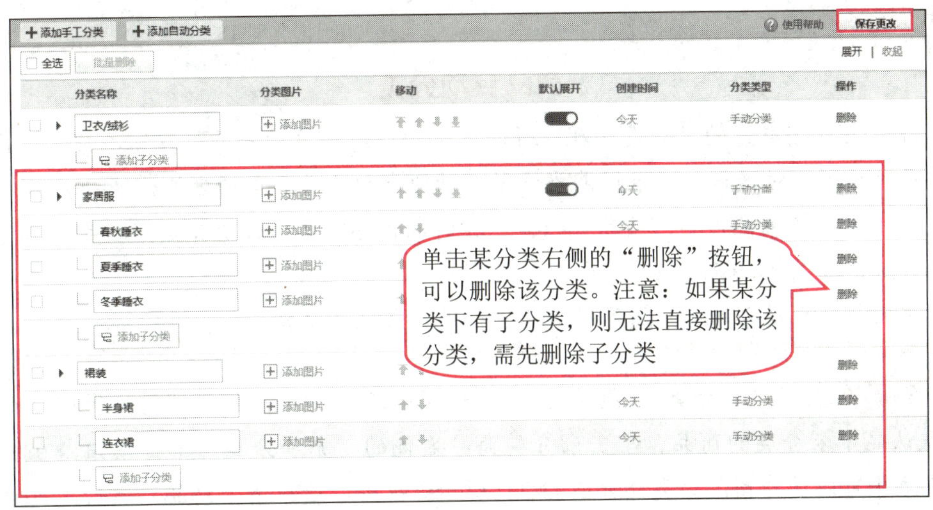

图 3-27　添加商品分类效果

知识延伸

卖家还可以为商品分类添加商品分类图片。为此，可单击某个分类右侧的“添加图片”按钮，在打开的对话框中选择商品分类图片，如图3-28所示。

注意：添加的商品图片需要提前上传到图片空间，并且要求宽度不超过160 px。

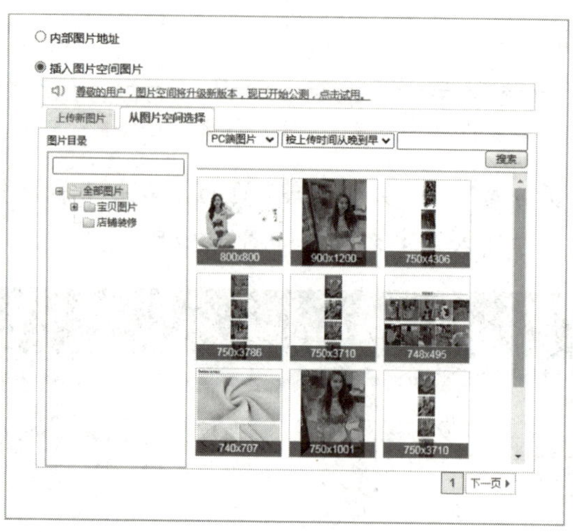

图3-28　添加商品分类图片

步骤4 单击“保存更改”按钮，完成商品分类的设置。更改后的商品分类在“默认分类”模板中的显示效果如图3-29所示。

知识延伸

商品自动分类

在“宝贝分类”的“分类管理”页面中单击“添加自动分类”按钮，打开“自动分类条件设置”对话框，可根据需要设置自动分类的条件。自动分类条件分为4种：按类目归类、按属性归类、按品牌归类、按时间价格归类，设置完成后单击“确定”按钮即可，如图3-30所示。

使用商品自动分类后无须再对商品进行单独式批量归类操作。

步骤5 在“宝贝分类”页面中选择“宝贝管理”选项，打开“宝贝管理”页面，系统默认显示未分类的商品。单击未分类商品右侧的“添加分类”下拉按钮，在展开的下拉列表中可以选择商品分类，如图3-31所示；也可以选中多个商品，然后单击“批量分类”按钮，为多个未分类商品添加同一分类。

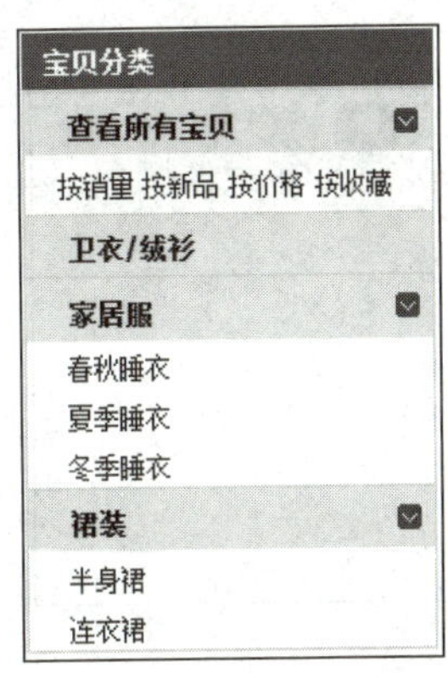

图 3-29 商品分类显示效果

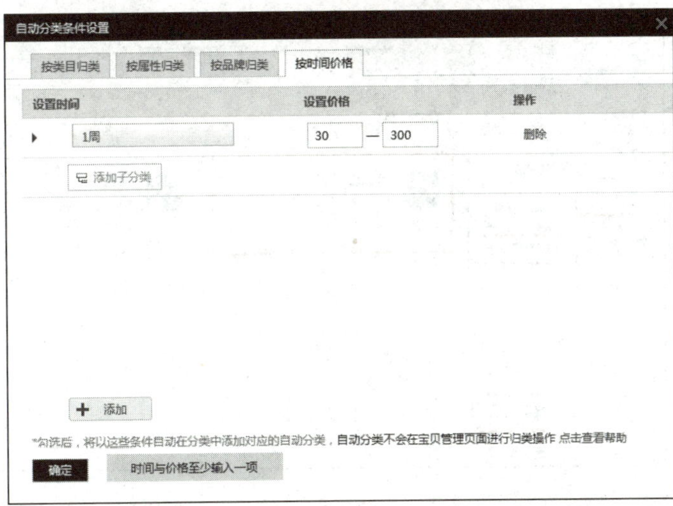

图 3-30 设置自动分类条件

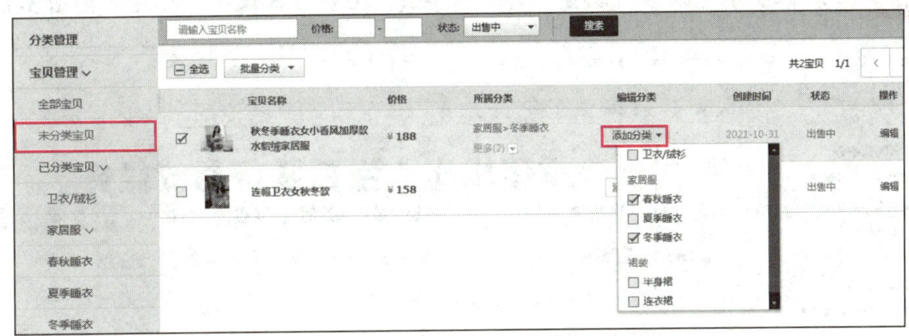

图 3-31 为单个未分类商品添加分类

提示

卖家可以将某个商品同时分到若干个不同的分类中，以增加商品的曝光率，但通常建议分类不要超过 3 个。

步骤 6 如果要添加或删除商品分类，只需找到需要添加或删除分类的商品，在“添加分类”下拉列表中勾选（即添加）某分类，或取消（即删除）某分类即可。

三、设置运费模板

下面以淘宝网为例，详细介绍个人网店中设置运费模板的具体操作。

设置物流模板的方法

步骤 1 打开“千牛卖家中心”页面，选择“交易”→“物流管理”→“物流工具”选项，在打开的“物流工具”页面中单击“物流基础工具”按钮，如图 3-32 所示。

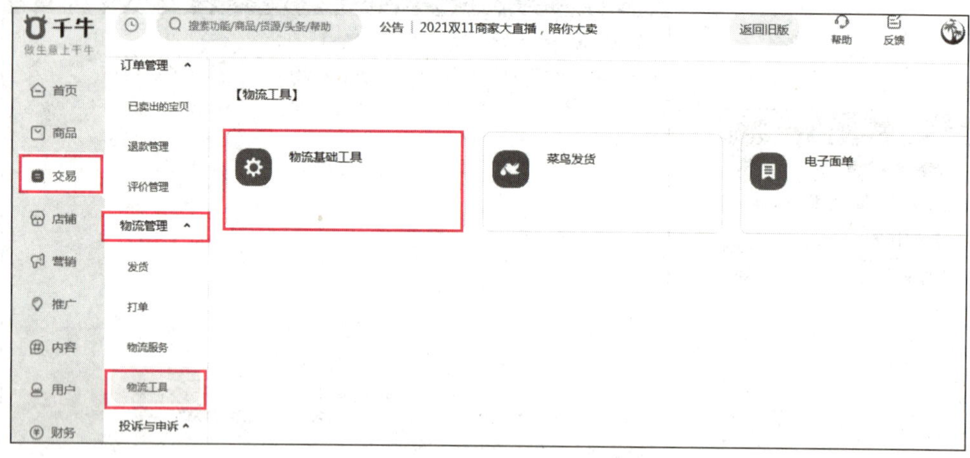

图 3-32　单击“物流基础工具”按钮

步骤 2 默认显示“服务商设置”页面，单击“运费模板设置”标签，如图 3-33 所示。

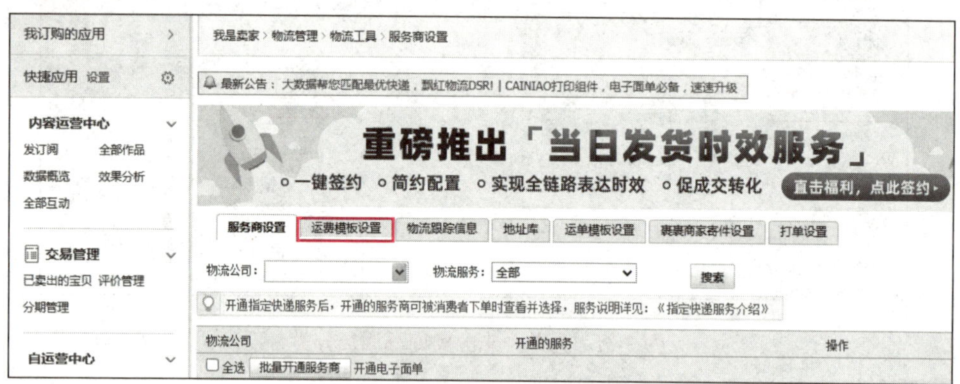

图 3-33　单击“运费模板设置”标签

步骤 3 打开“运费模板设置”选项卡，单击“新增运费模板”按钮，新建运费模板，如图 3-34 所示。

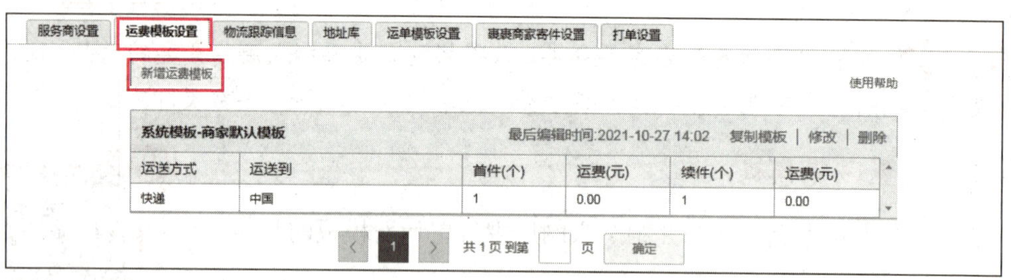

图 3-34　单击“新增运费模板”按钮

步骤 4 在打开的“新增运费模板”页面中，设置运费模板的名称、商品发货地址、发货时间、是否包邮、运送方式等。最后单击“保存并返回”按钮，如图 3-35 所示。

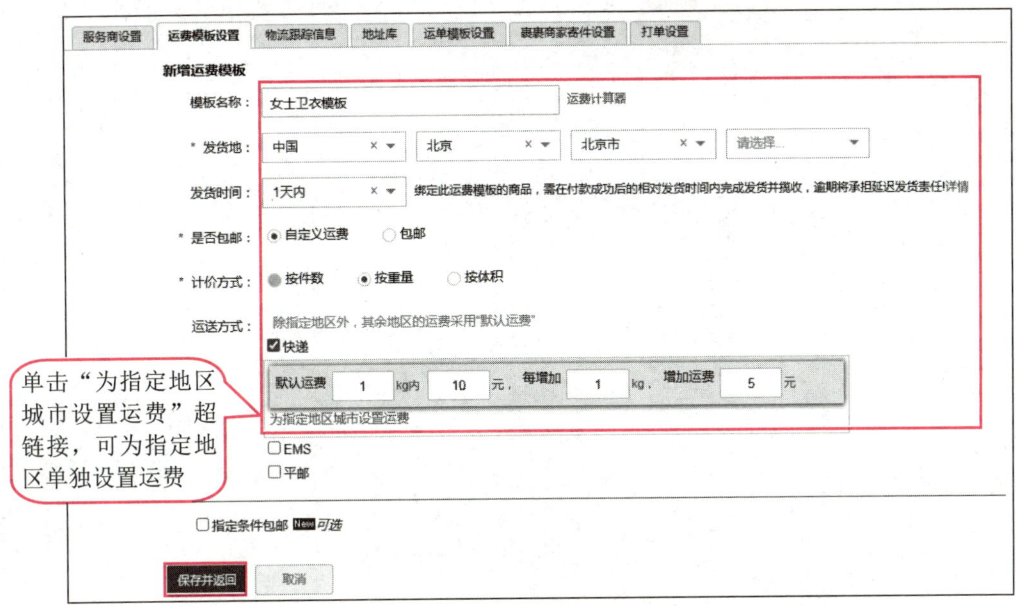

图 3-35　新增运费模板

技能实训　在个人网店中发布一款商品

一、实训背景

一个好的商品信息描述是网店生命力的源泉，其肩负了两个重要使命：一是激发买家的购买欲望；二是在买家心中树立品牌形象。有人说，流量是网店的生命，那么做好商品的发布工作，就是将流量转化为有效流量（激发购买），再到忠实流量（传达品牌信息）的一个过程。

二、实训目的

掌握在网店后台发布商品的方法。

三、实训内容

（1）在网店后台发布商品信息。

（2）在项目二技能实训的基础上，为网店进行商品分类、运费模板等模块设置。

若学校有电子商务模拟实训平台，亦可在模拟平台完成上述内容。

项目四

店铺装修

项目导读

赏心悦目的店铺界面、光彩夺目的商品图片，能够带给买家美的享受，让买家在视觉和心理上都能感受到卖家的用心。因此，对店铺进行装修，布局功能齐全又具有特色的模块，可以为买家提供良好的购物体验，有利于提高商品的浏览量和店铺的成交量。

学习目标

- 了解店铺装修的基本流程；
- 了解店铺的风格管理；
- 了解店铺的布局设计；
- 掌握店铺装修的操作方法；
- 掌握店铺主要模块的制作方法。

素质目标

- 锻炼观察事物的能力，提升审美能力；
- 领略中国前沿科技，增强民族自豪感和创新意识。

开网店，“门面功夫”也很重要

在网购火爆的当下，很多人都投身到网店当中，想要趁着这个热潮大展身手。要想在众多的网店当中脱颖而出，吸引买家的目光，卖家首先就要把网店的“门面功夫”做好。

在现实生活中，很多买家都是被店面风格吸引而购物的。为了招徕买家，一个好的网店除了要有优质的商品和优惠的价格外，也同样需要进行“装修”才能抓住买家的眼球，如图 4-1 所示。

图 4-1 店铺装修

很多卖家以为网店装修只要会设计就行了，其实不然。要想装修好店铺，首先要从卖家的角度出发，清楚自己店铺的定位是什么，知道怎样把店铺特色挖掘出来成为卖点；然后还要从买家角度出发，熟悉买家的购物习惯，了解买家愿意进什么样的网店购物，以及什么样的设计能让他们感到舒心。

总的来说，店铺装修绝不是简单的美化，而是要有全局的眼光和独特的出发点。只有合理的布局才能指引整个店铺的营销过程，并做到有的放矢，刺激潜在买家的购物欲望，为其带去全新的购物体验。

课前学习

一、店铺装修的基本流程

新版旺铺装修操作指南

网店开设成功后，就可以对店铺界面进行装修了。店铺装修的流程一般分为5个环节：① 设置店铺基本信息；② 选择店铺模板；③ 设置模板配色；④ 设置店铺背景；⑤ 设置店铺布局。

二、店铺的风格管理

店铺装修花样百出，如何吸引买家的眼球，是卖家关注的重点。通常来说，店铺装修最重要的是确定店铺的整体风格，不仅要注意与主营商品相符，还要注意色彩的协调搭配，同时还要满足消费者的心理和行为需求，以便更好地促进其消费。另外，店铺的各个页面、元素最好也保持相同的风格，使店铺有整体感，以达到视觉营销的目的。

知识延伸

视觉营销

视觉营销属于营销技术的一种，它是一种视觉呈现，通过直观的视觉广告进行商品的营销。视觉营销的目的是最大限度地促进商品与买家之间的联系，最终实现商品的销售。

对于网店而言，视觉营销就是利用店铺装修造成的视觉冲击力吸引潜在买家的关注，提升网店的流量，刺激潜在买家的购物欲望，从而使流量转变为销量。

1. 商品与店铺风格

店铺风格要与主营商品相符。例如，女装类店铺适合采用插画、时尚可爱、桃心、花边等元素；男装类店铺适合采用黑白搭配、有金属质感的设计元素；童装类店铺适合采用卡通元素。下面介绍几种经典搭配：

- **女装店铺：**优雅风格，采用柔美简洁的首页，突出女性魅力，直接吸引买家眼球，如图4-2所示。
- **潮流时装店铺：**时尚风格，采用现代潮流的首页，通过照片背景的选取、色彩色调的搭配与模特的时尚穿着，演绎现代风范，如图4-3所示。

图 4-2 女装店铺

图 4-3 潮流时装店铺

- **儿童用品店铺：**卡通风格，页面色彩明亮、形式丰富，突出儿童的活泼可爱，如图 4-4 所示。

图 4-4 儿童用品店铺

2．色彩与店铺风格

不同的色彩可以传达不同的情感，店铺装修时可以依据不同的店铺类型或风格选择相对应的颜色，如图 4-5 所示。

色彩传达信息	店铺类型或风格
红色：热情 权威 自信	推荐：高城 活动 大促 婚庆
粉色：温柔 甜美 浪漫	推荐：少女 饰品 母婴 童装
黑色：高贵 权威 创意	推荐：绅士 数码 个性 钻饰
灰色：诚恳 考究 沉稳	推荐：男性 服饰 鞋帽 配饰
蓝色：希望 理想 独立	推荐：夏季 经典 清爽 旅游
紫色：优雅 浪漫 高贵	推荐：女性 化妆 家纺 时尚
绿色：清新 活力 安全	推荐：药品 茶品 食品 运动

图 4-5　色彩与店铺风格

辉煌中国

新舱外航天服，颜色可辨航天员

据中国载人航天工程办公室消息，北京时间 2021 年 11 月 8 日 1 时 16 分，经过约 6.5 小时的出舱活动，神舟十三号航天员乘组密切协同，完成出舱活动全部既定任务，航天员翟志刚、王亚平安全返回天和核心舱。

此次出舱，航天员的舱外航天服颜色成为亮点，人们可以通过舱外航天服的颜色辨别是哪位航天员。身着带有红色元素舱外航天服的是 01 号航天员翟志刚，身着带有黄色元素舱外航天服的是 02 号航天员王亚平，还有一套带有蓝色元素的舱外航天服此次没派上用场。

中国航天员科研训练中心航天员系统舱外服总装主任设计师丁凌艳介绍，舱外服 A 和舱外服 B 带有的颜色分别是国旗红和太空蓝，舱外服 C 带有的颜色国旗黄，就是国旗上星星的颜色，主要是为了让两名航天员有不同的标识，方便区分。

从神舟十三号航天员的出舱活动中，我们不仅领略到了中国航天事业的飞速发展和科技的腾飞，也感受到了科技与艺术相结合的魅力。

3．买家行为与店铺风格

- **买家行为：**买家购物时的行为活动是本身需要和客观影响的综合反映，店铺装修时应针对买家的一系列行为活动确定店铺的装修风格，使买家顺利完成购物行为。
- **认识过程与视觉心理：**根据视觉心理学原理，卖家可增强商品与背景的对比度、掌握适当的刺激强度，合理地确定商品的标志、广告的数量与位置，以及布局的划分范围等。

提示

消费潮流处于不断地变化中，所以卖家应及时调整店铺布局，以适应电商的不断发展。

三、店铺布局设计

在实体店铺中，店铺布局设计的主要功能是方便买家购买、刺激买家消费。对于网店来说同样如此。

网店的店面是由店铺页面构成的，针对网店的布局设计就是对不同页面进行规划和功能设计。在淘宝网上，店铺有三大页面，分别是店铺首页、宝贝列表页和宝贝详情页，如图 4-6 所示。

店铺首页：LOGO　店铺信息和搜索条　店铺招牌　左侧栏　店铺促销区　推荐宝贝
页头　页面　页尾
宝贝列表页：LOGO　店铺信息和搜索条　店铺招牌　左侧栏　搜索列表
宝贝详情页：LOGO　店铺信息和搜索条　店铺招牌　左侧栏　宝贝基础页面　宝贝描述　宝贝相关信息

图 4-6　店铺三大页面构成

提示

不同的店铺装修模板中，店铺三大页面的内容布局会有所区别，但所包括的模块基本相同。

任务实操一　装修个人网店

设置店铺基本信息

一、设置店铺基本信息

以淘宝网为例，店铺的基本信息包括店铺名称、店铺标志、联系地址等，具体设置方法如下：

步骤 1 登录淘宝网，在首页中单击“千牛卖家中心”超链接，如图 4-7 所示。

淘宝网首页　我的淘宝　购物车59　收藏夹　商品分类　免费开店　千牛卖家中心　联系客服

图 4-7　单击“千牛卖家中心”超链接

步骤 2 打开“千牛卖家中心”页面，在左侧的导航栏中选择“店铺”→“店铺信息”选项，打开“基础信息”页面，如图 4-8 所示。

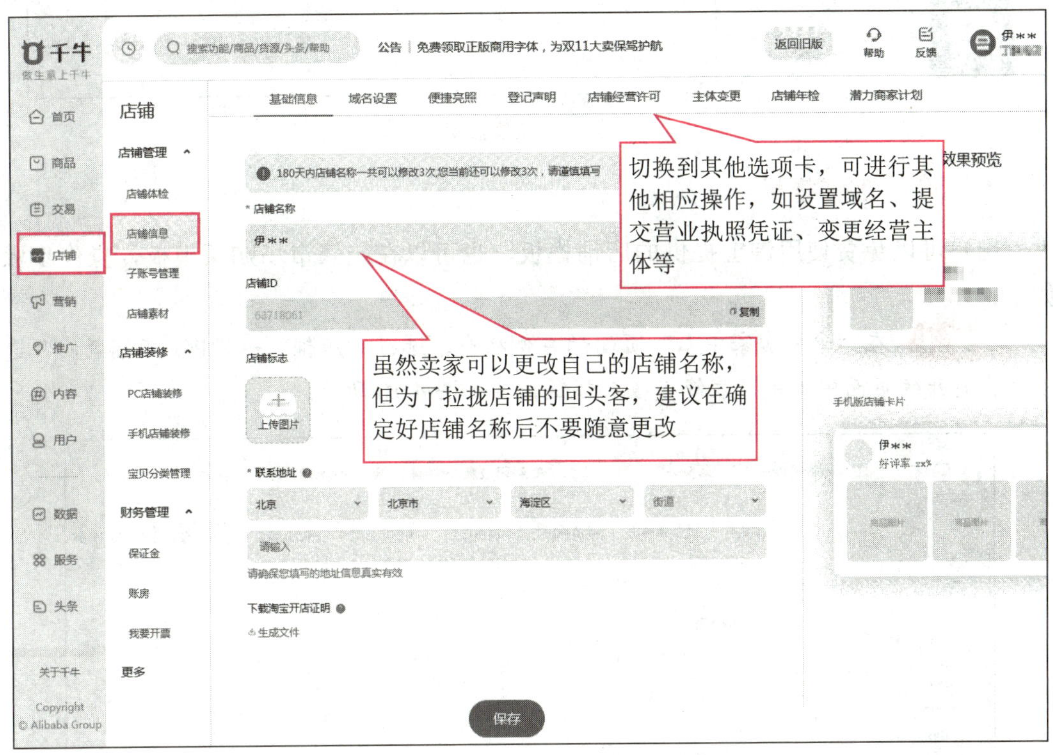

图 4-8　“基础信息”页面

步骤 3 在“联系地址”设置区中填写淘宝店铺企业所在地址或店主个人的常用地址。

步骤 4 设置店标。所谓店标，就是店铺的标志，也就是我们常说的 logo。默认情况下，淘宝会提供一个店铺标志，将鼠标指针移至该标志上方后，单击“删除”图标可删除默认店标，接着单击“上传图片”按钮，在打开的对话框中根据提示进行操作，可上传素材图片作为店标，如图 4-9 所示。

提示

在淘宝网中，店标文件的格式一般为 png、jpg、jpeg，大小不超过 3 MB，最小宽度为 120 px、最小高度为 120 px，宽高比为 1∶1。

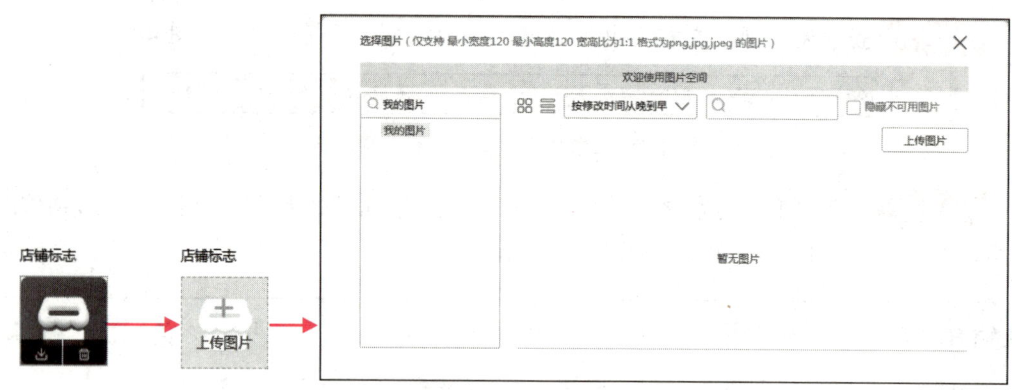

图 4-9　更换店标

二、选择店铺模板

用户可以免费使用淘宝提供的店铺模板，也可以在装修市场购买模板，操作步骤如下：

步骤 1 在“千牛卖家中心”页面的左侧栏中，选择“店铺”→“PC 店铺装修”选项，在打开的页面中单击“装修模板”超链接，如图 4-10 所示。

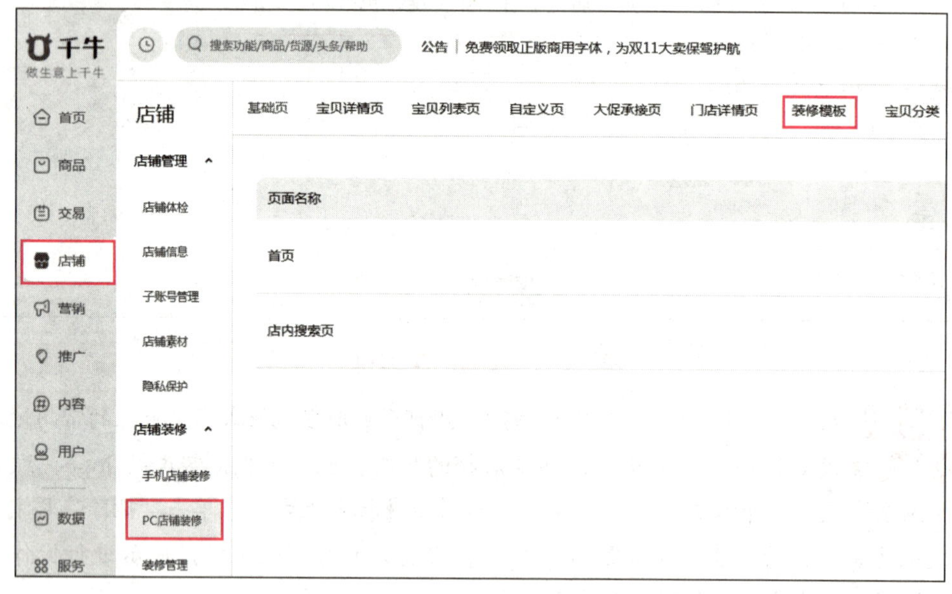

图 4-10　单击“装修模板”超链接

步骤 2 打开“模板管理”页面，如图 4-11 所示。系统自带 3 个模板，可以任选其一，单击其下方的“马上使用”按钮即可应用该模板。

图 4-11　"模板管理"页面

步骤 3 单击"返回装修"按钮，打开"淘宝旺铺"页面，可以看到系统模板应用成功，如图 4-12 所示。

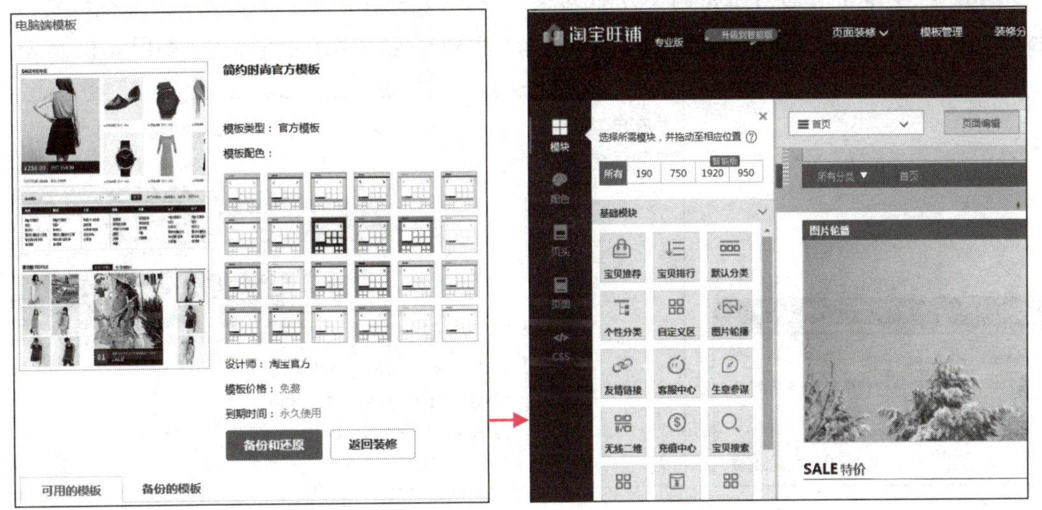

图 4-12　成功应用系统模板

提示

淘宝旺铺默认打开店铺首页的编辑页面。

三、设置模板配色

选定店铺模板后，便可以为店铺模板设置配色了，具体操作如下：

步骤 1 打开“淘宝旺铺”页面，单击左侧栏中的“配色”按钮，在打开的“配色方案”页面中选择任意一款配色方案，即可应用该配色方案，并在右侧的店铺预览窗格中显示最终效果，如图 4-13 所示。

图 4-13　设置配色方案

步骤 2 单击“配色方案”页面右上角的“预览”按钮，可以预览店铺应用模板和配色方案后的整体效果。

步骤 3 单击页面右上角的“发布站点”按钮，在打开的对话框中单击“确认发布”按钮，淘宝店铺将应用所做的设置，单击“返回”按钮可返回配色方案页面，如图 4-14 所示。

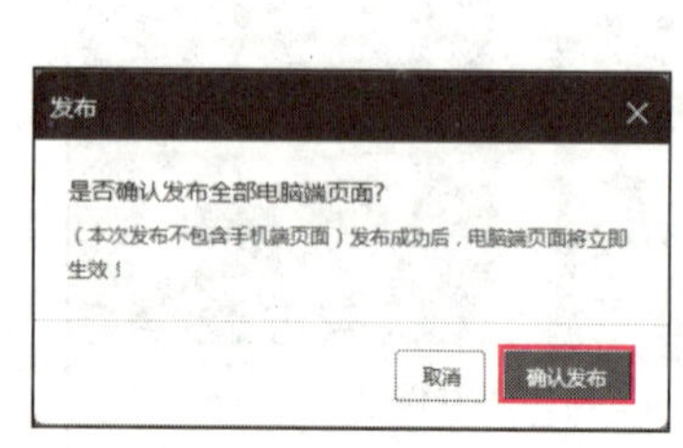

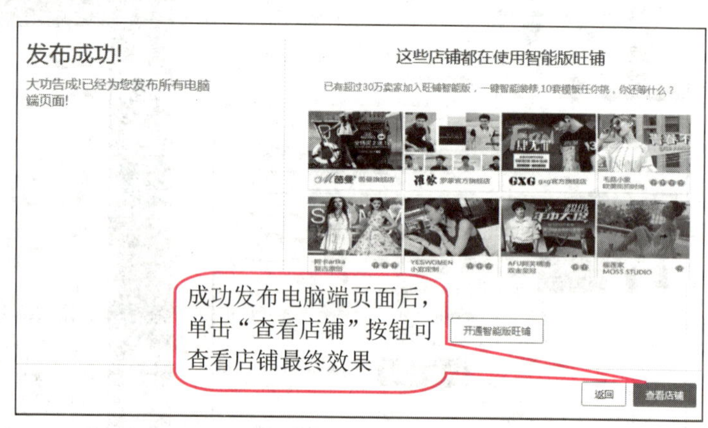

图 4-14　发布电脑端页面

四、设置店铺背景

店铺背景分为页头背景和页面背景，下面介绍两者的设置方法：

步骤 1 打开“淘宝旺铺”页面，在左侧栏中单击“页头”按钮，在打开的“页头设置”页面中勾选“显示”复选框，并单击“页头背景色”右侧的颜色块，打开调色器，如图 4-15 所示。

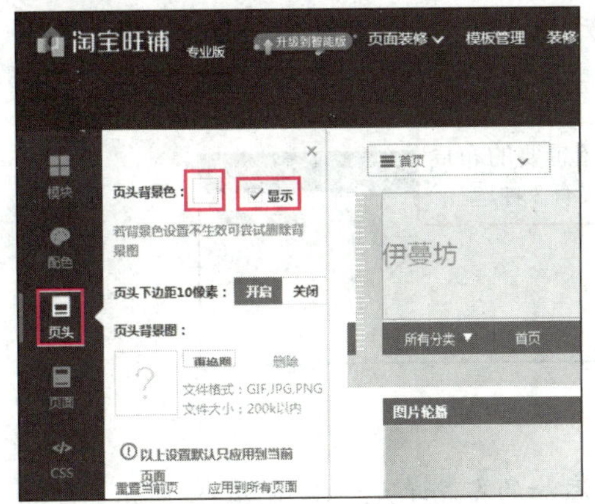

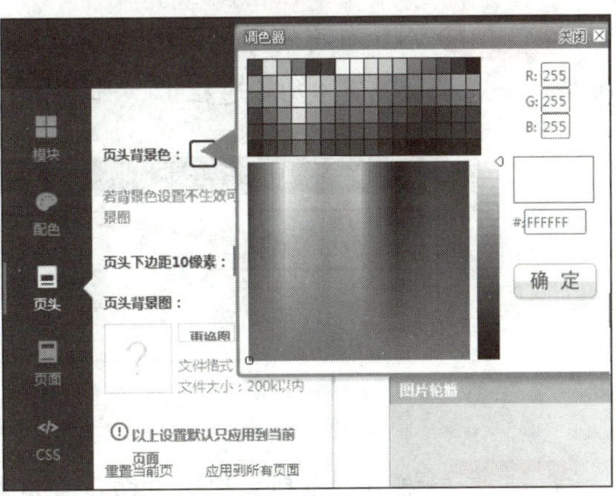

图 4-15　打开调色器

步骤 2 在调色器中选择页头背景色（可根据自身喜好进行选择），然后单击“确定”按钮，应用设置。

步骤 3 在“页头设置”页面中单击“页头背景图”区域中的“更换图”按钮，可以在打开的对话框中上传一张图片作为页头背景。注意：页头背景图片的大小不能超过 200 KB，图片的格式要求为 gif、jpg 或 png。

步骤 4 在“页头设置”页面左侧单击“应用到所有页面”按钮，将当前页头背景设置应用到所有页面。

步骤 5 单击左侧栏中的“页面”按钮，参照页头背景的设置方法，设置页面背景即可。

五、设置店铺布局

步骤 1 设置首页布局。在“淘宝旺铺”页面中单击“布局管理”按钮，打开“布局管理”页面，如图 4-16 所示。

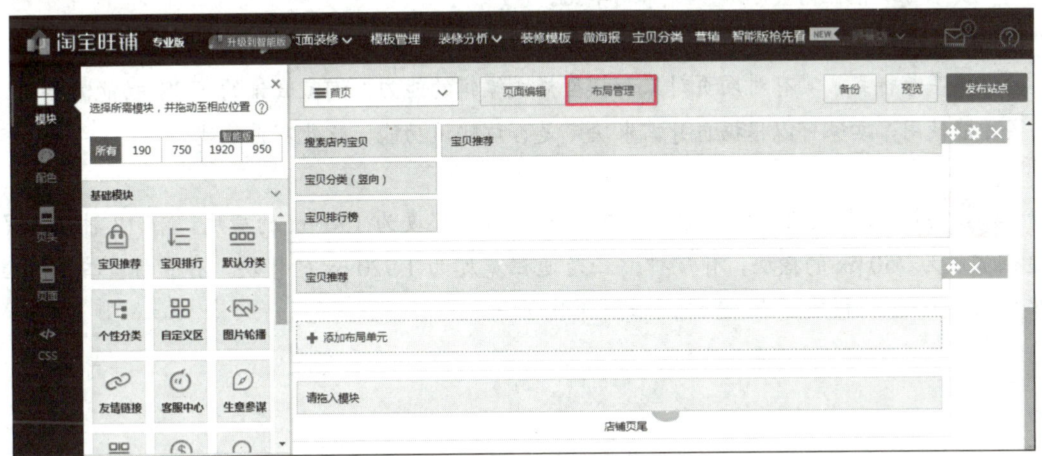

图 4-16　打开“布局管理”页面

步骤 2 添加布局单元。单击“添加布局单元”按钮，在打开的对话框中选择想要的布局，如选择“950/1920（通栏）”，如图 4-17 所示。

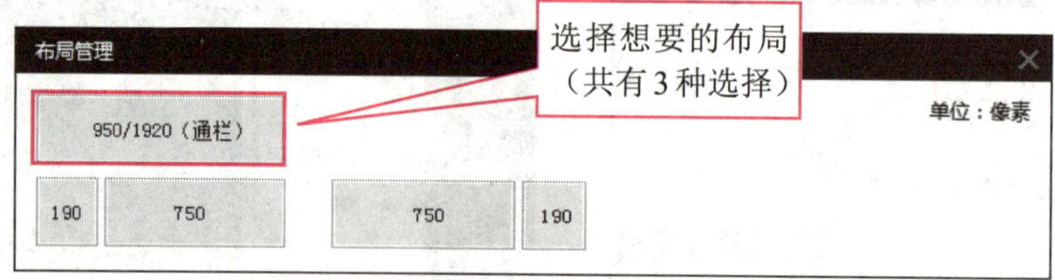

图 4-17 选择布局

步骤 3 返回“布局管理”页面，可看到新添加的布局单元，如图 4-18 所示。单击其右侧的“移动”按钮可拖动该布局单元到任意合适的位置。

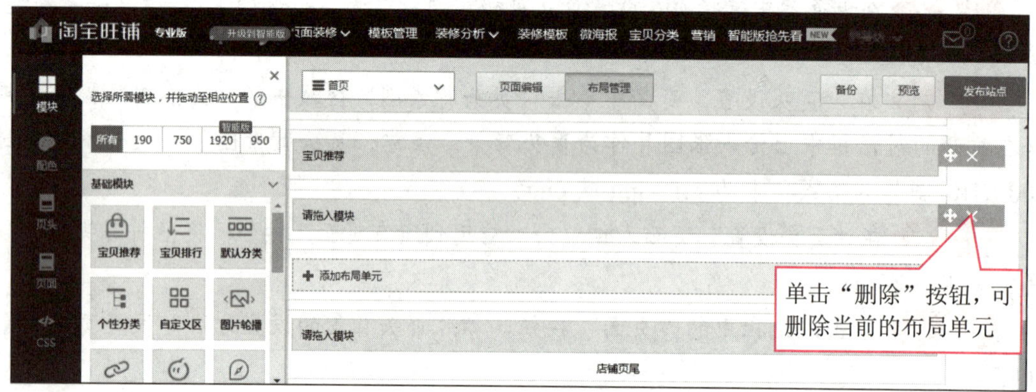

图 4-18 查看新添加的布局单元

提示

卖家可以根据需要添加多个布局单元。

CSS 是一种样式表语言，能够对网页中元素位置的排版进行精确控制，支持几乎所有的字体字号样式，具有对网页对象和模型样式编辑的能力。淘宝旺铺的 CSS 功能需要购买才能使用，卖家可以根据自身需求决定是否订购该功能，此处不再赘述。

步骤 4 查看模块。模块分为 4 类：一是通栏宽度为 190 px 的模块，有 13 种；二是通栏宽度为 750 px 的模块，有 7 种；三是通栏宽度为 1 920 px 的模块，有 3 种；四是通栏宽度为 950 px 的模块，有 12 种，如图 4-19 所示。

图 4-19　模块类型

提示

要使用通栏宽度为 1 920 px 的模块，需先将淘宝旺铺升级为智能版。为此，可在“淘宝旺铺”页面左上角单击“升级到智能版”超链接，在打开的页面中根据提示进行升级操作。

步骤 5 选择所需模块，并拖动至合适位置。本例在所有尺寸类型下，选择添加“自定义区”模块，操作如图 4-20 所示。

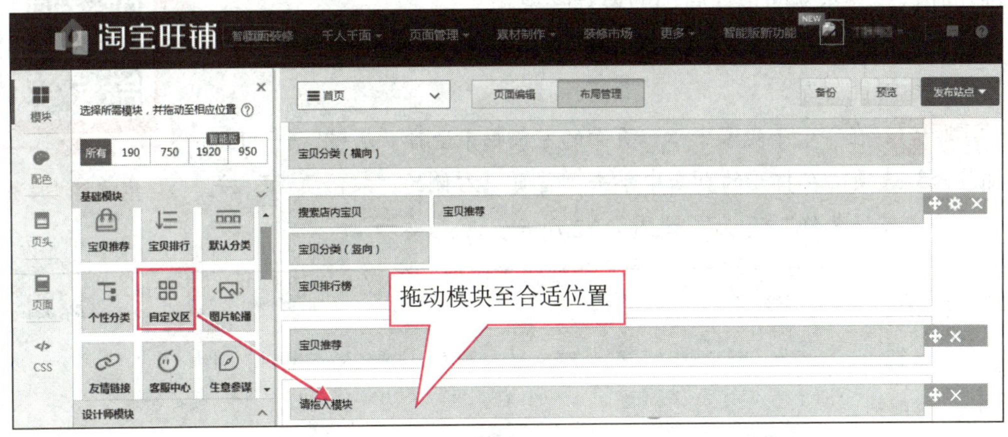

图 4-20　添加“自定义区”模块

提示

添加模块的宽度需在布局单元的限定宽度内。如果对效果不满意，可以单击模块右侧的“删除”按钮☒删除该模块。

步骤 6 设置其他页面的布局。在“首页”下拉列表中选择不同的页面名称，参照设置首页布局的方法设置其他页面的布局，如图 4-21 所示。

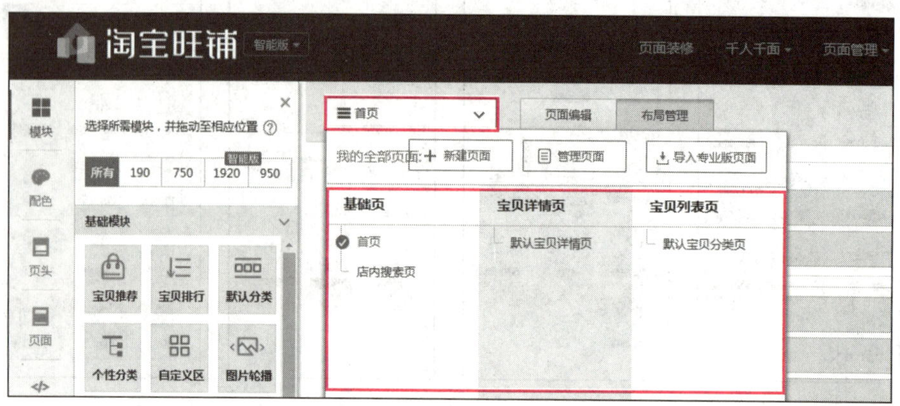

图 4-21 设置其他页面的布局

任务实操二 制作店铺主要模块

一、制作“店招”

店招就是店铺招牌，是买家进入店铺看到的第一个模块，是打造店铺品牌、让买家瞬间记住店铺的最好阵地。

店招的装修方法

在淘宝网中，店招的宽度为 950 px，高度建议不超过 120 px，否则导航显示可能异常。

步骤 1 在“千牛卖家中心”页面的左侧栏中选择“店铺”→“PC 店铺装修”选项，在打开的页面中单击“首页”右侧的“装修页面”按钮，打开“旺铺装修”页面，如图 4-22 所示。

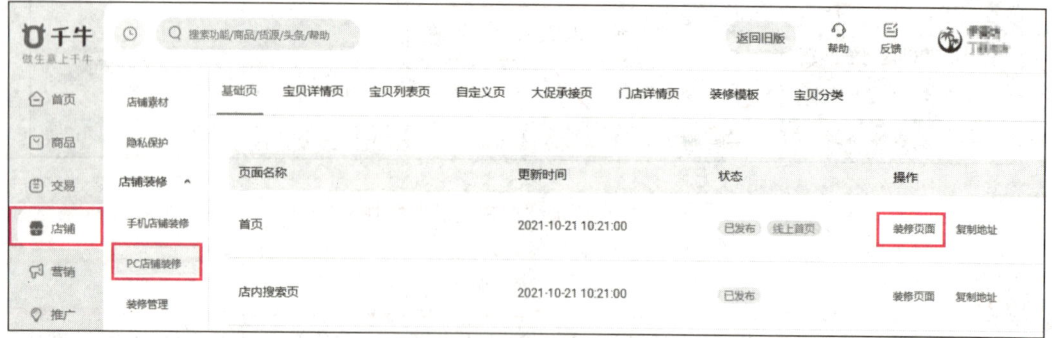

图 4-22 单击“装修页面”按钮

步骤 2 在"旺铺装修"页面中单击店招模块右上角的"编辑"按钮，如图 4-23 所示。

图 4-23 单击"编辑"按钮

步骤 3 打开"店铺招牌"对话框，选中"自定义招牌"单选钮，然后在"自定义内容"编辑框中单击"插入图片空间图片"按钮，如图 4-24 所示。

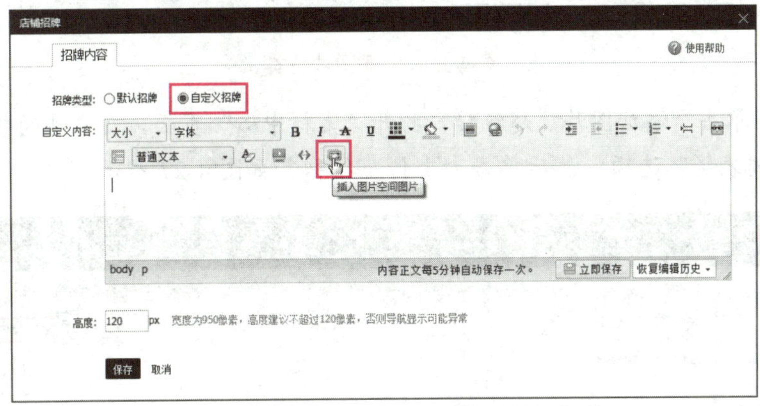

图 4-24 单击"插入图片空间图片"按钮

步骤 4 打开图片空间，在"从淘盘选择"选项卡中直接选择图片空间中的图片作为店招，如果图片还没有上传到图片空间，可以单击"上传新图片"选项卡标签，切换到"上传新图片"选项卡，如图 4-25 所示。

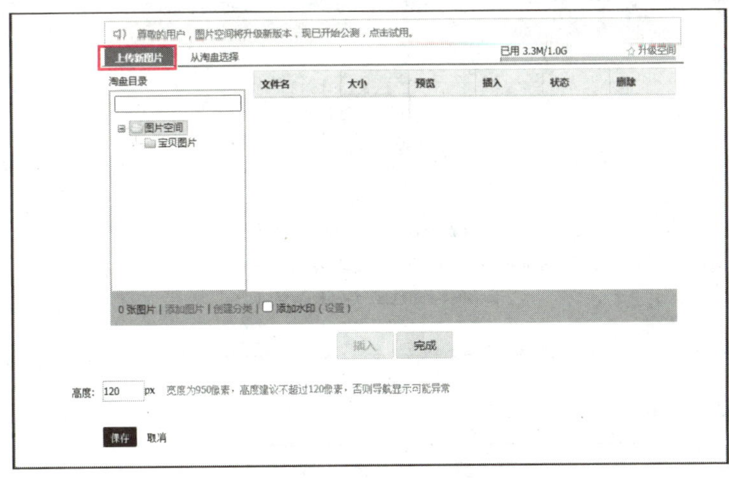

图 4-25 "上传新图片"选项卡

步骤 5 单击“创建分类”超链接，在显示的编辑框中输入分类名称“店铺装修”，然后单击“创建”按钮，创建一个图片分类，如图 4-26 所示。

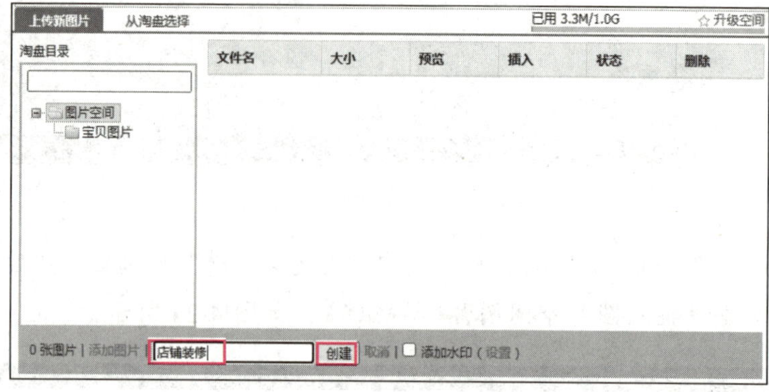

图 4-26　创建图片分类

步骤 6 单击“添加图片”超链接，打开“素材中心”页面，在左侧的图片分类列表中选择“店铺装修”选项，然后单击“上传”按钮，如图 4-27 所示。

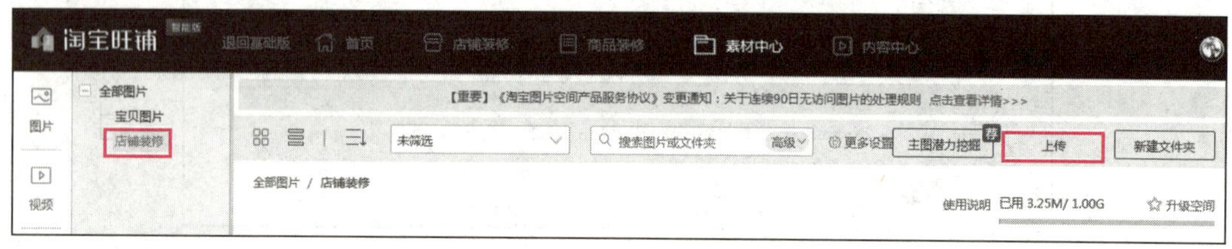

图 4-27　选择图片分类后单击“上传”按钮

步骤 7 在打开的“上传图片”对话框中单击“上传”超链接，如图 4-28 所示。

图 4-28　单击“上传”超链接

步骤 8 在打开的“打开”对话框中选择本书配套素材“素材与实例/项目四/任务实操二/店招.png”，然后单击“打开”按钮，如图 4-29 所示。

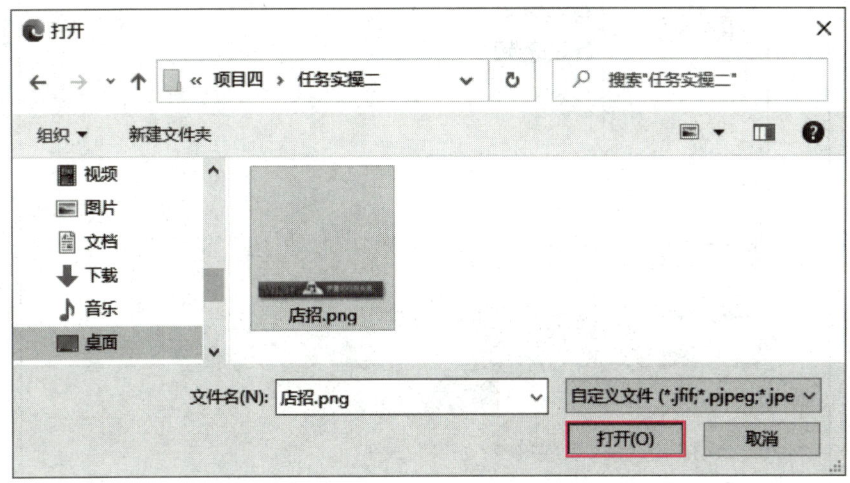

图 4-29　选择素材图片

步骤 9 打开“上传结果”对话框，如果想继续上传图片，可单击“添加更多图片”按钮，否则单击“确定”按钮，如图 4-30 所示。

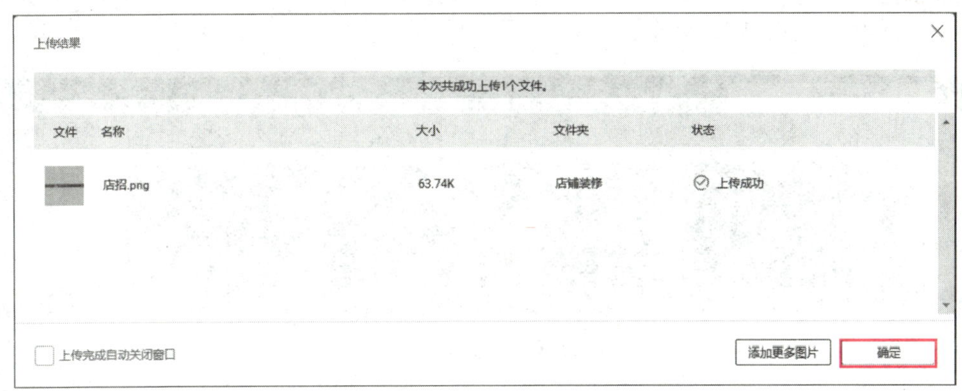

图 4-30　“上传结果”对话框

步骤 10 返回“店铺招牌”对话框，切换到“从淘盘选择”选项卡，然后在“淘盘目录”列表框中选择“店铺装修”选项，在右侧图片列表框中选择“店招”图片，最后单击“插入”按钮插入图片，如图 4-31 所示。

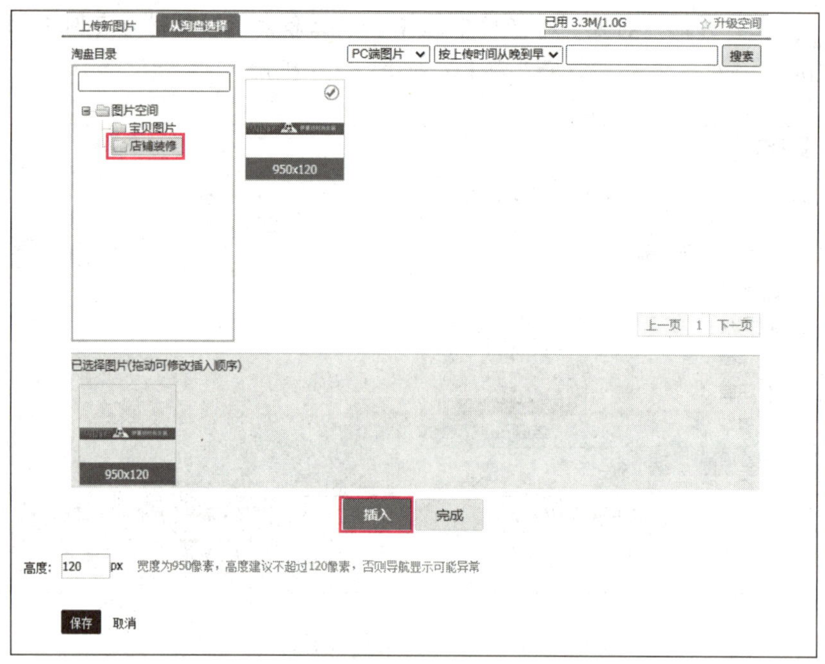

图 4-31　插入图片

步骤 11 单击“保存”按钮，保存所做的设置并返回“旺铺装修”页面，可以看到店招设置成功，如图 4-32 所示。

图 4-32　店招效果

二、制作店铺导航

店铺导航是买家访问店铺的快捷通道，可以帮助买家方便地从一个页面跳转到另一个页面，查看店铺的各类商品和信息。因此，提供清晰的导航，能够保证更多店铺页面被买家访问，使更多的商品和活动被买家发现。

页头高度为 150 px，包含店招和导航，因此，导航的高度等于页头高度减去店招高度。导航区域可放置店铺的重要信息，最多添加 12 项一级目录，但通常不超过 7 项。

步骤 1 打开“旺铺装修”页面，单击导航模块右上角的“编辑”按钮，如图 4-33 所示。

图 4-33　单击“编辑”按钮

步骤 2 在打开的“导航”对话框中单击“添加”按钮，如图 4-34 所示。

图 4-34　单击“添加”按钮

步骤 3 打开“添加导航内容”对话框，在“宝贝分类”选项卡中勾选要在导航中显示的一级目录和二级目录，然后单击“确定”按钮，如图 4-35 所示。

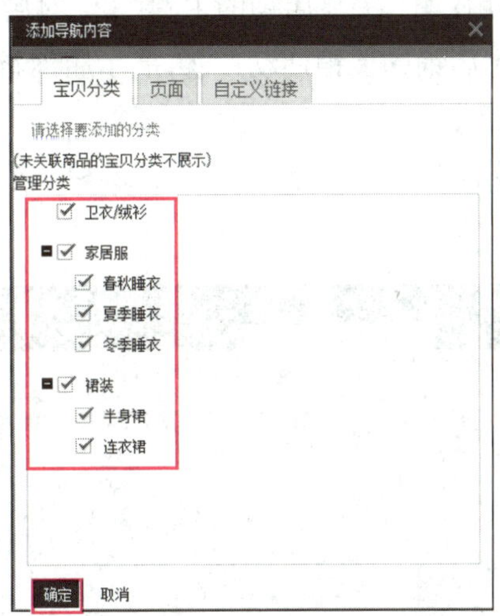

图 4-35　添加商品分类至导航

“页面”选项卡：在该选项卡中可以将指定页面添加到导航。

- **“自定义链接”选项卡：**在该选项卡中可以将自定义链接添加到导航。链接地址只能是淘宝网内部链接，可以是本店铺内的任何链接，如某一促销活动链接，也可以是其他店铺的链接。

步骤 4 返回“导航”对话框，调整分类的位置。本例中，将“卫衣/绒衫”分类移至顶部，如图 4-36 所示。

步骤 5 单击“确定”按钮，设置好的分类信息会展示在导航中，如图 4-37 所示。

图 4-36 设置导航

图 4-37 导航设置效果

三、制作图片轮播

轮播图海报的装修方法

图片轮播是卖家通过图片动态翻页形式进行的爆款或促销活动等展示。图片轮播作为官方模板，翻转流畅，几乎不会出现卡顿的现象。

图片轮播主要有 4 个作用：① 突显店铺的主题；② 对店铺爆款进行展示、介绍；③ 展示店铺的促销活动；④ 展示店铺新品。制作图片轮播的操作步骤如下：

步骤 1 打开“旺铺装修”页面，单击“图片轮播”模块右上角的“编辑”按钮，如图 4-38 所示。

图 4-38 单击“图片轮播”模块右上角的“编辑”按钮

步骤 2 打开“图片轮播”对话框，在“内容设置”选项卡的“图片地址”编辑框中输入图片地址，或单击编辑框右侧的▤按钮，从图片空间中选取；在“链接地址”编辑框中输入图片所对应商品的网址，然后单击“添加”按钮添加其他轮播图片，如图 4-39 所示。注意：至少需要两张图片才能实现轮播效果。

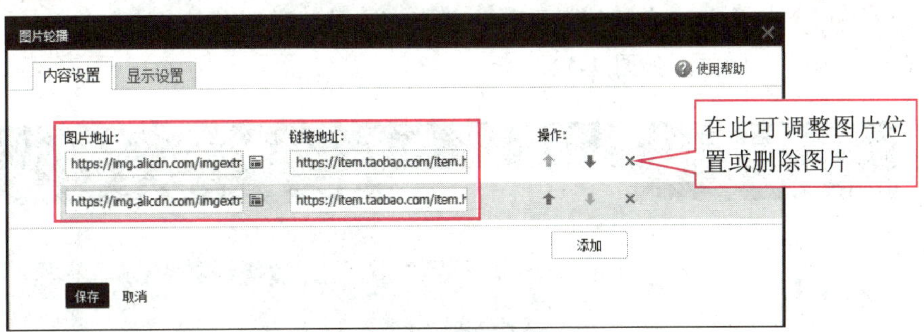

图 4-39　设置图片轮播的内容

步骤 3 切换到“显示设置”选项卡，选中“显示”单选钮，在“模块高度”编辑框中输入模块高度值“300”，在“切换效果”下拉列表中选择“上下滚动”选项，最后单击“保存”按钮，保存设置，如图 4-40 所示。

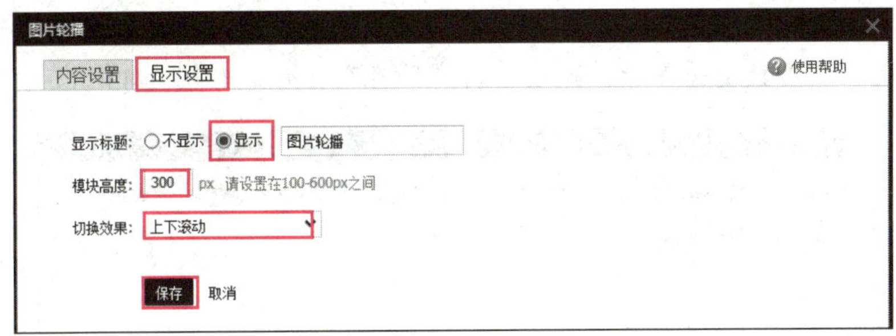

图 4-40　设置图片轮播的显示方式

步骤 4 至此，“图片轮播”模块制作完成，效果如图 4-41 所示。

图 4-41　图片轮播效果

四、制作宝贝推荐

宝贝推荐模块的装修方法

宝贝推荐是买家快速认知店铺商品和最能影响买家购买决策的模块。选择具有吸引力的商品放于“宝贝推荐”模块中，可加速促成买家的购买行为。编辑宝贝推荐模块的操作步骤如下：

步骤 1 打开“淘宝旺铺”页面，单击“宝贝推荐”模块右上角的“编辑”按钮，如图 4-42 所示。

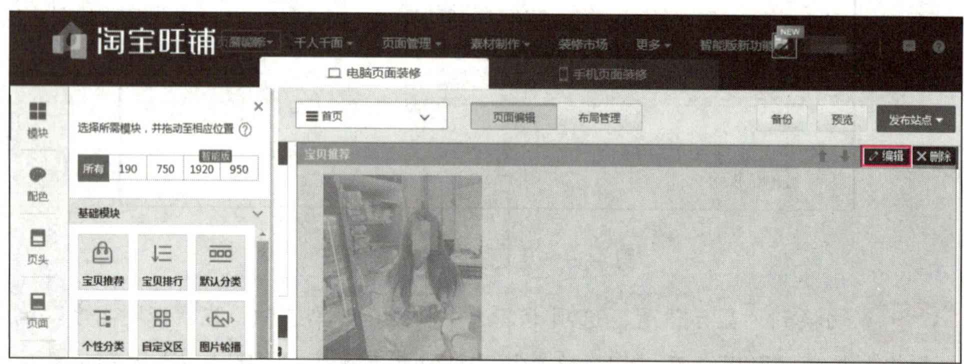

图 4-42　单击“宝贝推荐”模块右上角的“编辑”按钮

步骤 2 打开“宝贝推荐”对话框，在“宝贝设置”选项卡中根据需要设置推荐方式、宝贝分类、宝贝数量等参数，最后单击“保存”按钮，如图 4-43 所示。

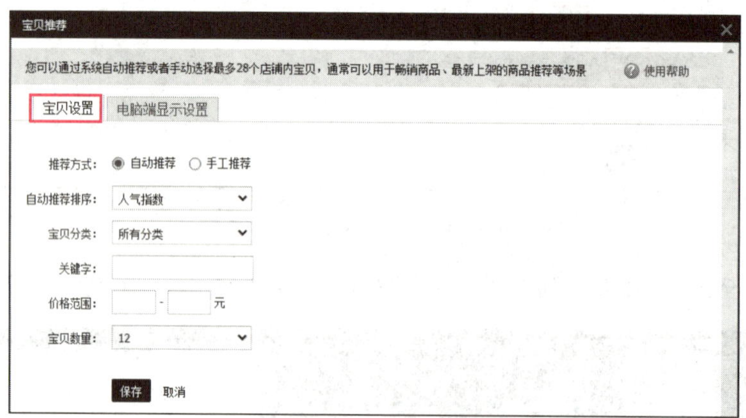

图 4-43　编辑“宝贝推荐”内容

提示

如果选择手工推荐，则可以选择中意的任意商品，实现各类目的不同商品糅合推荐。

步骤 3 切换到“电脑端显示设置”选项卡，在其中设置模块标题、展示方式、显

示栏目等参数。最后单击“保存”按钮即可完成“宝贝推荐”模块的设置，如图 4-44 所示。

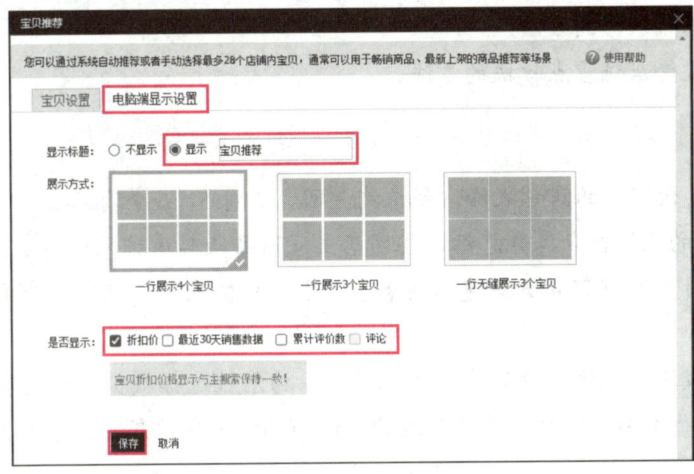

图 4-44 设置电脑端显示参数

步骤 4 至此，“宝贝推荐”模块制作完成，效果如图 4-45 所示。

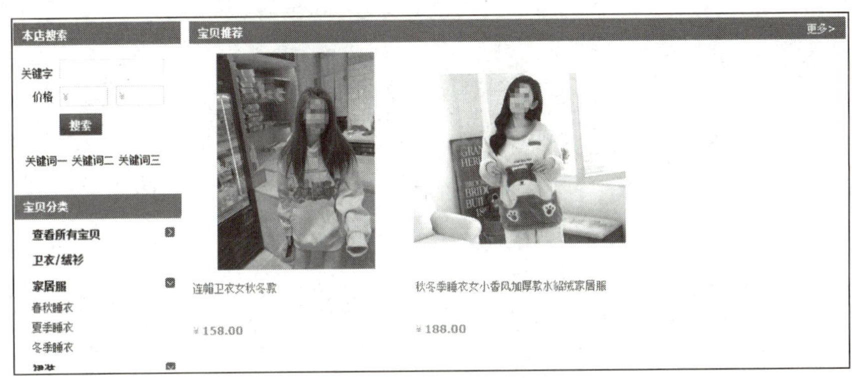

图 4-45 宝贝推荐效果

课堂互动

同学们可以根据前面所学的知识，制作店铺的其他模块，如宝贝排行榜、本店搜索、悬浮导航等模块。

技能实训 装修个人网店

一、实训背景

一个好的淘宝店铺，它的装修设计一定十分精美，无论是色彩还是图片搭配，都可以向买家友好地传达商品信息、服务信息和品牌理念，从而促进商品销售、树立品牌形象。

二、实训目的

（1）掌握店铺装修的方法。

（2）掌握设置店铺重点模块的方法。

三、实训内容

（1）分析其他网店的店铺装修。登录淘宝网，查看 5～6 个商品性质不同的店铺，对比分析这些店铺的装修特点，并总结这些网店主营商品与其店铺风格的联系。

（2）在项目一实训部分所新建的网店基础上，根据项目二确定的商品类型策划网店的装修风格。

（3）对店铺进行装修：设置店铺基本信息、为店铺选择模板、设置模板配色、设置店铺的背景。进行页面装修时，选择合适的页面布局，并制作店招、导航、图片轮播、宝贝推荐等模块。

项目五
网店日常运营管理

项目导读

网店运营的日常管理是一项长期性的工作，要经常进行商品的上下架管理、交易订单管理等工作。卖家应熟练掌握网店日常运营管理的流程和方法，使每一个环节尽量完美以实现商品的成功销售。

学习目标

- 掌握商品的上下架、编辑和删除的方法；
- 掌握千牛工作台的基本设置方法；
- 掌握管理交易订单的方法。

素质目标

- 树立正确的价值观，在网店日常运营管理过程中做到守法、诚信；
- 从小事做起，在生活和学习中践行爱国主义精神。

暖心遇到暖心，浙江大学博士生和蜜橘网店店主对话全网刷屏

“帮不了国家什么大忙，遇到了就想着出点力。”最近，一段网购聊天记录登上了微博热搜。买家是浙江大学的一名博士生，她想网购一些蜜橘用于抗病害实验研究。网店店主得知情况后，立即表示捐赠一箱蜜橘支持国家科研事业。他们的聊天记录在网上流传开来，引发热议。

一箱蜜橘值不了多少钱，人们之所以被网店店主的言行打动，不是因为他做了天大的贡献，而是他的想法恰好也是很多人的心声——或许我无法做出什么惊天动地的事业，或许我的职业无关那些巨大的奉献与牺牲，但我仍希望尽一个普通人所能，给其他人提供帮助，为祖国的发展建设“出点力”。这样真挚的情感在聊天中自然流露，并不会令人感到做作，也无需有丝毫忸怩，这是每个有着朴素爱国情怀的人想说的话、想做的事。

每个人都可以用自己的方式爱国。除了网店店主，浙江大学师生进行防治蜜橘病害的研究，帮助果农增产增收，也是在为我国农林事业的发展出力。一些同学在论坛上看到聊天记录后到该网店下单蜜橘支持店家的生意，同样是表达心意的方式。推而广之，任何一个专注于学业或工作的人，任何一个热心公共事务的人，任何一个遵守社会规则的人，都在为社会做贡献。

疫情防控期间，有医护人员、社区工作者挺身而出，也有志愿者踊跃报名参与疫情防控工作，还有更多居民自觉遵守防疫要求，不给管理添乱。灾害来临时，有武警部队冲上救灾前线，也有热心网友整理和转发求助资料，积极捐款捐物。所有人的涓滴努力汇集到一起，就是帮了国家的大忙。该网店店主被点赞“格局大”，其实，中国人的格局从来都不小。

这件事告诉人们，“正能量”并不是非要用华丽的辞藻去包装、通过刻意的要求去标榜，它体现在人与人的日常互动中，植根于每个人内心深处。只要每个人遇事时，在头脑中想一想他人的需求、国家的利益，做一些力所能及的事，就已经足够。

课前学习

一、商品展示

在网店运营的日常管理中，需要进行商品管理，包括商品的上架、下架，以及对商品进行编辑和删除操作。及时处理存在问题的商品，有利于网店的正常运营。因此，商品的展示管理是网店日常运营中的一项重要内容。

二、千牛工作台

千牛工作台是由阿里巴巴集团官方出品的，在卖家版阿里旺旺的基础上升级而来的店铺管理软件，可为卖家提供功能强大的店铺运营管理功能。

千牛工作台有电脑版和手机版两个版本，其功能基本一致，只是在界面和使用场景上有所区别。在淘宝（天猫）购物平台上，卖家可以通过千牛工作台进行店铺管理、商品管理、订单管理、与买家交流等各项操作。

三、订单状态

网店交易订单包括 3 种状态：买家已付款、卖家已发货、交易成功/关闭。卖家需要根据订单状态及时进行相应的操作。

（1）买家已付款： 卖家收到订单消息后，应及时核实订单信息，包括核实买家收货地址、商品规格等，如果有需要，还可能涉及商品价格的修改、为订单添加标记等操作。确认订单信息无误后，卖家应及时发货。

（2）卖家已发货： 发货后，卖家需要告知买家已经发货，并提供快递公司名称和快递单号。商品派送后，提醒买家注意收货。这些小细节往往可以获得买家的好感，从而促使二次交易。

（3）交易成功/关闭： 交易完成后，卖家需要及时对买家做出评价。

技巧

如何快速处理订单是每个淘宝卖家必须面对的问题，下面介绍一些淘宝订单快速处理技巧：

（1）订单处理应该定时定点，而不是有一个订单处理就一个。集中处理订单不仅效率高，而且不会出现一个顾客同时购买多个商品时重复发货的情况，避免增加快递费用。

（2）仓库规范化管理。订单处理应该按照商品编码或货位码进行排列并拣货，这样可以提升拣货的效率。

（3）参加大型活动应提前做好准备，如将活动商品、包装材料放到最方便的区域，打印发货单时先提前把活动订单导出并进行配货，再批量打印。

（4）能打印不手写，能批量打印不单独打印。对于卖家来说，应该把更多的时间放在网店优化及推广上。

（5）如果订单过多，可以使用订单处理软件，提升网店的运营效率。

任务实操一 商品展示管理

从网店的运营角度来看，对于新商品，需要将其上架；对于过季或断货的商品，需要将其下架；对于信息有误的商品，需要及时编辑修改；对于过时或不再进货的商品，需要将其删除。下面以淘宝网为例，介绍对商品进行上下架、编辑和删除的具体操作。

一、商品的上下架

1．商品上架

对于放入仓库尚未发布的商品，卖家可以进行一键上架处理。

步骤 1 打开“千牛卖家中心”页面，选择“商品”→“我的宝贝”选项，打开“商品”页面，切换到“仓库中的宝贝”选项卡，勾选商品前的复选框，选择要上架的商品，如图 5-1 所示。

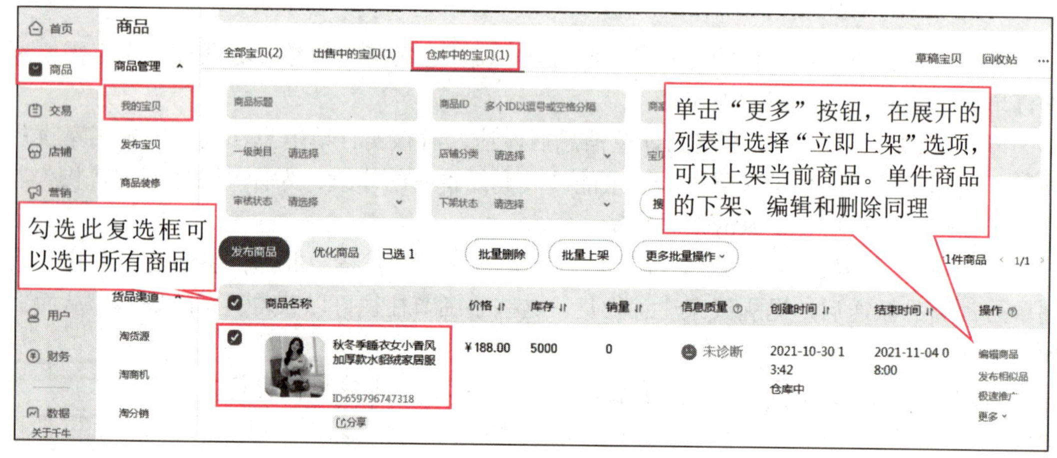

图 5-1　选择要上架的商品

步骤 2 单击“批量上架”按钮，在打开的“批量上架”对话框中，单击“确认”按钮，即可上架所选商品，如图 5-2 所示。

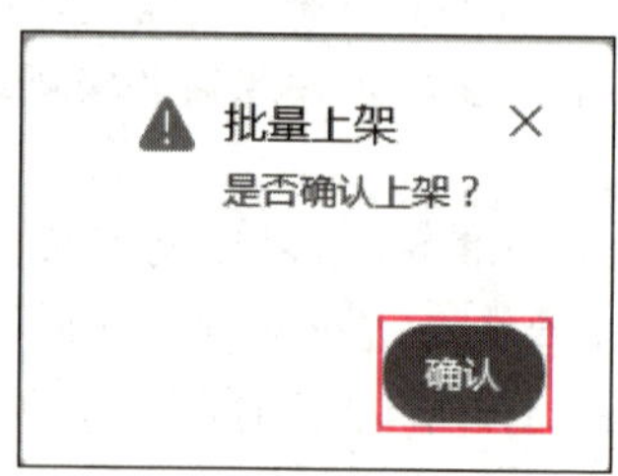

图 5-2　批量上架商品

步骤 3 切换到“出售中的宝贝”选项卡，可以看到前面上架的商品状态已经改为出售中，如图 5-3 所示。

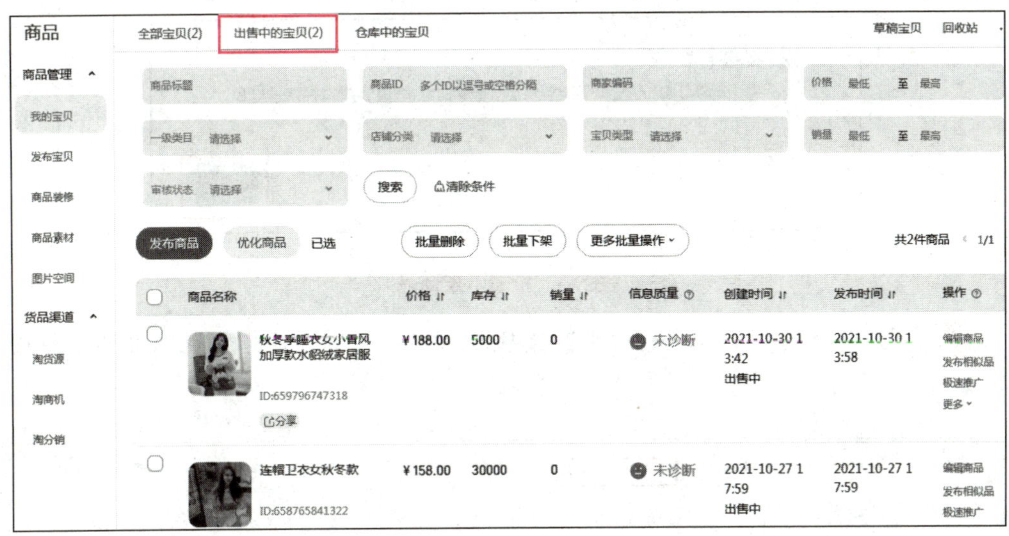

图 5-3　查看上架的商品

2. 商品下架

对于出售中的商品，卖家可以进行一键下架处理。

步骤 1 打开“千牛卖家中心”页面，选择“商品”→“我的宝贝”选项，打开“商品”页面，切换到“出售中的宝贝”选项卡，勾选商品前的复选框，选择要下架的商品，如图 5-4 所示。

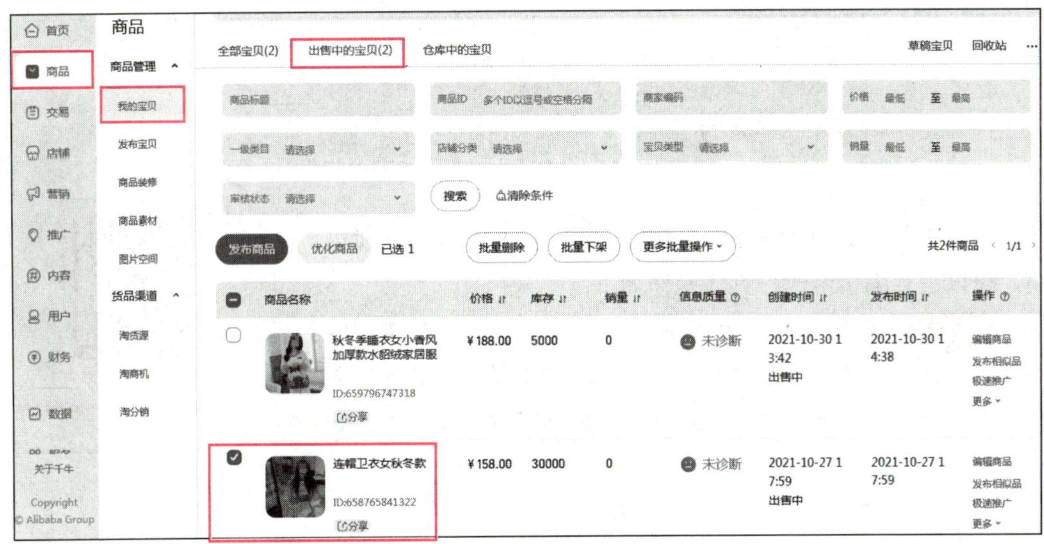

图 5-4　选择要下架的商品

步骤 2 单击“批量下架”按钮，在打开的“批量下架”对话框中，单击“确认”按钮，即可下架所选商品，如图5-5所示。

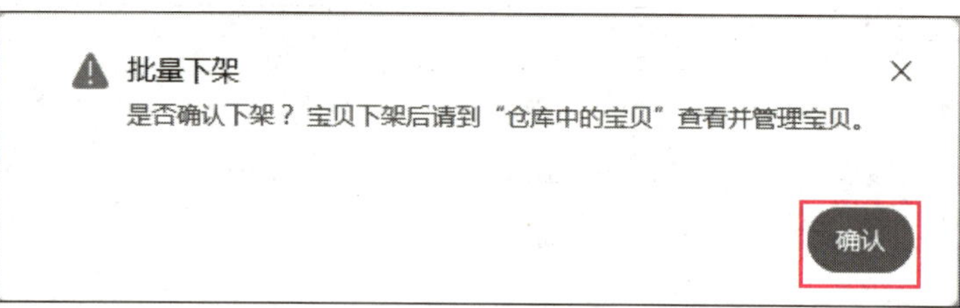

图5-5 批量下架商品

步骤 3 切换到“仓库中的宝贝”选项卡，可以看到前面下架的商品已经放回仓库，如图5-6所示。

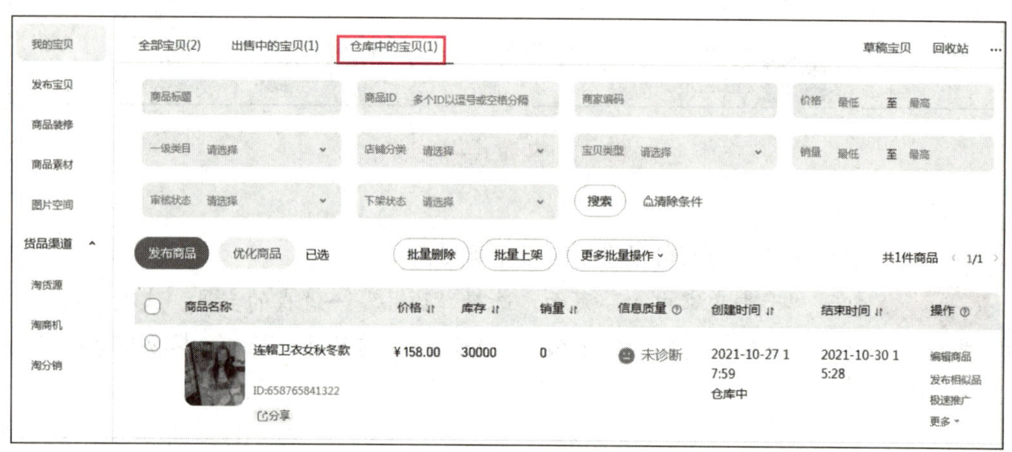

图5-6 查看下架的商品

二、商品的编辑与删除

1. 编辑商品

商品上架后，如果价格、运费或商品描述等信息出现错误，可以进行编辑修改，具体操作如下：

修改商品价格和库存的方法

步骤 1 打开“千牛卖家中心”页面，选择“商品”→“我的宝贝”选项，打开“商品”页面，切换到“出售中的宝贝”选项卡，单击要编辑商品右侧的“编辑商品”超链接，如图5-7所示。

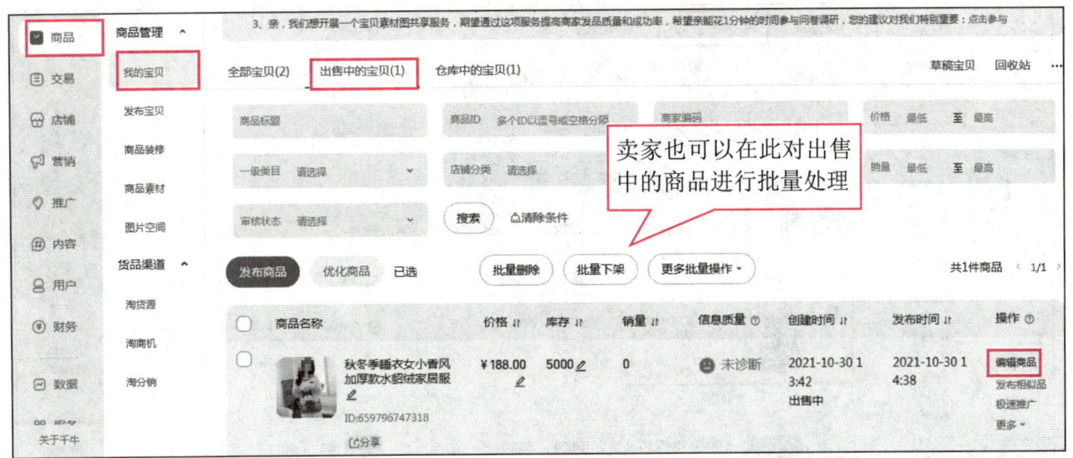

图 5-7　选择要编辑的商品

步骤 2 打开“商品发布”页面，根据需要修改商品信息后单击“提交宝贝信息”按钮，保存设置即可，如图 5-8 所示。

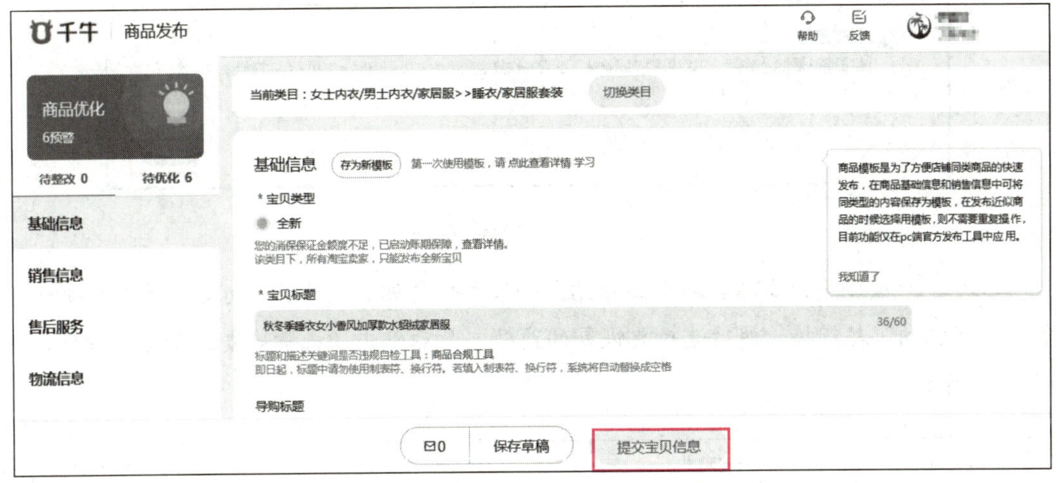

图 5-8　编辑并保存商品信息

2. 删除商品

无论是仓库中的商品，还是出售中的商品，只要不再需要，卖家都可以进行一键删除处理，具体操作如下：

步骤 1 打开“千牛卖家中心”页面，选择“商品”→“我的宝贝”选项，打开“商品”页面，切换到“出售中的宝贝”选项卡，勾选商品前的复选框，选择要删除的商品，如图 5-9 所示。

图 5-9　选择要删除的商品

步骤 2 单击“批量删除”按钮，在打开的“批量删除”对话框中单击“确认”按钮，即可删除所选商品，如图 5-10 所示。

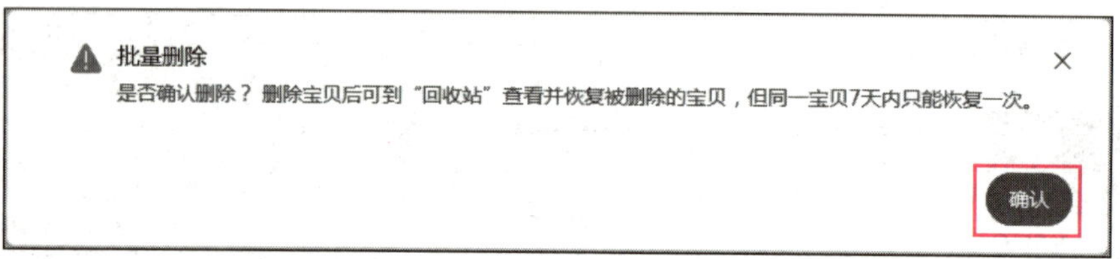

图 5-10　批量删除商品

步骤 3 被删除的商品会移至回收站。如果要恢复删除的商品，可在“商品”页面中单击“回收站”超链接，然后选择要恢复的商品，最后单击“批量恢复到仓库”按钮，如图 5-11 所示。

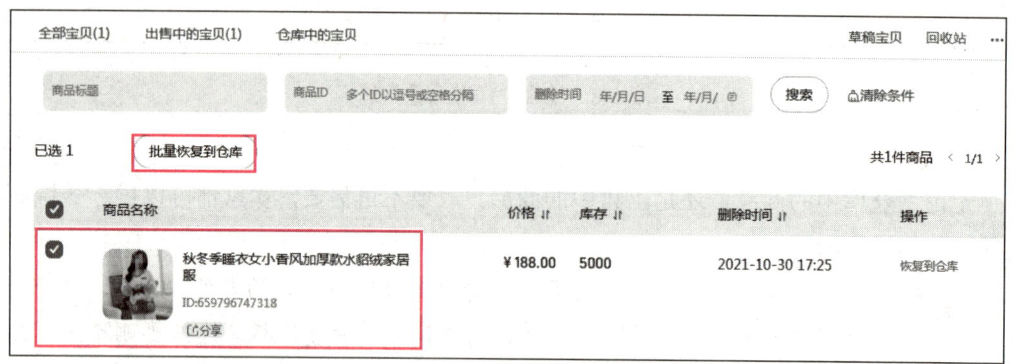

图 5-11　恢复删除的商品

步骤 4 在打开的“请选择恢复宝贝的理由”对话框中选择恢复商品的理由，并单击“确定”按钮，即可将所选商品恢复到仓库中，如图 5-12 所示。

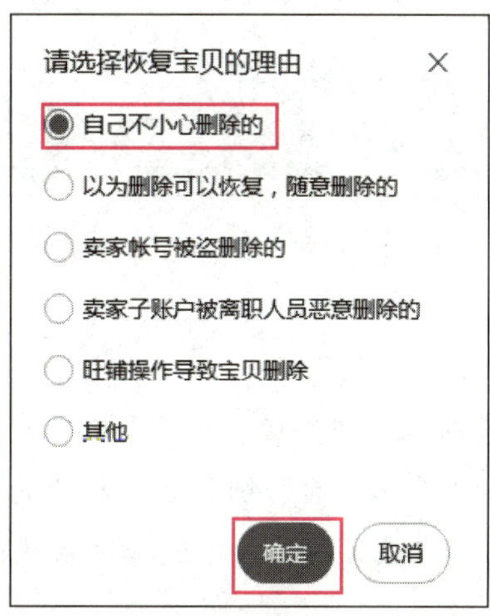

图 5-12　选择恢复商品的理由

任务实操二　设置千牛工作台

为方便网店的日常运营管理，卖家可以下载“千牛工作台”客户端（下载地址：https://work.taobao.com/），它集成了即时沟通工具（旺旺）、交易订单管理工具、店铺流量实时监控工具等。

一、设置千牛基本信息

卖家可以为千牛工作台做一些基本设置，如双击任务栏图标时默认打开工作台还是接待面板（聊天窗口），设置接待状态、聊天窗口的字体大小等，具体操作如下。

千牛工作台的基本应用

步骤 1 安装“千牛工作台”客户端后，双击桌面“千牛工作台”图标，在打开的“登录”对话框中输入淘宝账号和密码，单击“登录”按钮，登录千牛工作台。

步骤 2 单击千牛工作台首页右上角的“设置”按钮，在展开的列表中选择“系统设置”选项，如图 5-13 所示。

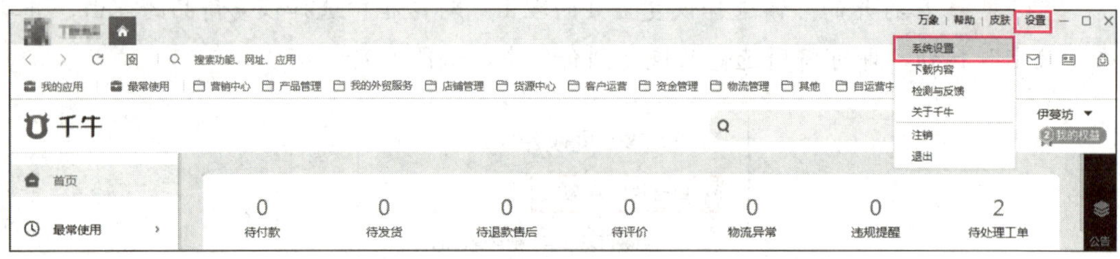

图 5-13　选择“系统设置”选项

提示

关闭千牛工作台后，可以双击任务栏中的“千牛工作台”图标，打开千牛工作台。如果双击任务栏中的“千牛工作台”图标后，打开的是接待面板，可单击接待面板左下角的“更多”按钮，在展开的列表中选择“系统设置”选项，打开“系统设置”对话框。

步骤 3 打开“系统设置”对话框，切换到“基础设置”选项卡，在左侧窗格中选择“任务栏”选项，在右侧窗格中设置双击任务栏图标时打开的项目，如图 5-14 所示。

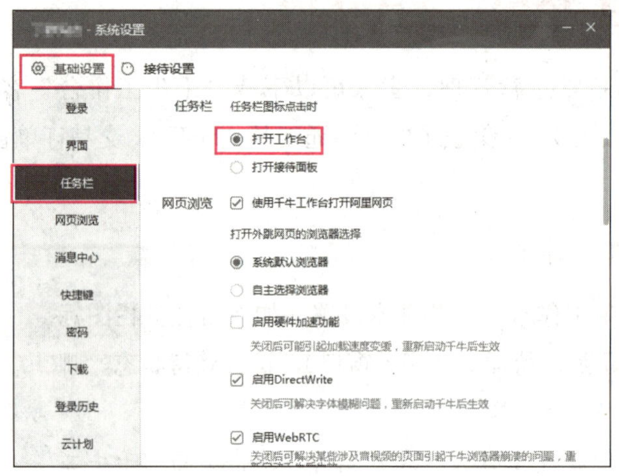

图 5-14　设置双击任务栏图标时打开的项目

步骤 4 在左侧窗格中选择“消息中心”选项，然后在右侧窗格中设置系统收到消息时的操作，如是否显示闪烁图标、是否发出提示声音。卖家只需勾选相应的复选框即可，如图 5-15 所示。

步骤 5 单击“设置快捷键”按钮，在打开的对话框中设置常用操作的快捷键。卖家只需将鼠标指针定位到与操作对应的编辑框中，按下要设置的快捷键即可，如图 5-16 所示。

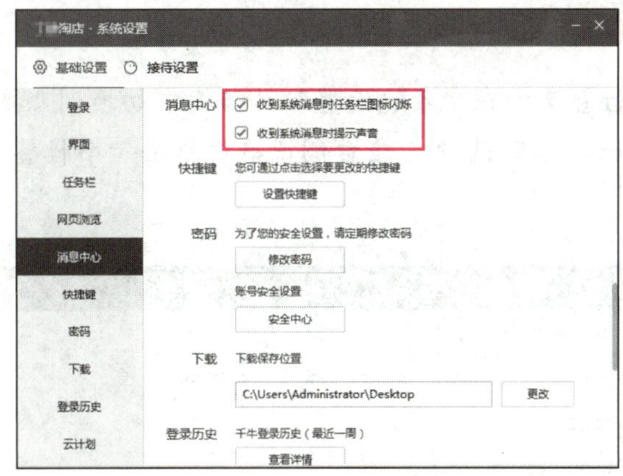

图 5-15　设置消息中心

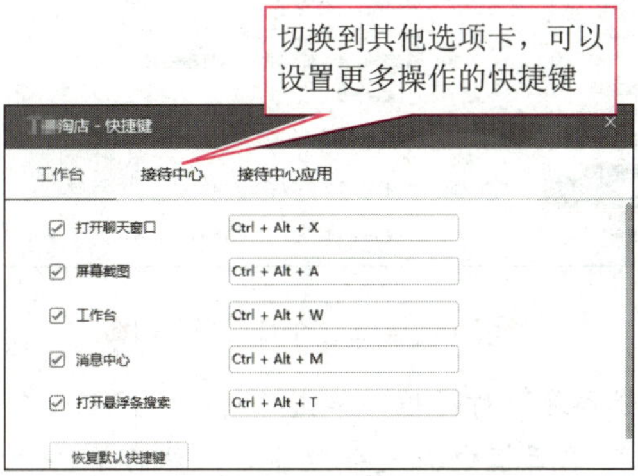

图 5-16　设置常用操作的快捷键

步骤 6 切换到“接待设置”选项卡，默认显示“状态”页面，在右侧窗格中设置接待状态，如设置键盘鼠标无动作 10 分钟后，接待状态变更为离开；在“显示字体”下拉列表中选择会话窗口中的字体大小，如选择 14 号，如图 5-17 所示。

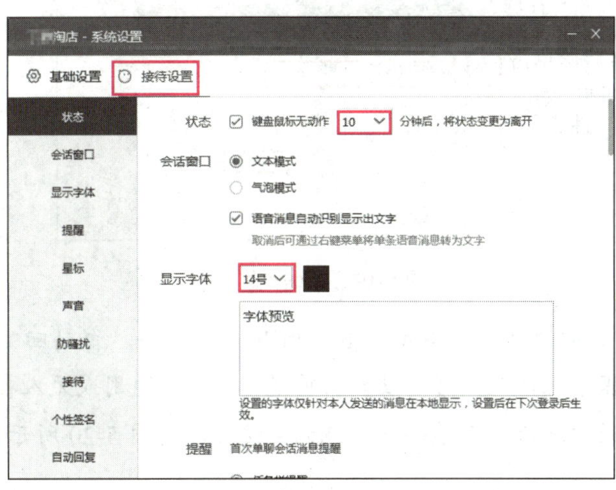

图 5-17　设置接待状态和显示字体

二、设置个性签名和欢迎语

步骤 1 设置个性签名。在“系统设置”对话框中切换到“接待设置”选项卡，在左侧窗格中选择“个性签名”选项，在右侧窗格中单击“个性签名”按钮，如图 5-18 所示。

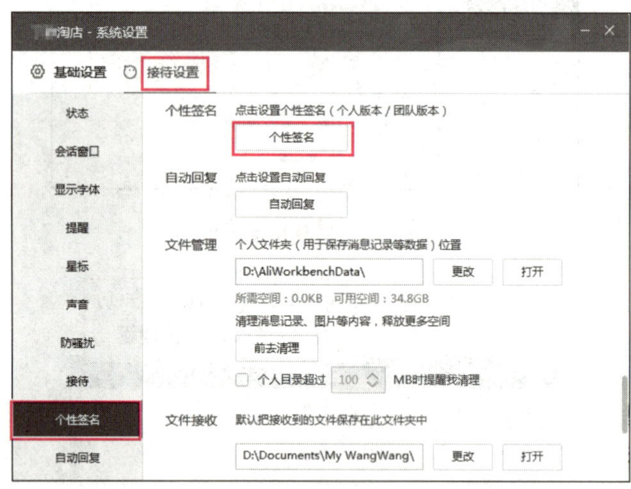

图 5-18 单击“个性签名”按钮

步骤 2 打开“个性签名”对话框，单击“新增”按钮，在打开的“新增个性签名”对话框的“请输入内容”编辑框中输入个性签名，然后单击“保存”按钮，如图 5-19 所示。

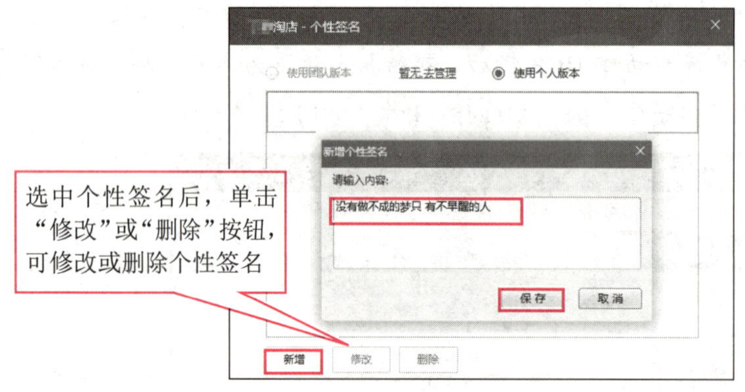

图 5-19 新增个性签名

步骤 3 设置欢迎语。在“系统设置”对话框中单击“自动回复”按钮，打开“客户服务”页面，根据店铺情况，可以设置售前通用、售后通用或无人接待时的欢迎语。例如，要设置售前通用欢迎语，可单击其右侧的✎按钮，如图 5-20 所示。

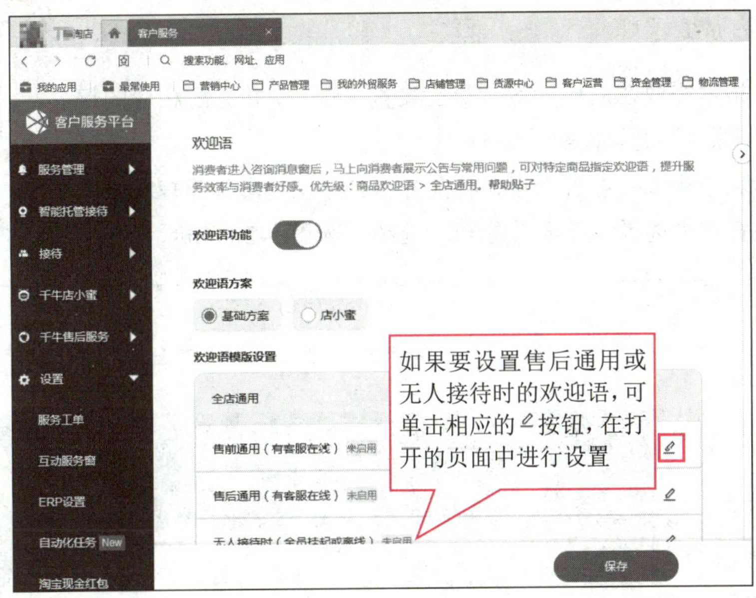

图 5-20　选择要设置的欢迎语模板

提示

店小蜜是阿里巴巴集团官方推出的商家版智能客服机器人。它可以在人工客服离线下班后自动上线接待客户，留住买家，促成夜间转化。卖家如果想使用店小蜜，可在“欢迎语”页面中选中“店小蜜”单选钮，然后在打开的页面中进行功能设置，其包含部分收费功能，用户可根据自身需要选择相应功能。

步骤 4 打开“售前通用（有客服在线）”页面，在“通用模板”组中选中“启用”，然后在“欢迎话术”编辑框中输入欢迎语，最后单击“保存”按钮即可，如图 5-21 所示。

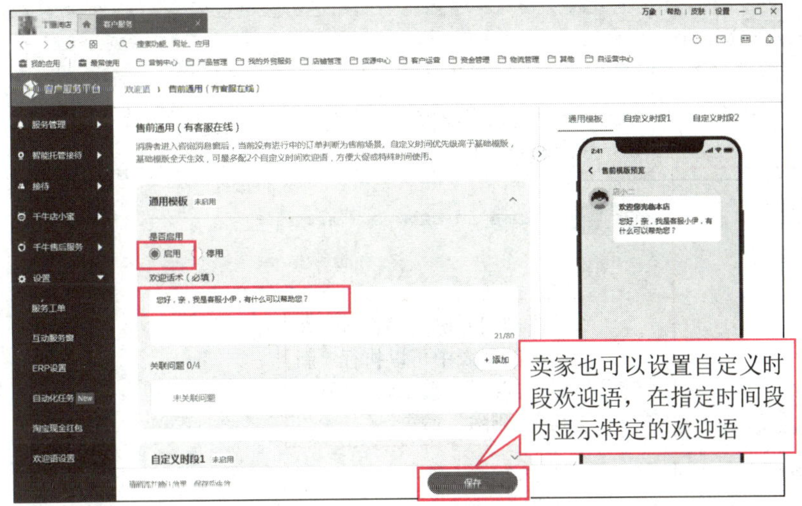

图 5-21　编辑售前通用模板

三、设置员工子账号

子账号管理技巧

卖家可以根据需要在后台为运营员工设置子账号，并分配相应的权限。设置员工子账号的具体操作如下：

步骤 1 在千牛工作台首页中，将鼠标指针移至“店铺管理”上，在打开的浮动窗口中选择“子账号管理”选项，如图 5-22 所示。

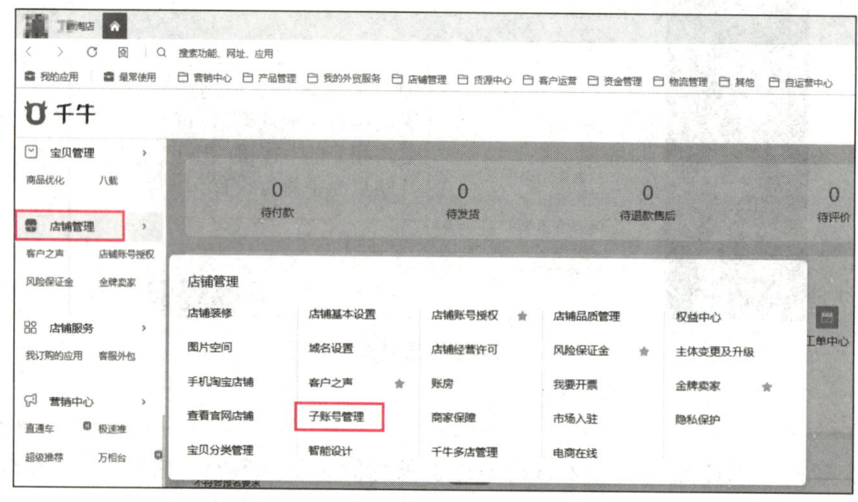

图 5-22　选择“子账号管理”选项

步骤 2 在打开的“子账号管理”页面中设置部门结构，效果如图 5-23 所示。通过高效、有序的规范化管理，可以使网店的组织结构一目了然，还可以便捷地对各部门进行各种操作。

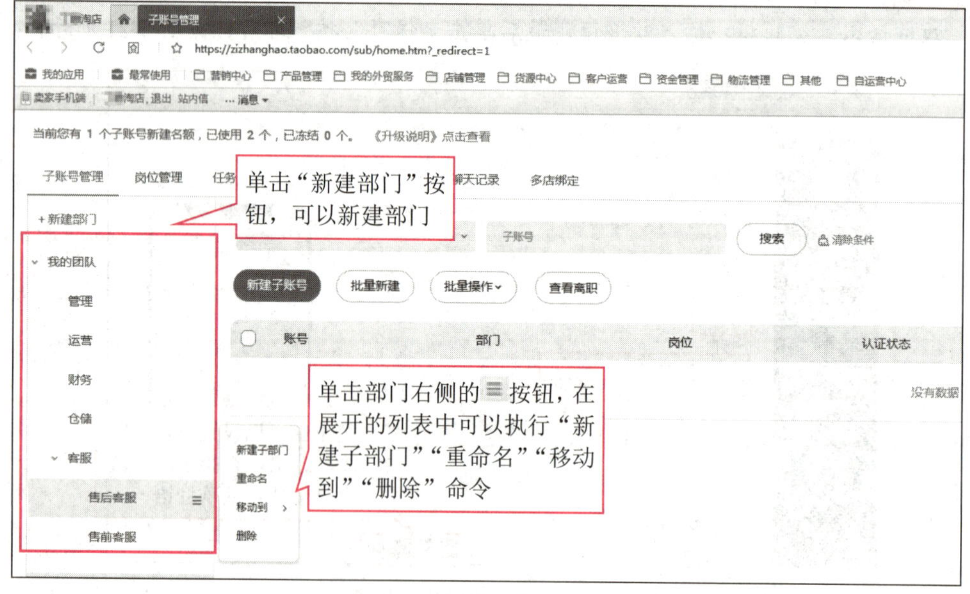

图 5-23　设置部门结构

步骤 3 添加员工。在“子账号管理”页面中单击“新建子账号”按钮，打开“新建子账号”页面，然后添加员工信息并分配岗位权限，最后单击“确认新建”按钮，如图 5-24 所示。

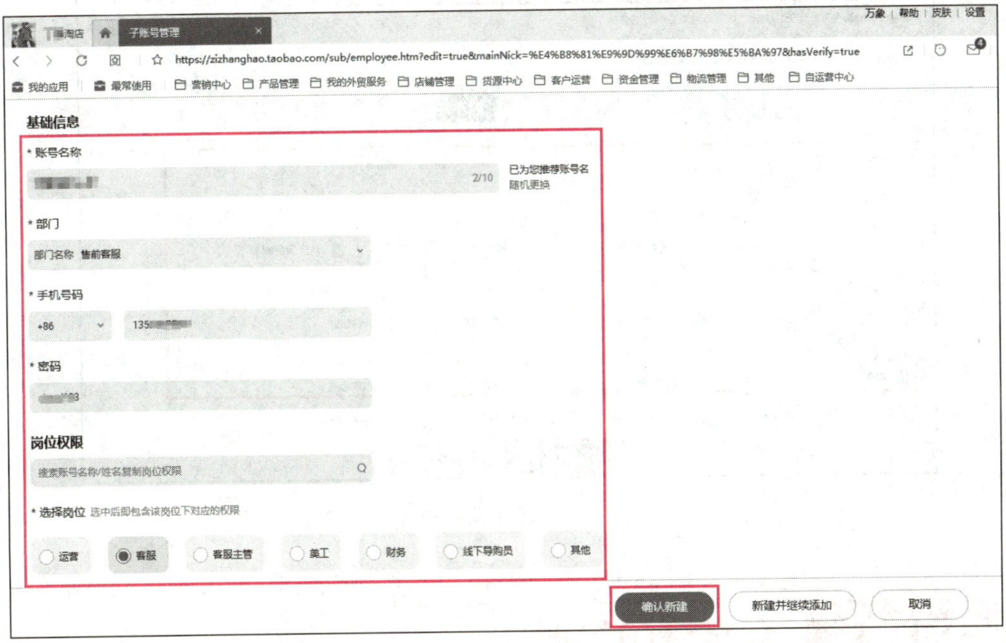

图 5-24　填写子账号信息

提示

为员工创建专属子账号，一人一号可以做到随时掌控员工权限和操作记录。在创建子账号时，单击“新建并继续添加”按钮，可在保存当前子账号后新建其他子账号。

步骤 4 修改岗位权限。在“子账号管理”页面中单击要编辑账号右侧的“修改权限”超链接，在打开的页面中可以设置账号权限（如岗位权限、功能权限等），编辑完毕后，单击“确认修改”按钮，如图 5-25 所示。

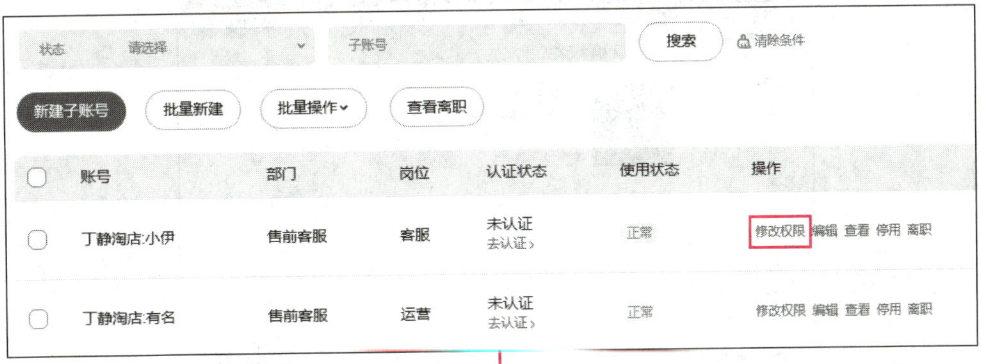

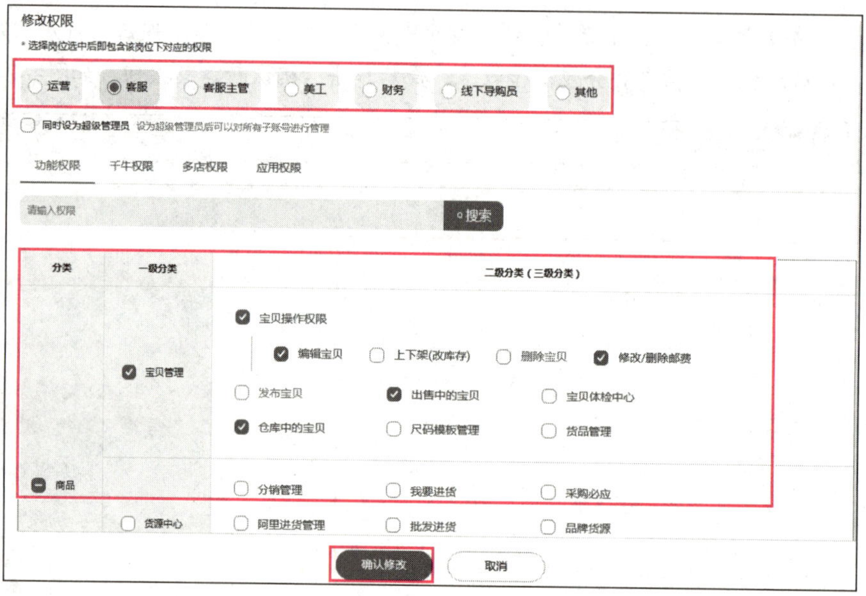

图 5-25　编辑账号权限

任务实操三　交易订单管理

一、核实订单信息

在淘宝网中，当买家为订单付款后，为防止买家信息输入错误而给其带来不便，卖家需要查看订单信息并向买家确认。

1．核实地址信息

步骤 1 登录千牛工作台，如果有订单生成，千牛工作台会自动打开“消息通知”对话框，单击“核对地址”按钮，如图 5-26 所示。

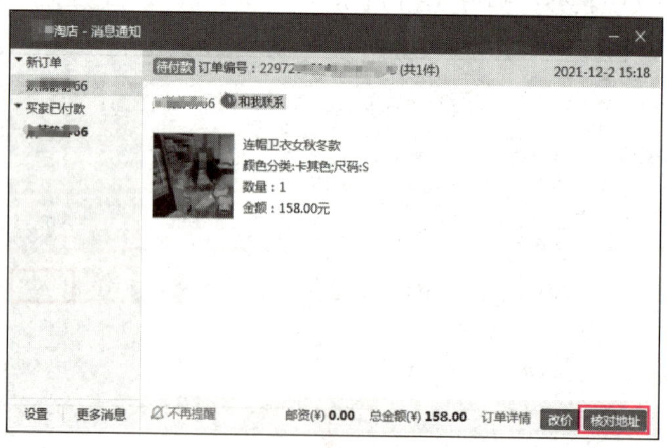

图 5-26　单击“核对地址”按钮

提示

网店有新订单时，如果千牛工作台未自动打开“消息通知”对话框，则其任务栏中的图标会呈闪烁状态，双击该图标，即可打开“消息通知”对话框。

步骤 2 此时，买家订单信息会自动出现在卖家和买家的聊天窗口中，单击“发送”按钮后等待买家的核实即可，如图 5-27 所示。

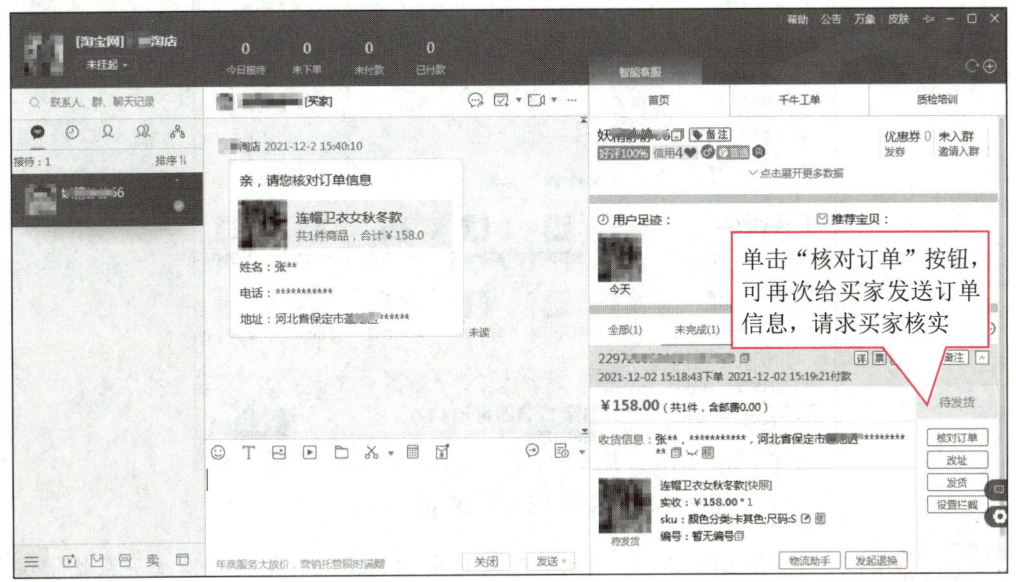

图 5-27　给买家发送订单信息，等待买家核实

步骤 3 如果要修改买家的收货信息，可在聊天窗口的“智能客服”窗格中单击“改址”按钮，在打开的页面中修改买家的收货信息，然后单击“确认提交”按钮，如图 5-28 所示。

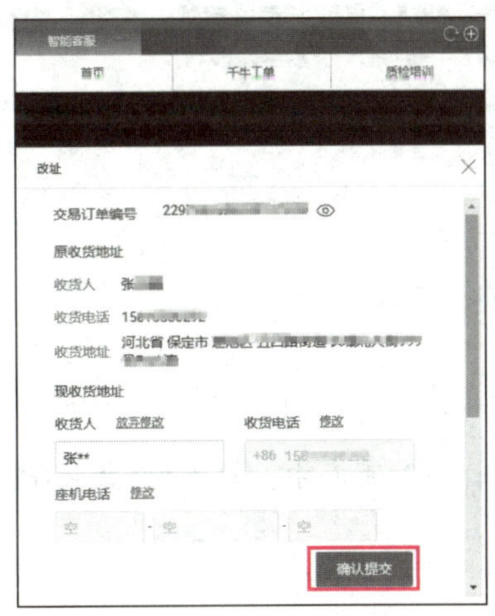

图 5-28　修改买家收货信息

除在聊天窗口中修改买家收货信息外，还可以在千牛工作台修改，具体操作如下：

步骤 1 在千牛工作台首页的“交易管理”组中选择“已卖出的宝贝”选项，如图 5-29 所示。

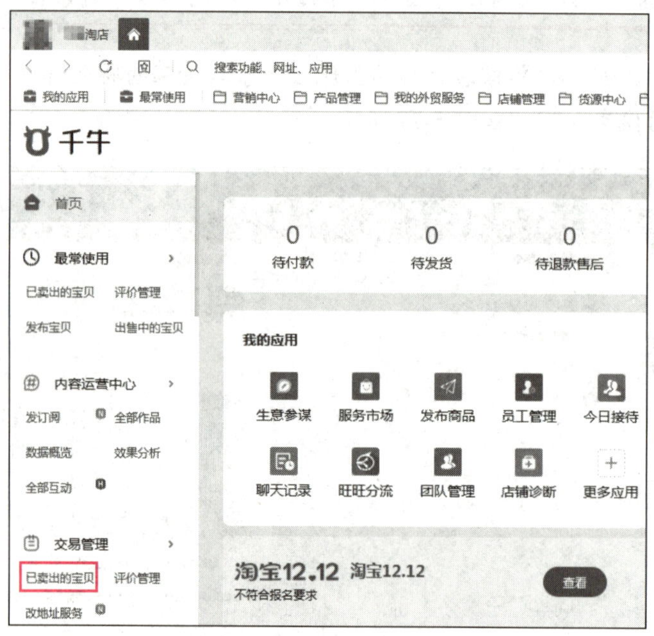

图 5-29　选择“已卖出的宝贝”选项

步骤 2 打开“已卖出的宝贝”页面，查看已卖出的商品，单击要修改买家收货信息订单中的“详情”超链接，如图 5-30 所示。

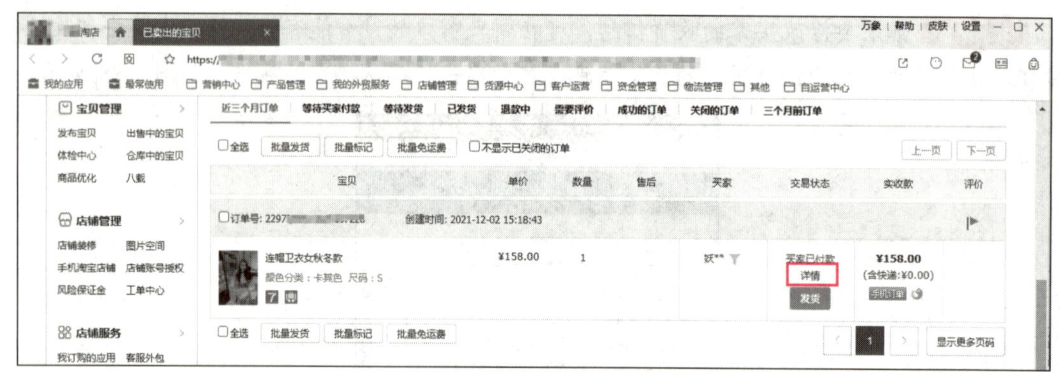

图 5-30　单击“详情”超链接

步骤 3 在打开的“交易详情”页面中，单击“修改收货地址”按钮，如图 5-31 所示。

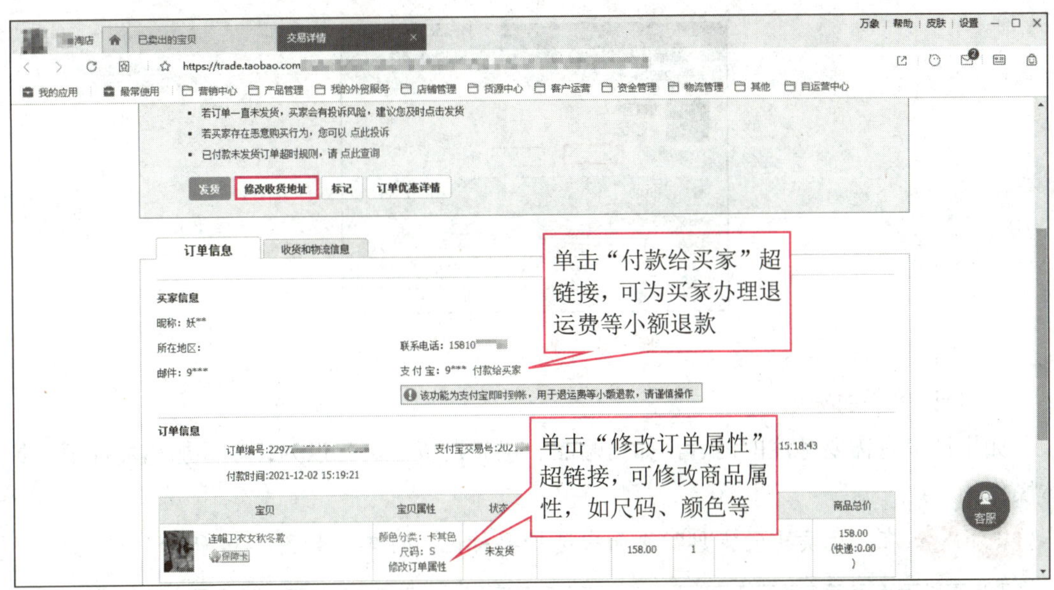

图 5-31　单击“修改收货地址”按钮

步骤 4 在打开的“修改收货地址”对话框中，填写新的买家收货信息，然后单击“确定”按钮，如图 5-32 所示。

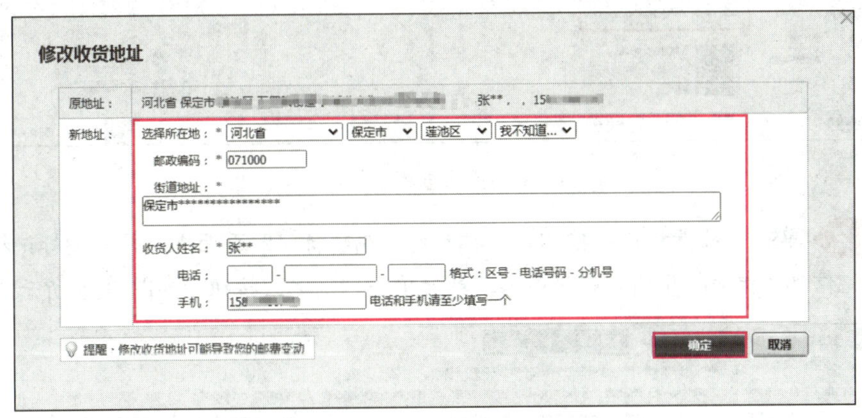

图 5-32　修改买家收货信息

2. 修改价格信息

实际销售过程中，有时商品拍下的价格并不是买家和卖家达成的协议价格，所以需要修改价格，具体操作如下：

步骤 1 在图 5-26 所示的“消息通知”对话框中单击“改价”按钮。

步骤 2 在打开的“修改价格”对话框中，直接输入优惠金额或折扣，或者单击“一键改价”超链接，直接输入优惠后的总价。本例输入优惠金额“–20”，然后单击“保存”按钮，完成商品价格的修改，如图 5-33 所示。

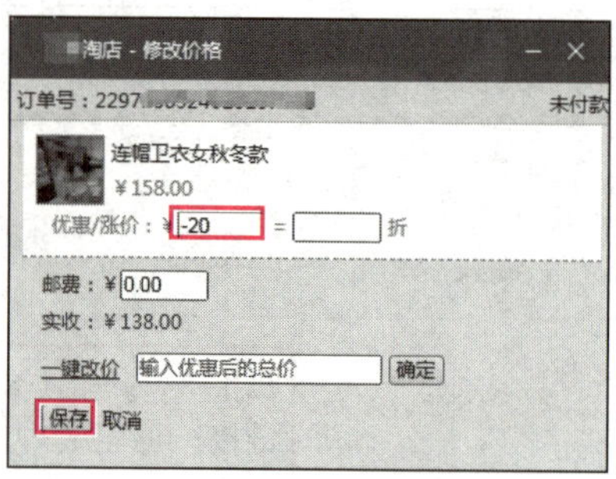

图 5-33　修改商品价格

3. 为订单添加标记

如果订单有需要备注的内容，如送赠品、优先发货等，可以为订单添加相关标记，具体操作如下：

步骤 1 在“已卖出的宝贝”页面中选择要标记的订单，如图 5-34 所示。

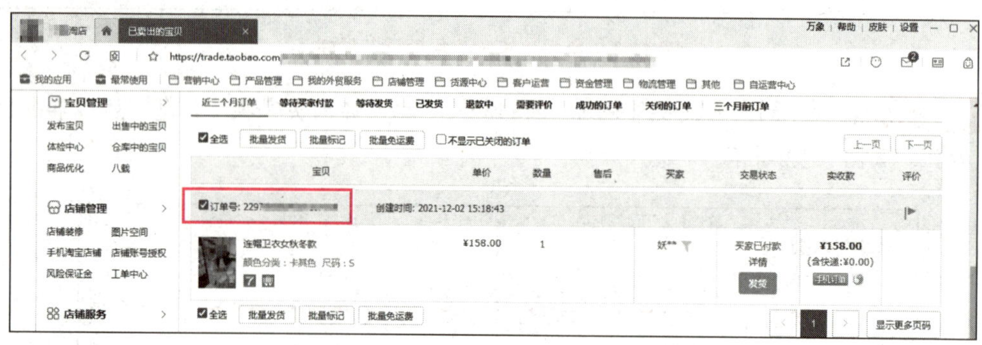

图 5-34　选择要标记的订单

步骤 2 单击“批量标记”按钮，在打开的“编辑标记”页面中选择一种标记旗帜，然后在“标记信息”编辑框中输入标记内容，最后单击“确定”按钮，如图 5-35 所示。

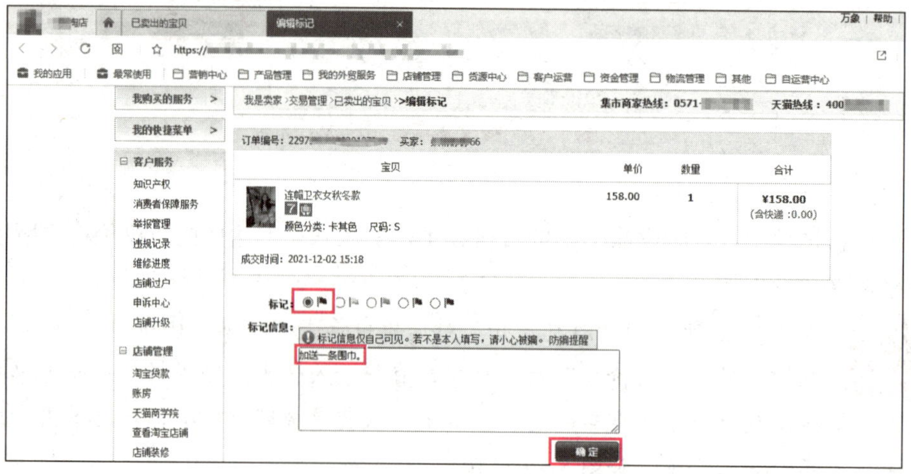

图 5-35　批量标记订单

步骤 3 在打开的提示对话框中单击“OK”按钮完成标记的添加，如图 5-36 所示。

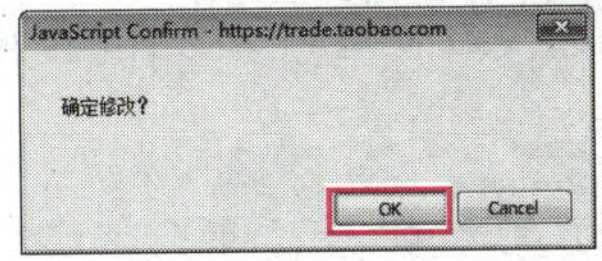

图 5-36　单击“OK”按钮

步骤 4 返回“已卖出的宝贝”页面，可以看到订单已显示标记的旗帜，将鼠标指针移至标记上，会显示标记内容，如图 5-37 所示。

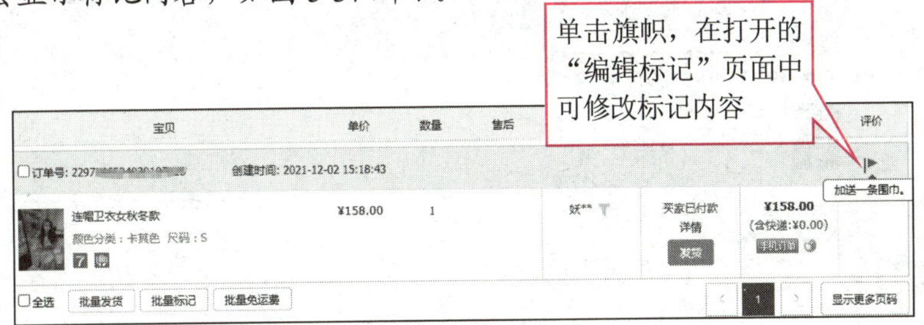

图 5-37　查看订单标记

二、商品发货管理

与买家确定好订单信息之后，就可以安排发货了，具体操作如下：

步骤 1 在千牛工作台“已卖出的宝贝”页面中，切换到“等待发货”选项卡，选择要发货的订单，如图 5-38 所示。

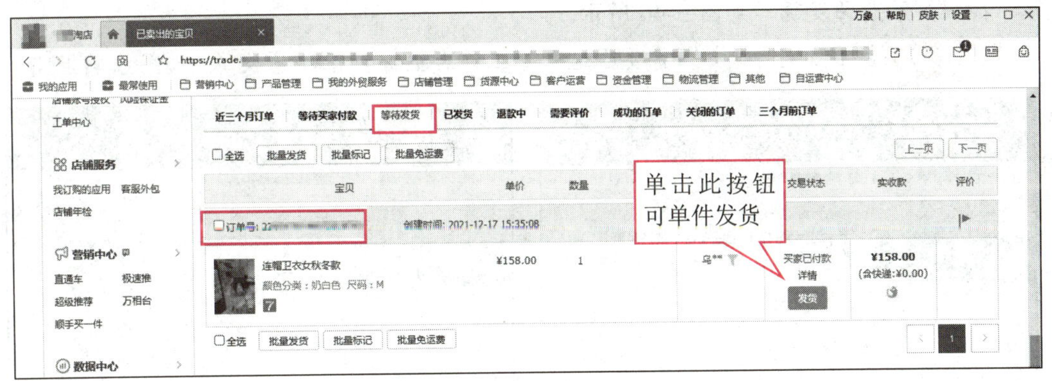

图 5-38　选择要发货的订单

步骤 2 单击“批量发货”按钮，打开“批量发货-淘宝网”页面，核对订单信息后选择合适的发货方式。发货方式有在线下单和自己联系物流两种。本例选择自己联系物流，在“运单号码”编辑框中输入快递单号，然后单击“批量发货”按钮即可，如图 5-39 所示。

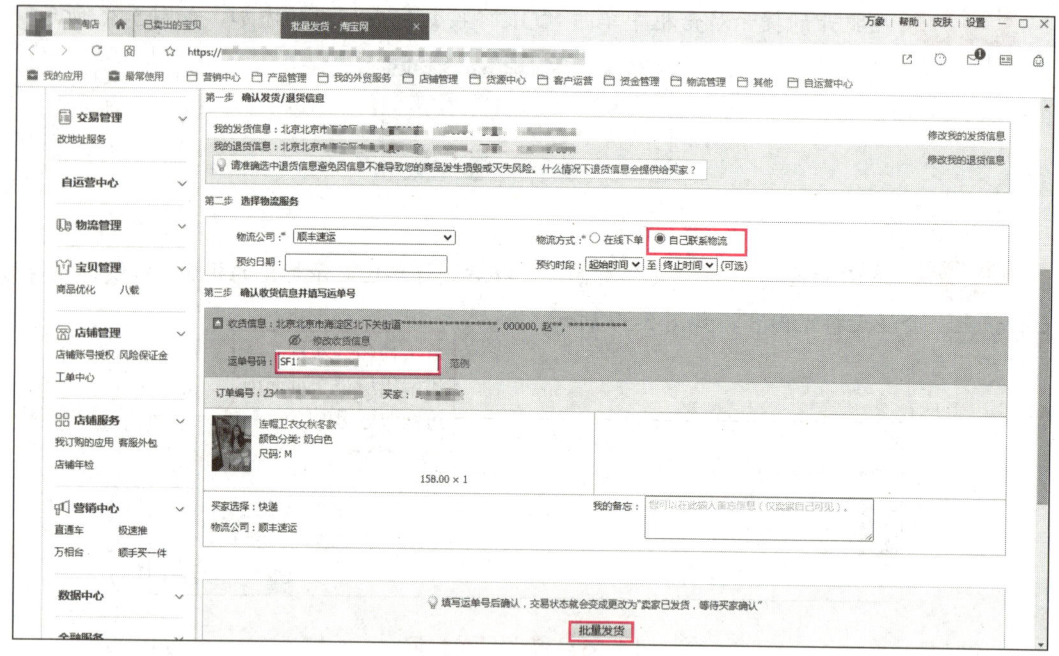

图 5-39　填写物流信息

三、提供物流信息

步骤 1 卖家发货后，单击千牛工作台首页右上角的⊙按钮，打开接待中心，在左侧窗格中双击已发货订单对应的买家，打开聊天窗口，然后将快递公司和快递单号发送给买家，提醒买家商品发货，如图 5-40 所示。

步骤 2 商品派送时，卖家需要通过千牛工作台提醒买家注意收货，如图 5-41 所示。

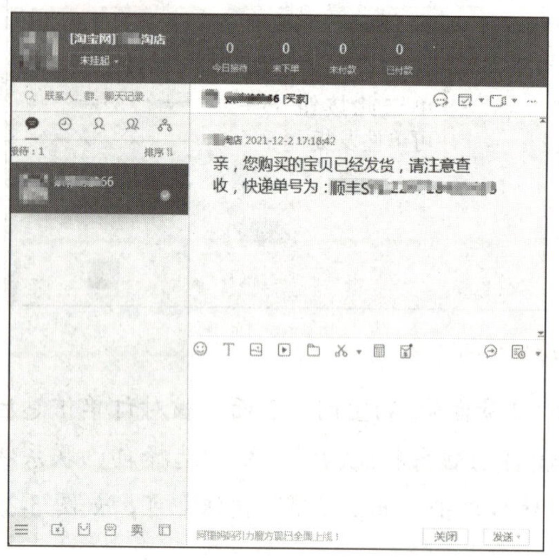

图 5-40　提醒买家商品发货

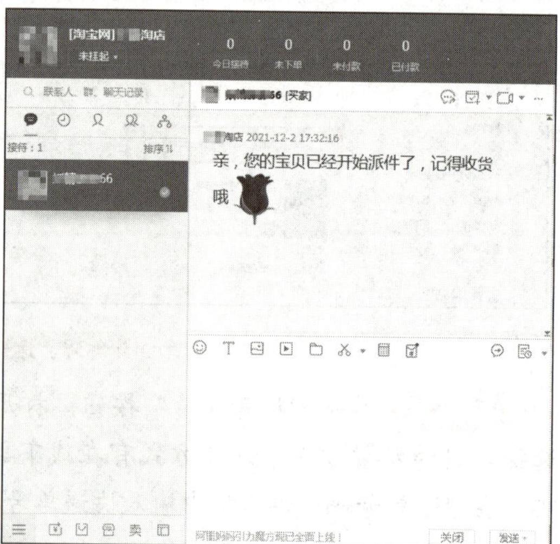

图 5-41　提醒买家商品开始派件

四、交易评价管理

一旦交易成功，卖家要第一时间给买家进行评价，以获得买家好感，具体操作如下：

步骤 1 在千牛工作台的“已卖出的宝贝”页面中，切换到“需要评价”选项卡，找到需要评价的订单，单击其右侧的“评价”超链接，如图 5-42 所示。

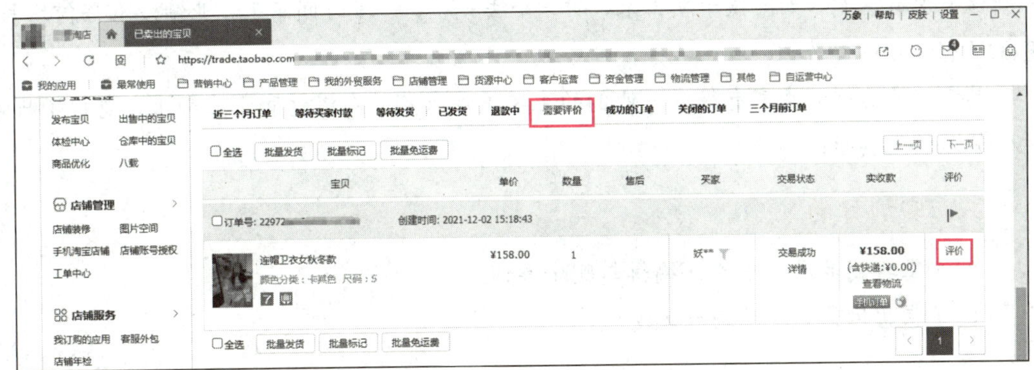

图 5-42　单击“评价”超链接

步骤 2 打开“评价-淘！我喜欢”页面，给买家好评并输入评语，然后单击“发表评论”按钮，即可完成评价，如图 5-43 所示。

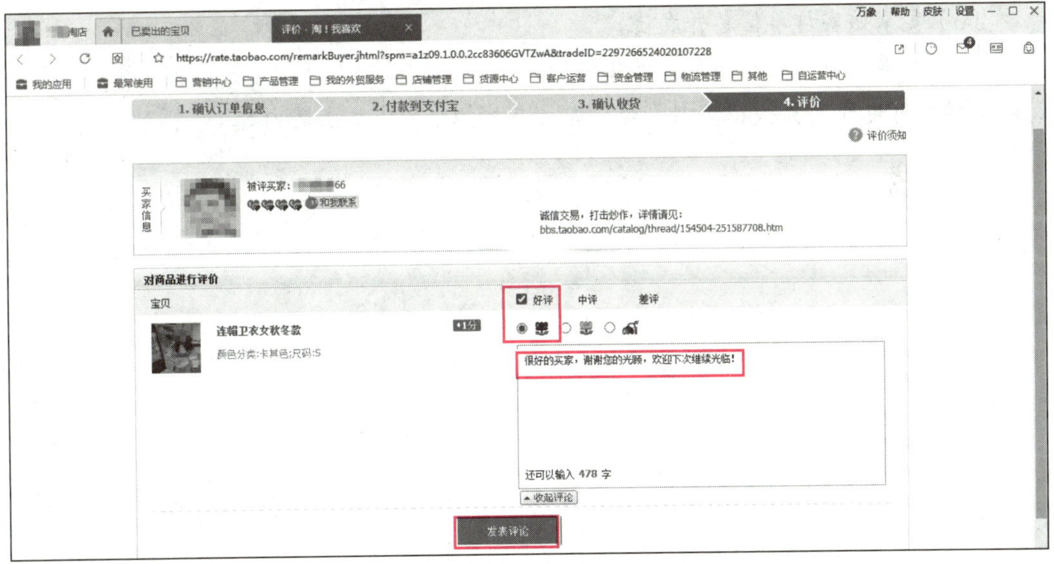

图 5-43　给买家好评

技能实训 管理商品并处理网店订单

一、实训背景

在流量资源非常珍贵的今天，有不少卖家在投入大量的精力和财力引流的同时，却又不断流失现有客户，如同猴子掰玉米，掰一个丢一个，一段时间下来，业绩没有任何增长，甚至还有倒退的趋势。

其实，像这样的卖家有很多，他们的主要关注点都放在流量和营业额上，忽视了日常运营管理的重要性。

二、实训目的

（1）掌握商品的上下架、编辑与删除操作。

（2）掌握网店订单处理的方法。

三、实训内容

（1）以小组（2人）为单位，对部分商品进行上架和下架处理，然后修改部分商品的属性，最后删除一款商品。

（2）一人扮演买家，进入网店购买商品。

（3）卖家核实订单信息并发货。

（4）订单完成，买家和卖家互相评价。

若学校有电子商务模拟实训平台，亦可在模拟平台完成上述内容。

项目六 网店客服管理

项目导读

随着电子商务市场发展的日趋成熟，网店客服在网店运营团队中的重要性日益凸显。因为他们是直接接触、了解、熟悉买家的人员。优秀的网店客服往往善于运用各种技巧，为买家提供良好的购物体验，促使其达成交易，甚至还能提高客单价，为网店带来丰厚的利润。

学习目标

- 了解网店客服的含义与作用；
- 了解网店客服的分类与工作流程；
- 了解网店客服必备的操作技能；
- 掌握客服售前服务技能和工作技巧；
- 掌握客服售中服务技能和工作技巧；
- 掌握客服售后服务技能和工作技巧。

素质目标

- 提升服务水平，强化“以人为本”的服务意识；
- 树立诚信意识，践行爱岗敬业、脚踏实地的职业精神。

优秀网店客服自述：帮助顾客是我最大的满足

我叫小溪，是一名网店客服（见图6-1），来到A网店上班已经快一年了。在这一年的时间里，我学到了很多客服知识，也成长了很多，其中，最让我记忆犹新的，是下面这件事。

2021年11月11日，因为平台正在举办“双11”促销活动，咨询的买家非常多，巨大的工作量导致我非常疲惫，不禁暗自祈祷能早点下班。

图6-1　网店客服

快到下班时，一位买家打开了旺旺聊天窗口。“您好，欢迎光临××官方旗舰店，我是客服小溪，很高兴为您服务！”我快速地回应道，同时发出一串笑脸表情。买家打字很慢，过了好半天才发送过来一句：“我有一件很着急的事，你能不能帮帮忙呢？”

接下来，在与买家的对话中，我大概了解了事情的缘由。这位买家是一位母亲，希望购买一款跑鞋，作为参加马拉松比赛的奖励送给她的孩子。比赛后天就要开始了，买家很怕物流来不及送达。我了解了一下，这款商品属于爆款，也是目前店里比较热销的，普通物流2天内送达是不可能的。于是，我立即跟她说明情况，让她先拍下商品，我这边让相关工作人员马上从仓库发货，只是需要她加些邮费，我们采用“顺丰隔日达”的物流。

虽然买家很快就拍下了商品，但是过了好长时间也没有付款，眼看就要到发货的时间点了，我有些替她着急，在旺旺上呼叫了两声没有回应后，就给她打了一个电话。买家跟我说，她是新手，第一次网购，很多操作都不懂。这时，我又一步步地引导她进行付款操作，电话那头的买家一直在致谢。第二天，我让同事帮忙给买家打了一个电话（因为当天我休息），告知买家物流信息，让她耐心等待。虽然那天我因为这个订单加了会儿班，但是做了自己应该做的事情，帮顾客解决了问题，内心感到很满足。

过了几天，我意外地接到那个买家打来的电话。她说她及时收到了包裹，孩子在拿到鞋子后觉得特别惊喜和开心，她看到孩子开心，自己也很开心。因此，她特意打电话给我致谢。我回应说：“不用客气，您对商品满意，我们就很开心，喜欢的话，可以收藏店铺，有没有活动都可以来看看哦！”

课前学习

一、网店客服的含义与作用

1. 网店客服的含义

网店客服，即网店客户服务，是指在运营网店过程中，充分利用各种通信工具，尤其以网上即时通信工具（如淘宝千牛、京东咚咚等）为主，为买家提供在线客户服务（如商品介绍、询盘解答、售后服务等）的网店岗位或工作人员。

2. 网店客服的作用

从网店运营的角度看，做好客服工作，对于商品的销售、网店的推广及买家维护等方面均有较好的促进作用，具体体现为以下几点：

（1）**增强购物体验。**购物体验就是买家在购物过程中的心理感受，良好的购物体验来自优秀的商品质量与完美的客户服务。增强购物体验不仅有助于增加商品的销量，还可以在买家心中树立良好的店铺形象。

（2）**挖掘流量效益。**流量（即网店访客）是网店的生命之源，特别是在商业竞争日趋激烈的情况下，每一个流量都含有较高的引流成本，不能任其“来去自如”。网店不仅要利用优质客服来增加订单成交的概率，而且还要使买家愿意重复购买，或者将店铺宣传出去，尽可能使每一个流量都能产生额外的效益。

（3）**聚拢忠实粉丝。**优秀的网店服务能为网店培养一批忠实粉丝，也就是所谓的“熟客”或“老客户”。当网店客服的服务细致贴心，商品也能令人满意时，买家一般不会再轻易更换店铺，以节省搜索商品的时间成本和其他购物风险。

（4）**获得平台推荐。**很多网购平台都有店铺评分系统，由买家对店铺进行评分，当店铺评分较低时，会影响其商品在搜索中的排名及参加网购平台相关推荐活动的资质。所以，卖家会尽量利用优质的客户服务来保证自己店铺的服务类评分达到或者超过同行业的均值。

（5）**避免违规操作。**开网店并非都是一帆风顺的，其经营过程中暗藏很多风险，优质的客户服务可以有效地降低这些风险。例如，如果客服对商品熟悉，做到精准推荐，就能有效地减少退换货、退款等情况，尽量避免交易纠纷；如果客服对平台的交易规则熟悉，就能很好地应对买家投诉，避免违规，大大降低店铺遭受平台处罚的风险。

下面来看一看不专业的普通客服和优秀客服的聊天记录。

示例 1　不专业客服的聊天记录

买家：在吗？

不专业客服：您好，在的。有什么可以帮助您的吗？

买家：这款商品，还有没有 A 型号的呢？

不专业客服：不好意思呀！没有了，已经卖光了呢。

买家：……（买家只能离开了。）

示例 2　优秀客服的聊天记录

买家：在吗？

优秀客服：您好！欢迎光临××电器旗舰店，很高兴为您服务，我是本店客服小希，请问有什么可以帮到您的呢？

买家：这款商品，还有没有 A 型号的呢？

优秀客服：亲，由于您看上的 A 型号的商品太好卖了，因此暂时卖完了哟。您不如看看这个款式吧，性能是完全一样的，只是操作界面不太一样，但如果您拍下这一款，会赠送礼物哟。（优秀客服在为买家介绍网店的其他型号，并以礼物相赠，目的是把买家留住。）

买家：那好吧，我先看看。

优秀客服：亲，我们的店铺是属于厂家直销的，售后服务肯定会有保障，还有 3 年全国联保、终身维修、送货入户（没有入户返现 100 元）、上门安装，以及 7 天无理由退换货服务！您购买我们的商品，绝对放心！（优秀客服趁热打铁，当买家沉寂时主动出击，表明在店铺购买商品的好处。）

买家：那如果现在下单，还有优惠吗？

优秀客服：亲，我们是厂家直销，所有商品都是薄利多销的，但肯定是正品，质量也有保证，而且相信您买东西主要不是凭价格下定论吧，质量、售后您也要考虑进去，请相信我们这款商品，肯定不会辜负您的眼光，您去看看评论区的留言就知道啦。

买家：再少点吧，优惠了我立即就拍。

优秀客服：亲，实在不好意思呢，这个价格已经是最低了，再少就要亏本了哟，商品质量在那里摆着。那这样吧，我去跟店长申请一下，给您一张本店的优惠券吧！

买家：那好吧，什么时候发货啊？

优秀客服：规定是 72 小时内安排发货，我们店一般是下午 4 点之前拍下的商品，当天就能发走，发货速度是非常快的。

买家：好的，尽快发货哟。（买家立刻就拍下付款了。）

优秀客服：亲，您看一下地址，收货人和电话都没有问题吧？我们会尽快安排发货的哟。收到货物如果满意的话，请记得给我们五星好评哟，祝您生活愉快！

从这两段聊天记录中，可以直观地感受到一个不专业的客服和优秀客服之间有着明显的差距。对于很多买家来说，客服的沟通技巧、专业知识及销售热情都对其购买决策有很大的影响。因此，优秀客服是网店运营人员中最重要的角色之一。

二、网店客服的分类与工作流程

1. 网店客服的分类

一般来说，规模较小的网店，往往需要员工一人身兼数职，对客服种类不会进行细分。但对于大中型网店而言，来访买家众多、咨询量巨大，如果客服工作没有系统化的分类，不遵循一定的工作流程，就很容易忙中生乱、乱中出错，给网店经营带来麻烦。按网络交易流程划分，网店客服可以分为售前客服、售中客服和售后客服 3 种，如图 6-2 所示。

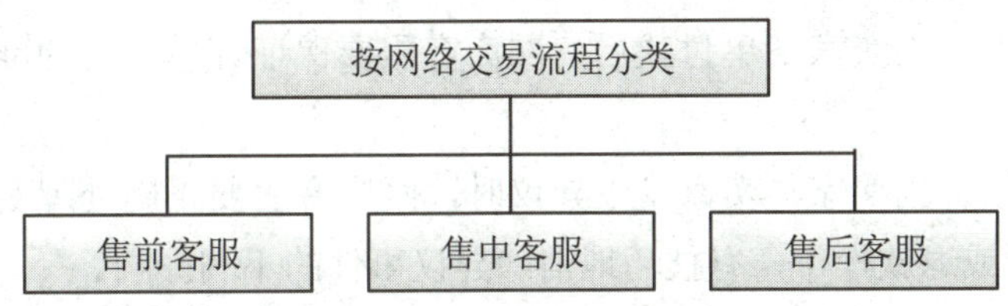

图 6-2　按交易流程分类的网店客服类型

2. 网店客服的工作流程

网店客服工作与网购交易的大部分流程同步，每个阶段中客服岗位都有不同的工作内容。以淘宝网为例，网店客服的工作流程如图 6-3 所示。

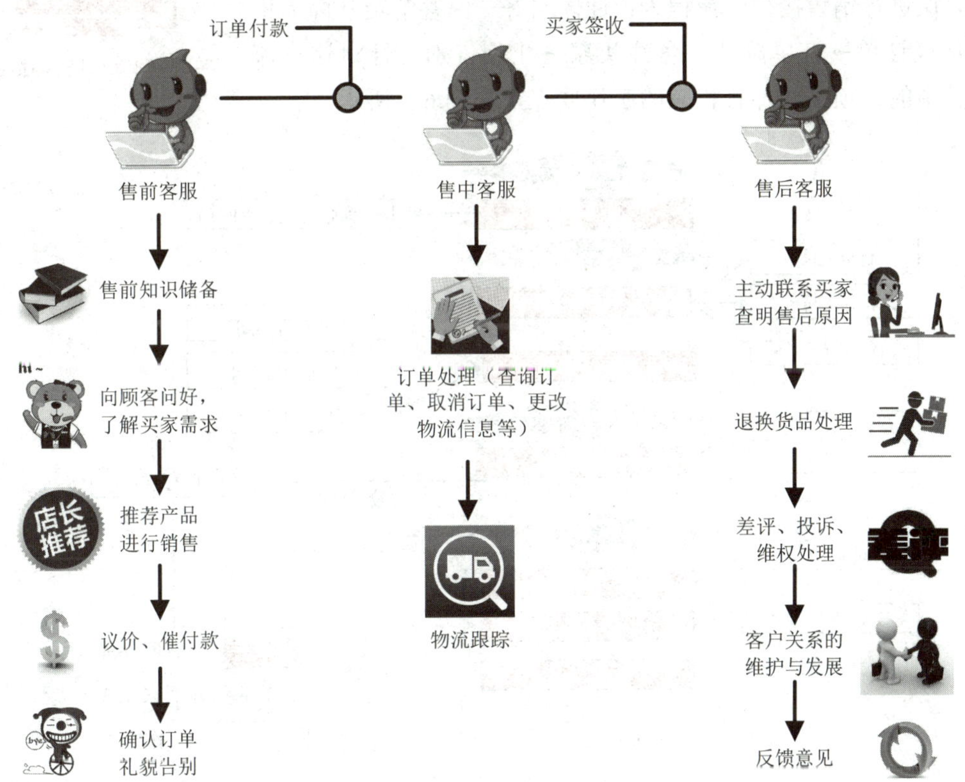

图 6-3　网店客服的工作流程

通过对网店客服工作流程的梳理，可以将网店客服的工作内容归纳为以下几点：

（1）接待买家。网店客服必须第一时间回应来访买家的咨询，尽量热情、周到，表现出卖家对买家来访的重视。

（2）熟悉商品。熟悉本店商品信息是网店客服最基本的工作之一。在店铺的新商品上架后，都要开展相关的学习活动。

（3）销售商品。网店客服需要深入挖掘来访买家的需求，利用已掌握的销售技巧将某件商品或关联商品推销出去，提高成交概率。

（4）完成订单。当买家下单付款后，网店客服要保证订单信息的准确性，并确保商品按时发货。

（5）解决异议。当买家与卖家发生异议时，网店客服要正确处理买家的不满，解决问题，完成退换货或退款操作，有技巧地消除异议事件的不利影响。

（6）搜集建议。对买家提出的有关商品及店铺服务等方面的意见和建议进行搜集整理，并反馈给相关岗位。

三、售前客服的工作要点

三秒迎客提升客户体验

售前客服又称销售客服，主要的工作是销售接待。一般来说，售前客服进行销售接待的流程为：迎候问好→回答解疑→商品推荐→促成订单→订单确认→备注买家→礼貌告别。针对这一流程，其中的每项工作都有相应的工作要点，如图 6-4 所示。

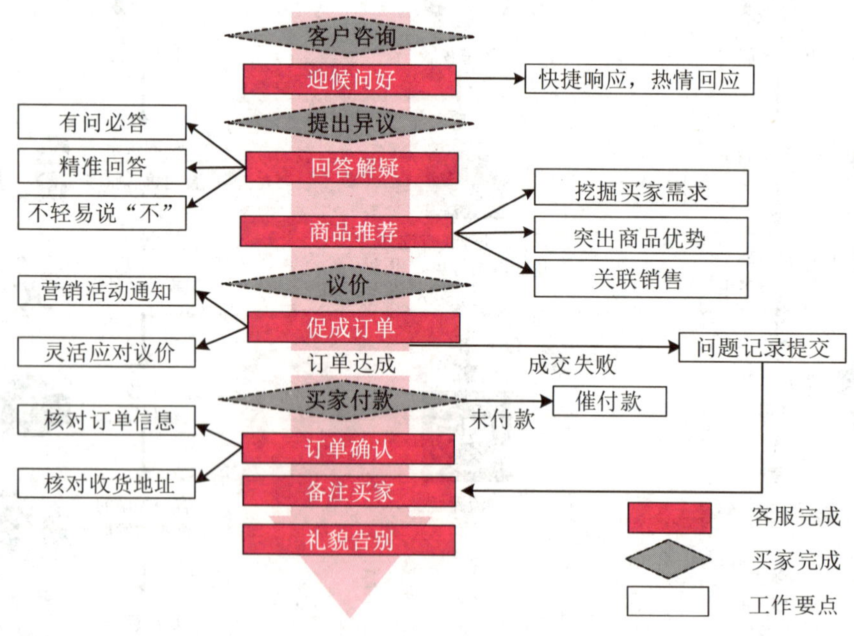

图 6-4　售前客服工作流程及要点

四、售中客服的工作要点

买家付完货款，订单经过买家确认以后，就会进入打单发货的环节，也就是所谓的售中服务。售中服务主要包括未发货订单的处理和已发货订单的处理。

1．未发货订单的处理

未发货订单大致分为静默订单和有异议的订单两类。

（1）静默订单的处理。在淘宝网上，对静默订单进行排查、打单和发货是售中客服的主要工作。

（2）有异议订单的处理。有时，客服在与买家确认订单时，买家没有及时告知客服订单地址是错误的，等到快进行发货时才要求修改地址；或者买家临时不想要了，希望取消订单等。在上述情况下，客服需要对这些有异议的订单进行修改、备注及取消等操作，其操作流程如图 6-5 所示。如果订单已经发货，客服要第一时间联系物流公司，修改物流信息或追回已经发出的包裹。

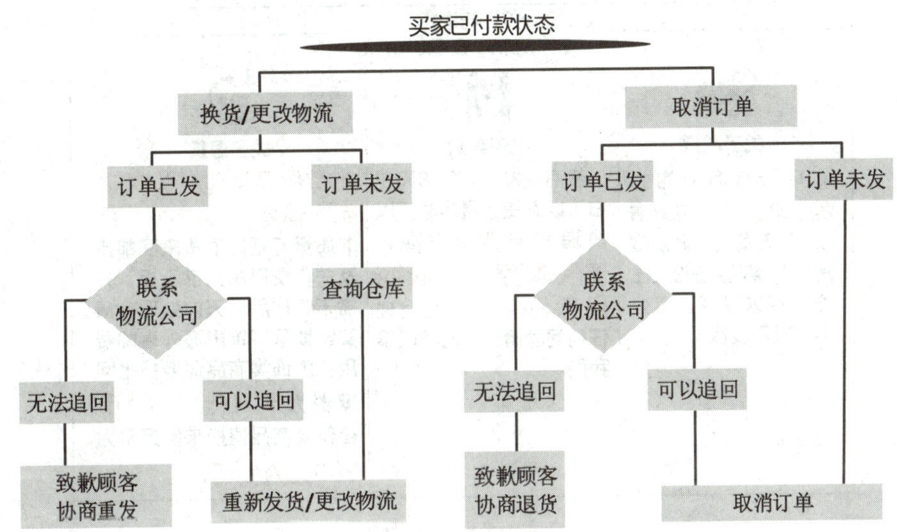

图 6-5　有异议订单的处理流程

2．已发货订单的处理

已发货订单的处理主要是对订单的物流跟踪，回答买家对于订单物流方面的疑问。最后，当物流将商品送达后，还需要客服对买家进行签收提醒，提升买家的购物体验。

（1）查询物流信息。商品发货后，快递在运送途中经常会出现各种物流相关的问题，导致买家需向客服咨询。一般来说，常见的引起物流咨询的问题有如下几种：

- 快递显示已经签收，但并非本人签收。
- 疑难件无法派送。
- 超区件无法送达。
- 不可抗力自然灾害。

- 节假日及特殊活动派件时间延长。
- 快递丢失或破损。

在找到原因后应尽快联系快递公司，然后协商解决问题，最后将处理结果告知买家。

（2）签收提醒。当商品包裹进入派送环节以后，客服可以用短信方式提醒买家注意包裹签收，这不仅能让买家感受到店铺的细致和温馨，还能在提醒买家签收之余，进行好评邀约，或者邀请买家下次光临。

五、售后客服的工作要点

1. 正常退换货处理

退换货是指买家提出售后问题后，要求店铺在不低于原价格的基础上退换商品。退换货政策一般在商品页面有所说明，尤其是运费方面的说明，如图 6-6 所示。一般来说，大多数店铺都提供了 7 天到 15 天的无理由退换货服务（交易后的 15 天之外，买家将无法发起售后申请），按照正常的退换货流程进行操作即可。

图 6-6　退换货说明

2. 退货退款处理

退货退款这类问题发生的原因不同，客服所采取的应对措施也不尽相同，下面介绍 4 种常见的原因，简单介绍一下相应的处理方法。

（1）收到货物少件、破损等问题。客服首先需要让买家提供实物照片确认商品情况；然后向物流公司核实是谁签收的商品；如果不是买家本人签收，且没有买家的授权，建议客服让买家直接操作退货退款并联系物流公司协商索赔，避免与买家发生误会。

（2）描述不符。核实商品的描述是否有歧义或让人误解的地方；核实是否发错商品；如果是描述有误或发错商品，可以直接与买家协商解决（如退货退款、部分退款、换货等），避免与买家发生冲突。

（3）质量问题。联系买家提供实物图片等，确认问题是否属实；核实进货时的商品

是否合格；如果确认是商品问题或无法说明商品是否合格，可以直接与买家协商解决（如退货退款、部分退款、换货等），避免与买家发生冲突。

（4）退运费。核实发货单上填写的运费是否少于订单中的运费；如果有误，将超出部分的资金退给买家。

拓展阅读

近日，某互联网公司客服被用户斥责6个小时，挂掉电话瞬间崩溃的视频在网上热传。但接入下一个电话前，客服人员努力平复情绪，瞬间变脸坚持微笑工作，让众多网友觉得既心疼又励志。在视频中，客服人员面对用户斥责，始终保持耐心细致地沟通。

据了解，该客服上岗时间刚满3个月。在被用户刁难的6个小时期间，她始终没有挂断电话，并保持积极沟通的态度，但在结束服务的瞬间，她终于情绪崩溃，忍不住大哭起来。很快，下一位用户的电话响起，客服立刻调整状态，擦干眼泪微笑接起电话向用户问好。虽然她的眼圈还是红红的，但已经迅速调整自己投入工作。

有网友留言称，面对责骂不挂用户电话，忍下委屈，始终耐心细致地解释，这样的敬业精神值得点赞。微博上也有不少从事过客服行业的网友，纷纷分享了自己从事客服工作遭遇的心酸事。有网友表示，客服工作每天面对的用户都是带着问题而来的，这要求客服必须有良好的心态，但人不是机器，总会委屈失落，希望用户可以给予更多理解。还有网友称，客服感到心酸和委屈是常态，哪怕用户不理解，我们也不会和他们争吵，会努力解决问题，尽可能让每一位用户满意。

3. 中差评处理

在交易流程中，评价是网络购物的最后一个环节，通常表现为买家对商品使用价值及网店客服进行的评价或评论。目前大部分电商平台都已经广泛地使用商品评价系统。

评价的重要性是不言而喻的，一个新买家进入商品页面后，往往在浏览完基本信息后都会去看一下评价，好的评价是网店的促销利器，是帮助网店完成交易的临门一脚；反之，中、差的评价则很可能将买家“吓跑”。当网店收到买家的中差评后，卖家应及时了解买家做出此类评价的原因，然后想方设法解决买家针对商品或服务提出的问题，争取让买家改为好评或删除评价。

任务实操一　网店客服售前服务

一、设置与通知促销活动

为了增加商品销量，网店经常会开展促销活动。作为与买家沟通的桥梁，客服需要设置好促销活动，并及时将活动信息通知买家。下面以在淘宝网设置“单品宝”活动为例，介绍促销活动的设置与通知方法。

步骤 1 登录千牛工作台，在首页中将鼠标指针移至左侧导航栏中的“营销中心”，在打开的浮动窗口中选择“店铺营销工具”选项，如图 6-7 所示。

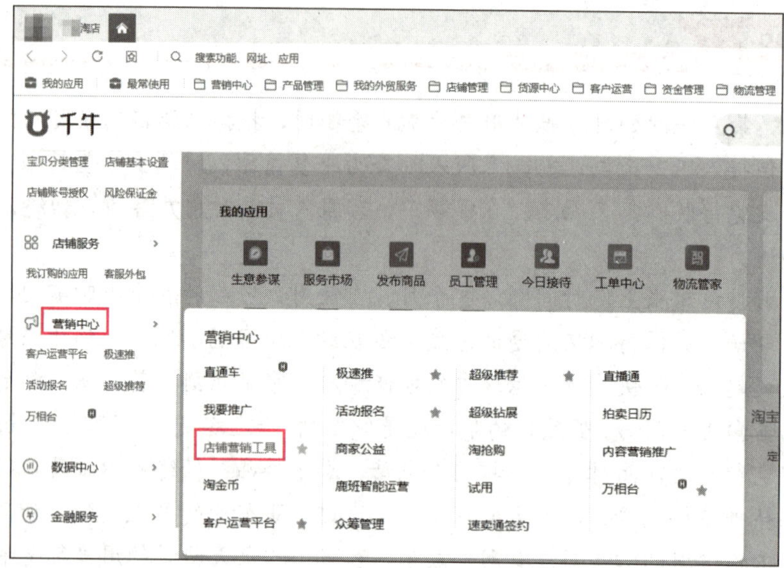

图 6-7　选择“店铺营销工具”选项

步骤 2 打开“商家营销中心”页面，选择促销活动方式，本例单击“单品宝”按钮，如图 6-8 所示。

图 6-8　单击“单品宝”按钮

知识延伸

单品宝是对单个或多个商品进行限时优惠的营销工具。通过单品宝，卖家可以对商品折扣、优惠幅度、直接促销价等进行设置，并可以随时暂停或重启单品宝。

步骤 3 打开“单品宝”页面，在“自定义新建”设置区中单击“创建单品宝”按钮，如图 6-9 所示。

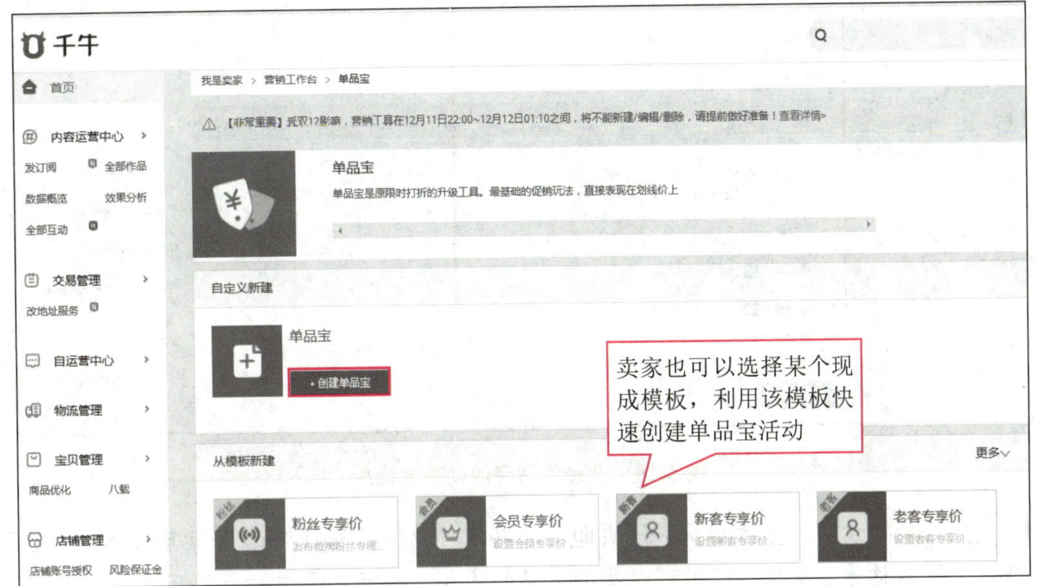

图 6-9　单击“创建单品宝”按钮

步骤 4 打开单品宝的“活动设置”页面，可以看到创建单品宝活动主要分为 3 步：活动设置、选择活动商品和设置商品优惠。在“活动设置”页面中，主要是设置活动的基本信息，如活动的名称、开始时间和结束时间等，所有必填项设置完成后，单击“保存并继续”按钮，如图 6-10 所示。

提示

优惠级别包括商品级和 SKU 级两种，商品级指所选的具体商品，包括该商品的所有型号；SKU 级指某商品的指定型号。例如，如果只针对某件大衣的蓝色款打折，则需选择 SKU 级；如果针对该大衣的所有型号，则需选择商品级。

优惠方式包括打折、减钱和促销价 3 种。打折是指卖家为商品设置一个折扣，系统自动计算出商品的最终售价；减钱是指卖家输入一个优惠金额，系统会用商品原价减去该金额后，将计算结果作为商品的最终售价；促销价是指卖家直接输入一个比商品原价低的价格，作为商品的最终售价。

图 6-10　设置单品宝活动基本信息

步骤 5 打开“选择活动商品”页面，在其中可以通过条件筛选（如店铺分类、宝贝状态、宝贝名称等）查找店铺中可以参加活动的商品，也可以通过“导入历史”选项卡导入曾经参加过此类活动的商品，选择活动商品后单击“下一步”按钮，如图 6-11 所示。

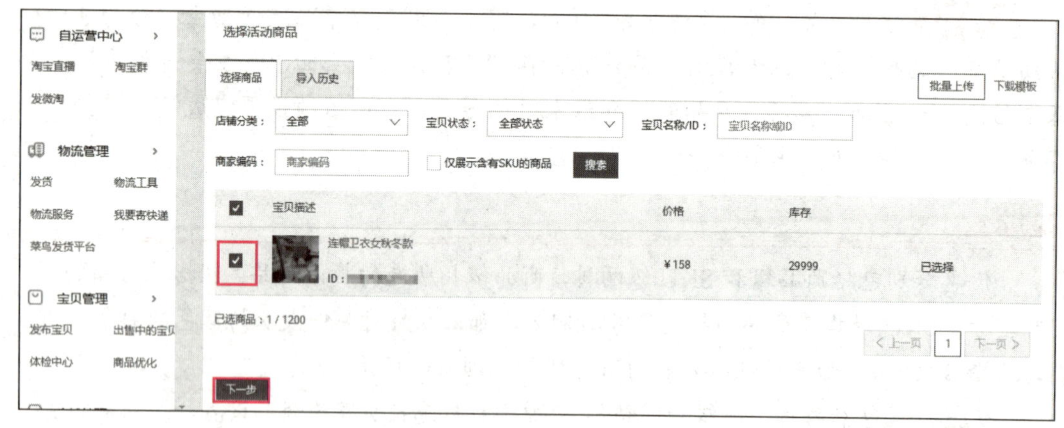

图 6-11　选择活动商品

步骤 6 打开“设置商品优惠”页面，设置每个活动商品的折扣、每人限购次数等，设置完成后单击“保存”按钮，如图 6-12 所示。

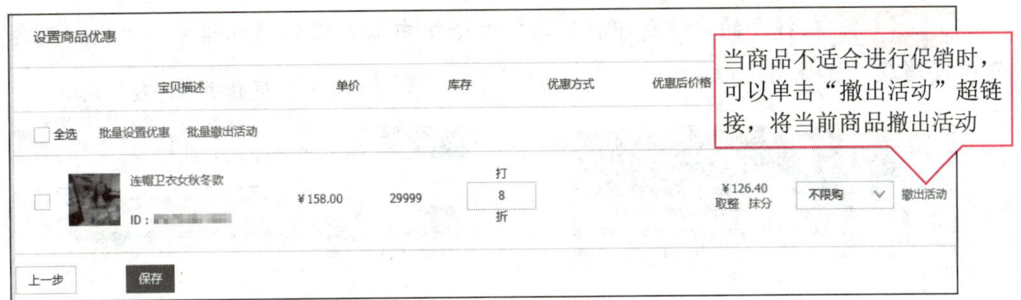

图 6-12　设置商品优惠

步骤 7 单品宝活动设置成功，单击“返回列表”按钮（见图 6-13），返回“单品宝”页面。

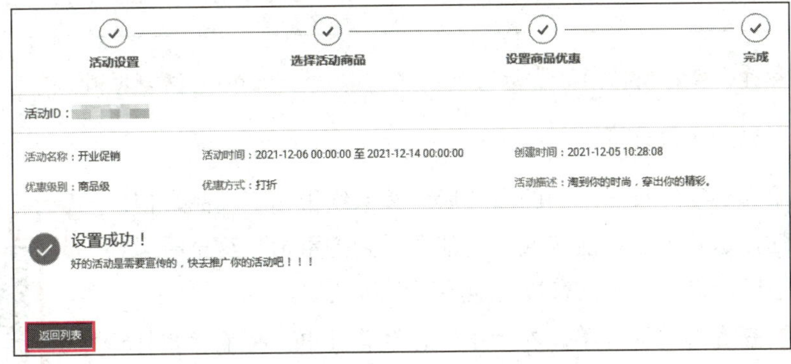

图 6-13　单击“返回列表”按钮

步骤 8 在“单品宝”页面中切换到“商品级活动商品”选项卡，卖家可以对单品宝活动执行编辑优惠、撤出活动等操作，如图 6-14 所示。

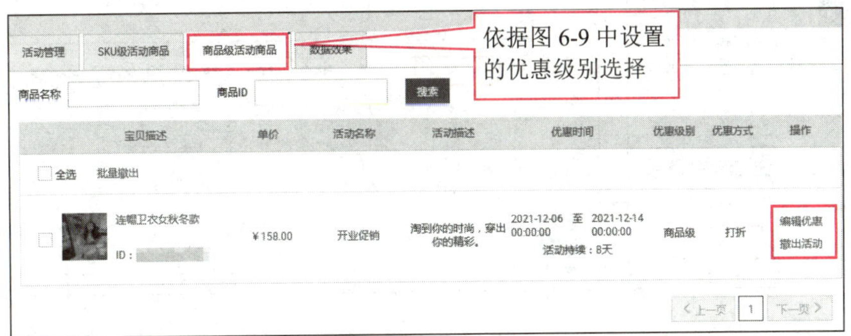

图 6-14　促销活动管理

步骤 9 将单品宝活动通知买家。在千牛工作台首页右上角单击“接待中心”按钮 ，打开接待中心。在“我的好友”界面中，右击要通知的买家分组名称，在弹出的快捷菜单中选择“向组员群发消息”选项，如图 6-15 所示。

步骤 10 在打开的“群发即时消息”对话框中输入促销通知话术，单击“发送”按钮群发消息，如图 6-16 所示。

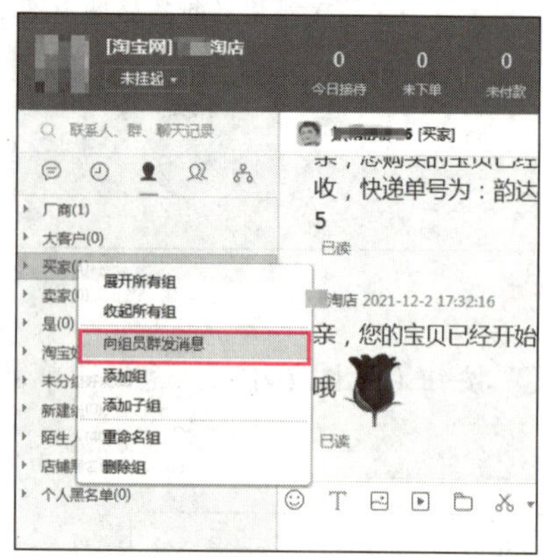

图 6-15　选择“向组员群发消息”选项

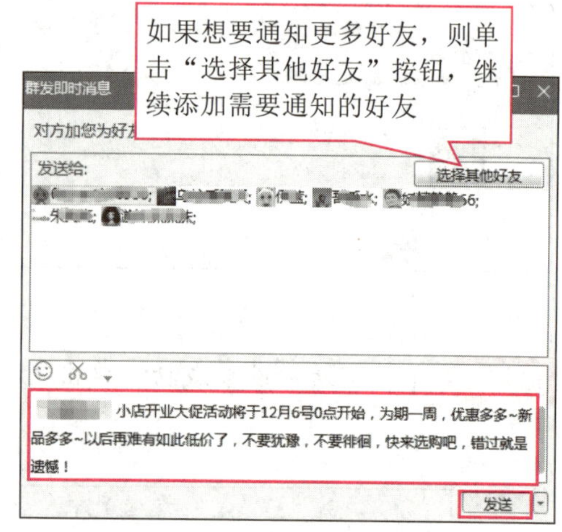

图 6-16　发送促销话术

二、催付未付款订单

售前客服和买家经过长时间的沟通后，买家终于拍下商品，但却迟迟没有付款，这几乎是售前客服每天都会遇到的事情。这个时候售前客服不应坐以待毙，而应该有技巧地展开催付工作。

催付未付款订单

步骤 1 查看未付款订单。在千牛工作台首页中，将鼠标指针移至左侧导航栏中的“交易管理”上，在打开的浮动窗中选择“已卖出的宝贝”选项，打开“已卖出的宝贝”页面，切换到“等待买家付款”选项卡，查看买家拍下后未付款的订单，如图 6-17 所示。

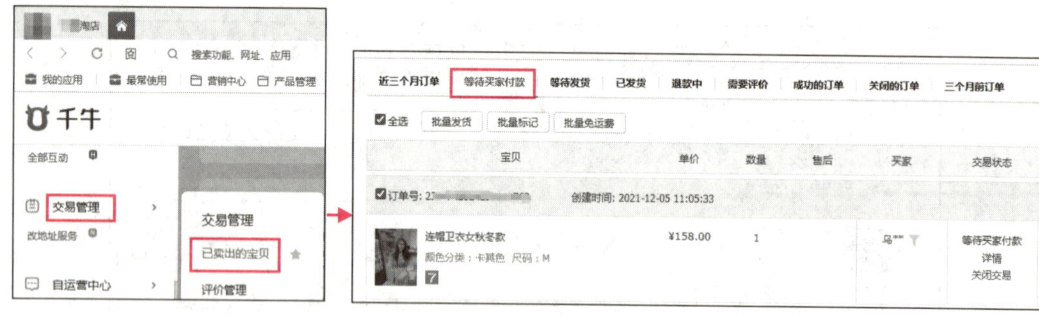

图 6-17　查看买家拍下后未付款的订单

步骤 2 单击订单右侧的“详情”超链接，打开“交易详情”页面，在其中可查看未付款订单的买家信息，如图 6-18 所示。

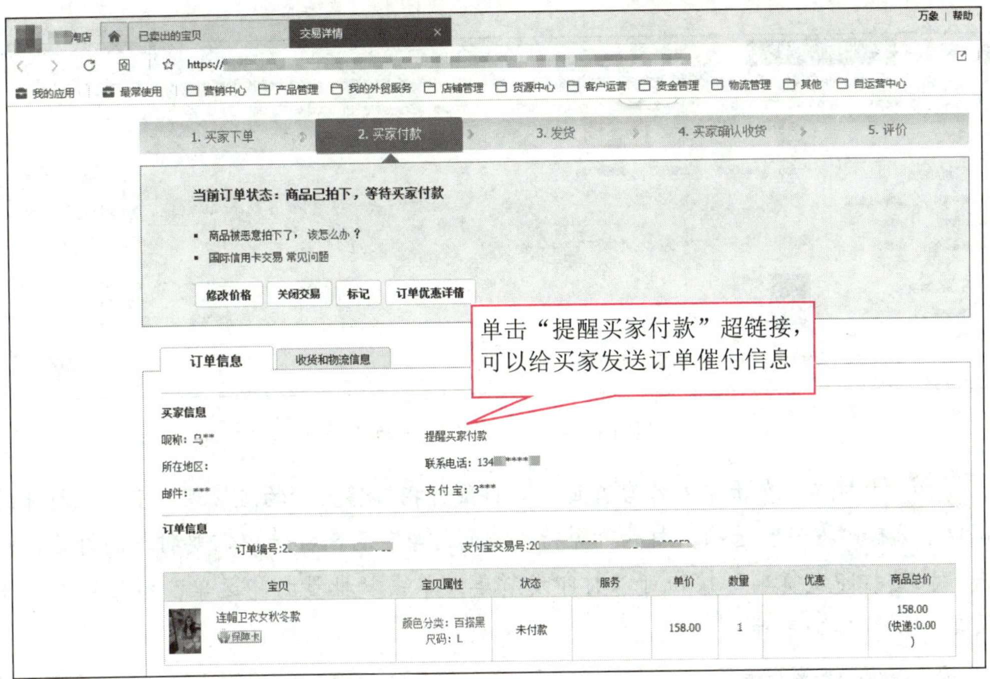

图 6-18　查看未付款订单的买家信息

步骤 3 选择合适的工具进行催付。客服催付的方式主要有千牛、短信和电话，从效果来看电话催付的作用最强，其次是千牛，最后是短信（具体效果需要视情况具体分析）。

提示

使用上述催付方式时，一定要把握好催付的频率，切忌过度。此外，这 3 种催付方式不能同时针对某一个买家，最好选择其中的 1～2 种进行组合，每种方式最好只使用一次。

任务实操二　网店客服售中服务

一、处理未发货订单

下面以淘宝网为例，对未发货订单的处理进行简单介绍。

1．处理静默订单

步骤 1 排查订单。在千牛工作台首页中，将鼠标指针移至“交易管理”上，在打开的浮动窗口中选择“已卖出的宝贝”选项，打开“已卖出的宝贝”页面。

步骤 2 切换到“等待发货”选项卡，查看所有等待发货的订单，如图 6-19 所示。

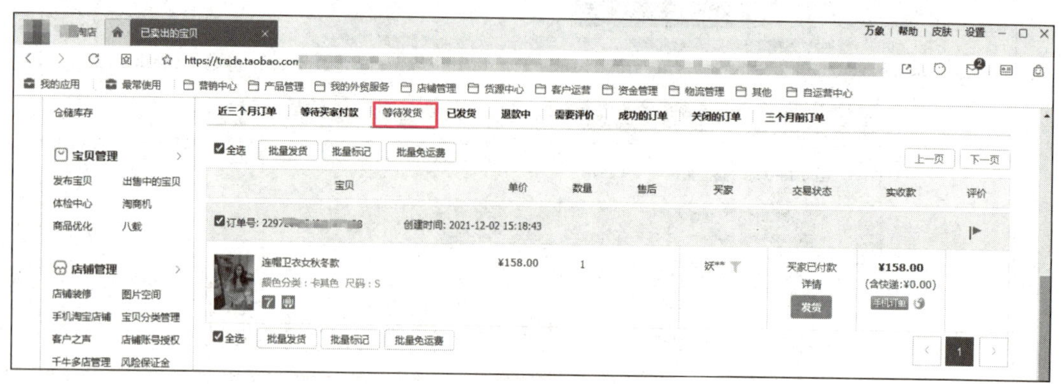

图 6-19　查看所有等待发货的订单

步骤 3 打单。在千牛工作台首页中，将鼠标指针移至“物流管理”上，在打开的浮动窗口中选择“发货”选项，打开“等待发货的订单”页面，选中需要打单的订单，然后单击“批量打印发货单”按钮可以打印发货单；单击“批量打印运单”按钮可以打印快递面单，如图 6-20 所示。

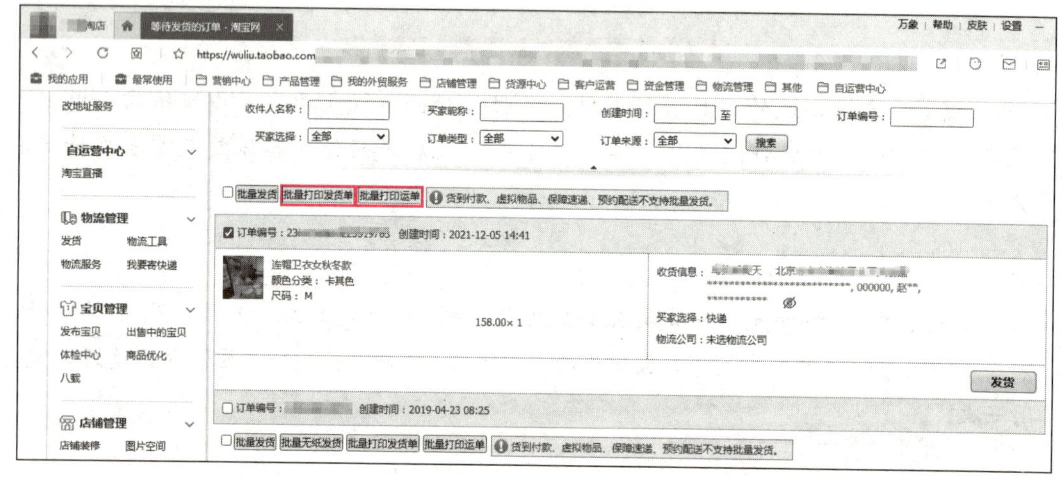

图 6-20　打印待发货订单的发货单及快递面单

步骤 4 发货。发货是包括商品拣选、打包、贴单及交付给物流等一系列将商品托运出去的工作流程。而本例所介绍的发货单指客服获取快递单号后，在网店后台进行的发货操作，具体操作已在项目五中介绍，此处不再赘述。

2. 处理有异议订单

步骤 1 修改订单。在千牛工作台首页中，将鼠标指针移至左侧导航栏中的“交易管理”上，在打开的浮动窗口中选择“已卖出的宝贝”选项，打开“已卖出的宝贝”页面，切换到“等待发货”选项卡。

步骤 2 单击要修改订单中的“详情”超链接，在打开的“交易详情”页面中修改订单信息，如商品型号、买家收货地址等，如图 6-21 所示。

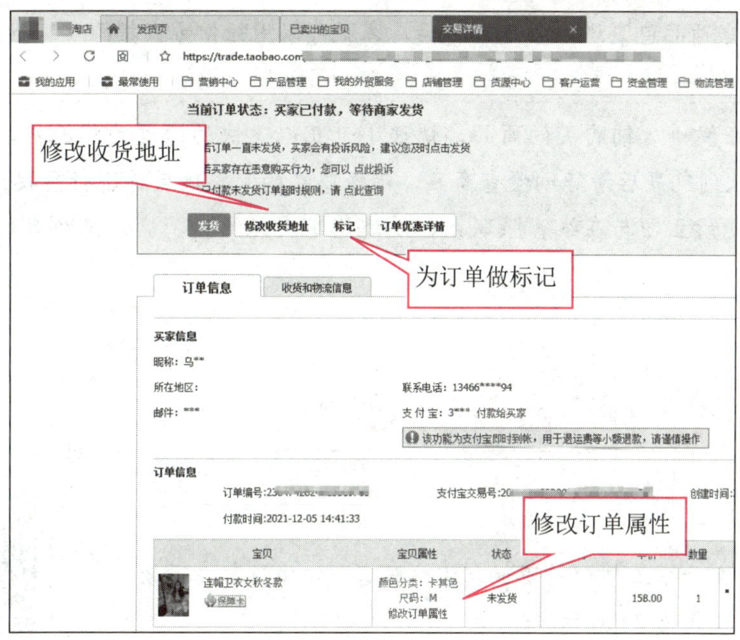

图 6-21　修改订单信息

二、处理已发货订单

查看卖家已发货的订单

步骤 1 查询物流信息。在千牛工作台首页中，将鼠标指针移至左侧导航栏中的“交易管理”上，在打开的浮动窗口中选择“已卖出的宝贝”选项，打开“已卖出的宝贝”页面，单击已发货订单中的“查看物流”超链接，打开“物流详情”页面，查看详细的物流信息，如图 6-22 所示。

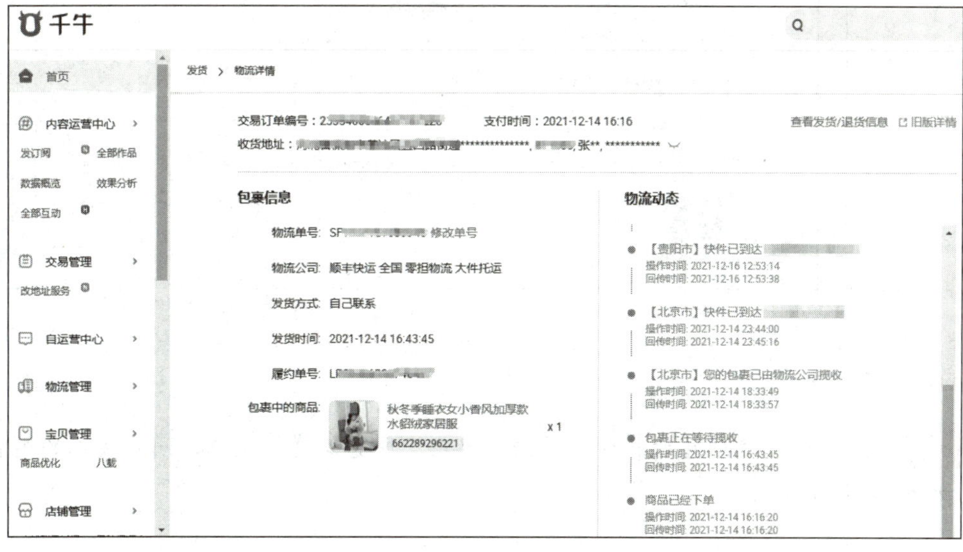

图 6-22　查看物流信息

步骤2 当商品包裹进入派送环节后，客服可以用短信方式提醒买家注意包裹签收，话术参考如下：

> 亲！您在伊**店铺购买的商品，快递小哥正以飞快的速度为您派件，今天您就能收到商品，收到包裹后请仔细检查商品，确保商品的完整性后再进行签收。您收到的商品有任何问题请立即与在线客服联系，欢迎您下次光临哟，烦请您给我们一个五星好评哟！

任务实操三 网店客服售后服务

一、处理退货退款

处理退换货申请的方法

步骤1 在千牛工作台首页的“客户服务”组中选择“退款管理”选项，如图6-23所示。

步骤2 打开“退款管理”页面，在买家申请售后的订单中单击“退款待处理”超链接，如图6-24所示。

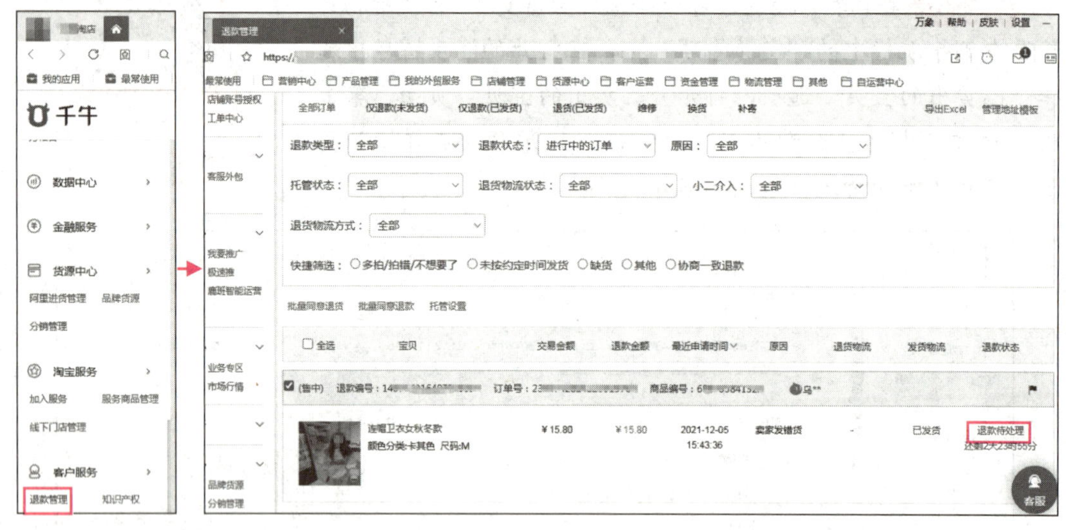

图6-23 选择“退款管理”选项

图6-24 单击“退款待处理”超链接

步骤3 打开“退款售后管理”页面，单击“同意退货”按钮，同意买家的退货申请，如图6-25所示。

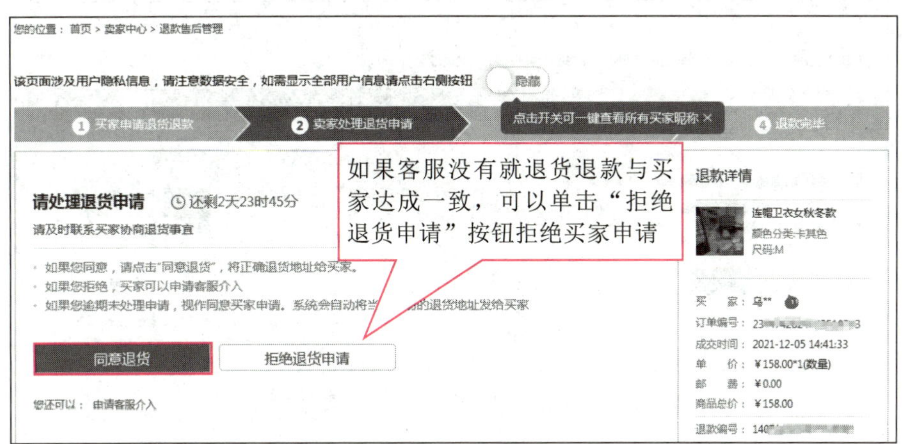

图 6-25　退货退款卖家处理

提示

卖家必须在 3 天内处理退货退款申请，否则系统将会视为卖家同意退货退款处理，并自动将退货地址发送给买家。

步骤 4 在打开的页面中确认退货地址，然后单击“同意退货”按钮，如图 6-26 所示。

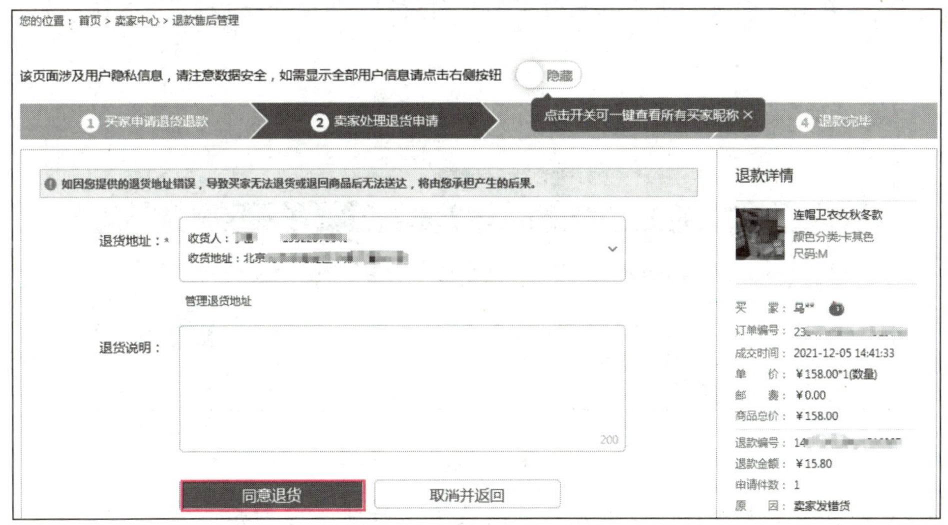

图 6-26　确认退货地址

步骤 5 收到买家寄回的商品并检查没有问题，单击“已收到货，同意退款”按钮，如图 6-27 所示。

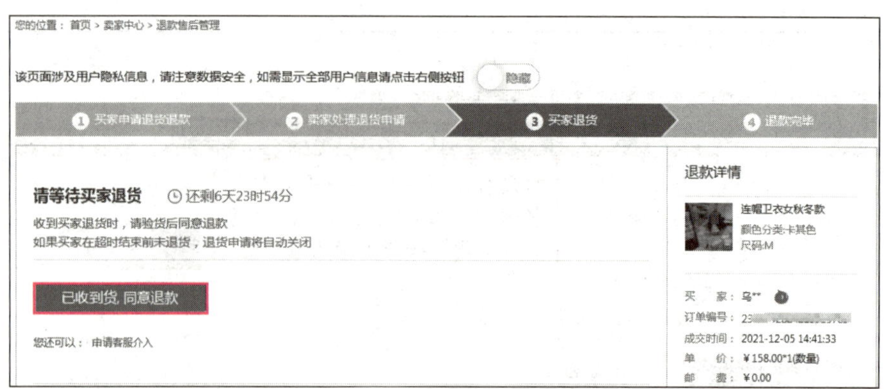

图 6-27　单击“已收到货，同意退款”按钮

提示

在处理退货退款时，针对买家寄回商品退货的，运费该由谁承担需要双方提前协商好。一般来说，网店售后大部分是不接收货到付款的物流包裹的。因此，即使是由卖家承担运费，买家也需要垫付运费，客服在这一步要与买家沟通好物流细节，如选择什么样的物流方式、运费是多少等问题。在发生买家垫付运费情况时，当退货流程结束后，卖家还需要向买家确认打款账号。

步骤 6 在打开的页面中输入支付宝的支付密码，然后单击“确定”按钮，如图 6-28 所示。

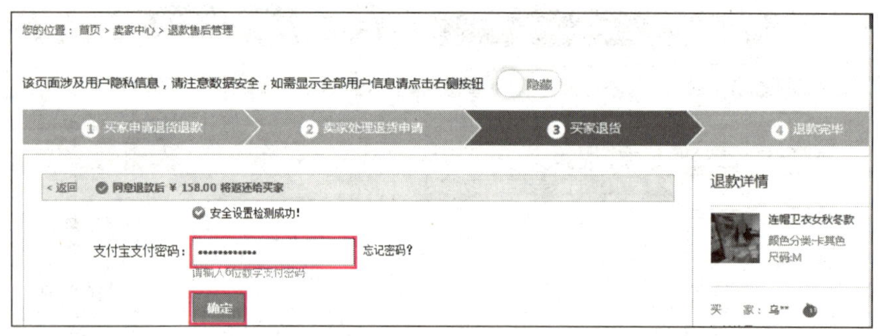

图 6-28　输入支付宝支付密码

步骤 7 至此，整个退货退款流程就结束了，如图 6-29 所示。

图 6-29　退货退款完成

二、处理差评

步骤 1 查找差评。在千牛工作台首页，将鼠标指针移至“交易管理”上，在打开的浮动窗口中选择“评价管理”选项，如图 6-30 所示。

步骤 2 打开“评价管理”页面，切换到“来自买家的评价”选项卡，通过条件“差评”“评论”两项分类筛选出需要处理的差评，如图 6-31 所示。

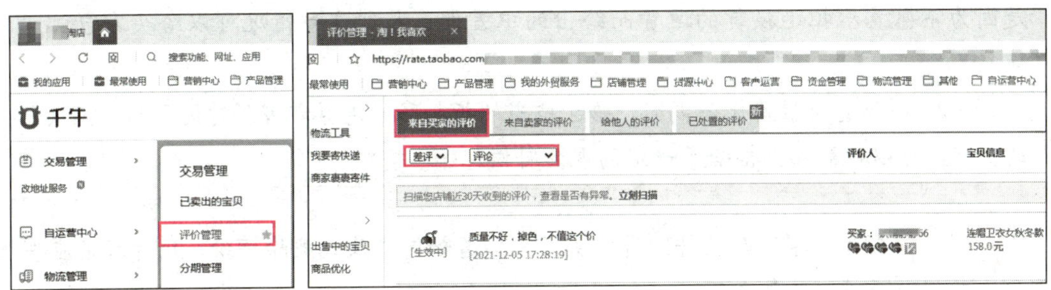

图 6-30 选择“评价管理”选项　　图 6-31 查找差评

步骤 3 全方位地分析买家。首先应分析差评的内容，然后在后台查看买家的相关信息，包括但不限于：淘宝购物史、给出中差评历史、评论内容、聊天记录等，并从上述信息中判断买家是新手、老手还是职业差评师。

买家差评内容：质量不好，掉色，不值这个价。

差评分析：首先，买家对商品的质量提出了质疑，说明商品与买家预期不符；其次，质量问题的最大特征是衣服掉色，说明买家可能清洗过衣服；不值这个价，说明买家对商品的价格不满意，觉得太贵了。

步骤 4 通过电话联系买家，向买家核实给出差评的原因。在与买家电话沟通时，在开场白和引入正题时要注意话术的使用，参考如下：

（1）开场白：

“您好，我是伊**店铺的售后客服小伊，我想给您做个回访，您看现在方便接听电话吗？或者是旺旺聊天方便吗？”

这样说的目的很简单，客服首先要征求买家的意见，如果不方便就确认什么时候方便接听电话，再打过去。如果正好有时间接这通电话，那么先做个回访，最好把回访的问题都记录下来，为后面的问题处理做好铺垫。

（2）引入正题：

“是这样的，您在我们家购买的衣服，已经确认收货了，但是了解到亲对这次的购物不是很满意，是吗？”

在引入正题后，就要特别认真地倾听，看看问题究竟出在哪里，并做好记录。倾听买家说话时要格外注意，不要打断买家的话，让买家先发泄心中的不满情绪，然后致以最诚挚的歉意，在这一阶段，主要以情绪安抚为主，少解释或反驳买家。

步骤5 提出解决方案。在了解买家给出差评的原因后，客服要在不违反原则的前提下，给买家一个满意的解决方案，从而达成共识。

知识延伸

一般来说，解决方案有以下两种：

（1）买家不喜欢或者商品存在质量问题时，可以进行退换货处理。大部分买家是因为不愿意承担退换货的运费而给出的中差评，遇到这种情况可以给买家包邮退换货。

（2）买家觉得性价比不高时，给予适当的折扣和优惠券即可。对优惠券不感兴趣的买家，可以视商品价格给予一定的现金补偿。

步骤6 指导买家修改差评。有些买家不知道如何修改或删除评价，此时客服应告知买家如何修改差评，方法如下：

进入淘宝PC端买家后台，选择“我的淘宝”→“评价管理”选项，切换到“给他人的评价”选项卡，查找相应评价，单击“改为好评”或“删除评价”按钮进行修改或删除操作，如图6-32所示。

来自买家的评价 | 来自卖家的评价 | 给他人的评价 | 已处理的评价 新

评价 ▼	评论 ▼	被评价人	宝贝信息	操作
[生效中]	质量不好，掉色，不值这个价 [2021-12-05 17:28:19]	卖家：	连帽卫衣女秋冬款 158.0元	改为好评 删除评价

图6-32　修改差评

技能实训　搜集网店客服话术并将其设置为快捷短语

一、实训背景

俗话说：笑脸迎客、和气生财。这个道理没谁不认同，而网店客服更是仅凭文字、图片、语言交流的特性赋予了客户服务独特的内容。在与买家交流时，网店客服的话术是否得当、服务态度是否亲切，对交易的成功与否有着非常重要的影响。

二、实训目的

（1）掌握网店客服的基本话术。

（2）掌握网店客服工具软件中快捷短语的设置方法。

三、实训内容

（1）登录淘宝网或者京东商城，随机进入几家网店，以买家的身份与网店客服进行沟通。

（2）针对商品设计若干咨询问题，记录各网店客服的响应时间、话术内容、满意程度、对话术的修改建议及说明。

（3）比较各网店客服的优缺点，总结修改出一些较为经典的话术。

（4）登录淘宝千牛工作台，将确定的经典话术添加到快捷短语中。设置千牛快捷短语的具体操作如下：

步骤 1 在千牛工作台首页，单击右上方的“接待中心”按钮，打开接待中心，双击任意联系人打开聊天窗口，然后单击“快捷短语”按钮，如图 6-33 所示。

步骤 2 在打开的“快捷短语”窗格中，单击“新建”按钮，如图 6-34 所示。

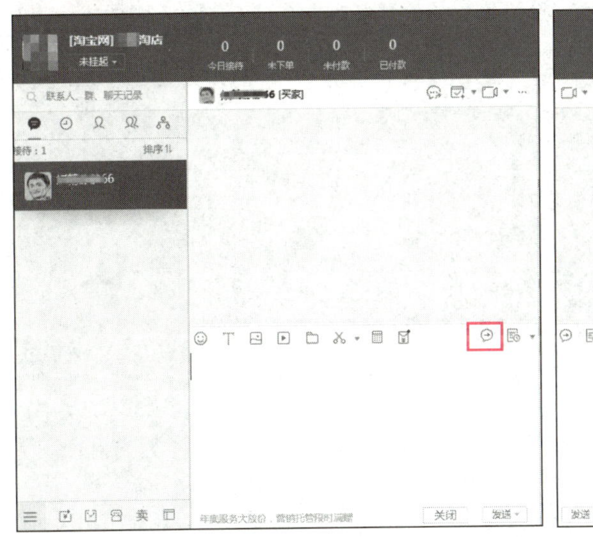

图 6-33　单击“快捷短语”按钮

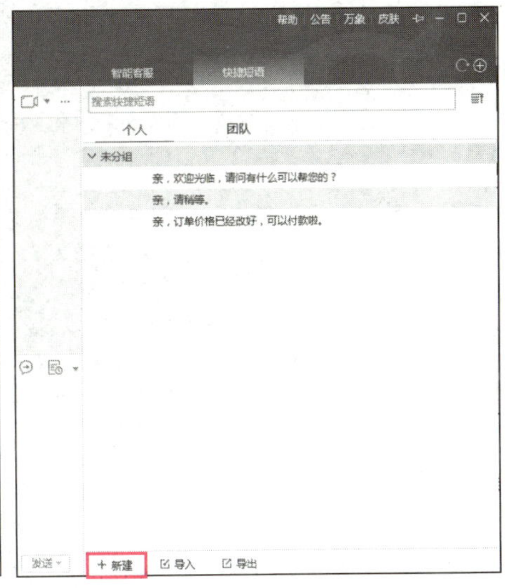

图 6-34　单击“新建”按钮

步骤 3 打开“新增快捷短语”对话框，在上方的编辑框中输入新的快捷短语，然后单击按钮，在打开的浮动窗中选择一款表情，接着在“选择分组”下拉列表中选择“新建分组”选项，如图 6-35 所示。

步骤 4 在显示的编辑框中输入分组名称，然后单击按钮确认，如图 6-36 所示。

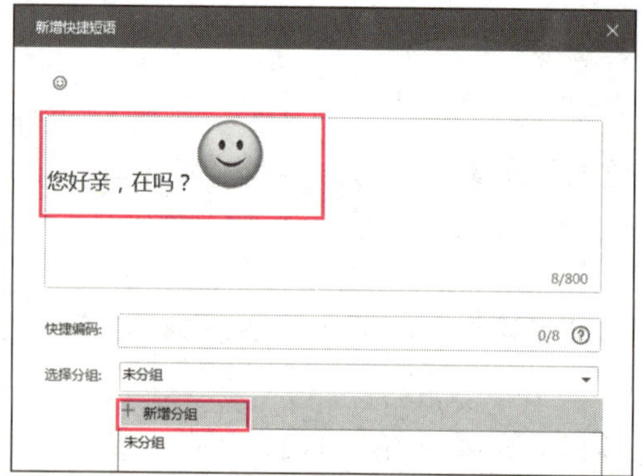

图 6-35 输入快捷短语并选择“新建分组”选项

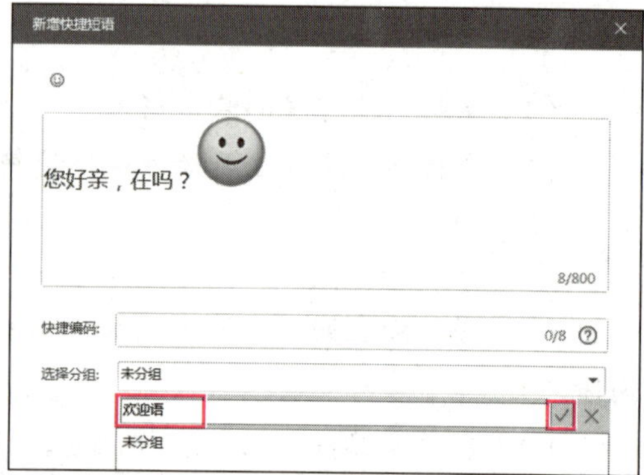

图 6-36 输入分组名称并确认

步骤 5 设置完成后，单击“确定”按钮，保存设置。

项目七 网店物流管理

项目导读

尽管互联网被誉为全球信息高速公路，但它毕竟只是信息的传播媒介，不能支持商品的流转。因此，在电子商务交易活动中，人们通过互联网完成商品所有权的交割后，还必须通过物流实现商品从卖家到买家的实体转移。

做好网店仓储管理、规范商品打包流程、提出行之有效的网店物流与配送策略，对于提高网店整体服务水平，为买家提供较好的购物体验有着至关重要的作用。

学习目标

- 掌握常见商品的打包方法;
- 掌握网店商品的仓储管理方法;
- 掌握网店商品的发货管理方法。

素质目标

- 了解我国电子商务物流行业的发展前景，增强民族自豪感;
- 强化环保意识，倡导绿色生活。

菜鸟裹裹的“1234 战略”

2020 年 9 月 20 日，菜鸟裹裹召开品牌战略发布会，其 CEO 在发布会现场宣布了菜鸟裹裹未来一年的“1234 战略”：“1”是 100 城快递可按需送货上门；“2”是 20 万寄件点覆盖全国；“3”是 30 城上线环保袋；“4”是力争服务 4 亿用户。图 7-1 为菜鸟裹裹快递车。

图 7-1　菜鸟裹裹快递车

过去几年，菜鸟裹裹通过互联网重新定义了“快递”这一服务，为用户破解了价格不透明、时间不确定、联系不方便、快递员服务态度不好、包裹破损无保障等多个痛点。其 CEO 说：“中国的快递量占全球的一半以上，可以说是快递上的国家。我们希望用更创新的方式，让广大消费者享受数字化快递的便利。”

菜鸟裹裹 100 城“上门送”服务的推行，意在解决快递最后一公里的服务问题。此前，菜鸟裹裹按需送货上门服务已覆盖北京、上海、深圳、广州、杭州、天津、惠州、东莞和宁波等地的部分区域，受到用户的欢迎。

此外，以退换货业务为基础发展起来的菜鸟裹裹，正将“触手”伸向更多的末端场景。例如，菜鸟裹裹与淘宝网、天猫商城合作，为用户带来“0 元寄”“0 秒退”等服务；与闲鱼 App 合作，为用户提供“隐私寄”服务；与微信、支付宝合作，在菜鸟裹裹小程序里添加快捷寄件服务。

2020 年 9 月 10 日，菜鸟裹裹寄件机在中国最南端城市三沙市上线，为当地渔民的特产生意打开了市场。现在，菜鸟裹裹寄件机这一智能黑科技在全国落地，将与身边的 20 万菜鸟裹裹代寄点一起为用户提供高质量的快递服务。

30 城“环保寄”则让绿色快递更进一步。当前，菜鸟裹裹的“环保寄”已在北京、广州、杭州等城市上线，环保袋每件可减塑 4.4 g。菜鸟裹裹联合快递物流行业推行的绿色行动，每年正在让数百亿个快递包裹实现不同程度的轻量化、可循环、可降解。

（资料来源：http://www.sanqin.com/2020-09/21/content_8698065.html）

课前学习

一、网店物流管理概述

“物流”即“物的流通”。从字面意思看，“物”是指一切可以进行空间移动的物质资料，凡是被固定的物体都不属于物流的对象；“流”是指物的运动过程，包括物质资料运动的距离和时间。

简单而言，电子商务物流就是服务于电子商务的各类物流活动的总和，如图 7-2 所示。在电子商务交易中，物流是实体商品交易得以完成的必要保证。

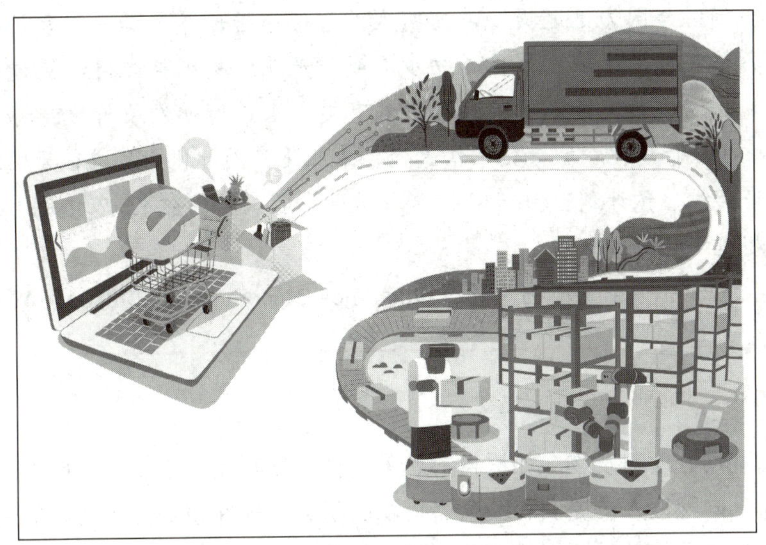

图 7-2　电子商务物流示意图

网店物流是电子商务物流中最实用、最具体的一部分，以电子信息技术为基础，注重服务、人员、技术、信息和管理的综合集成，是现代生产方式、现代管理手段和电子信息技术在物流领域中相结合的体现。

网店中的任何一笔交易都包含 4 种基本的“流”，即信息流、商流、资金流和物流。过去人们对网店交易过程的认识往往只局限于信息流、商流和资金流的电子化、网络化和虚拟化，而忽视了物流的电子化过程，认为对于大多数商品和服务来说，物流仍然可以经由传统的经销渠道实现。但随着电子商务的进一步推广与应用，物流的重要性和对网店交易活动的影响日益明显。试想，在网上购物中，消费者网上浏览商品后，通过轻松点击完成了网购活动，但所购商品迟迟不能送到其手中，消费者很可能会放弃网上购物，而选择更为安全可靠的传统购物方式。

辉煌中国

我国电子商务物流行业的发展前景

在电子商务的产业链中，物流配送处于产业链的最前端，直接接触消费者。电子商务物流的发展速度和服务质量，直接影响电子商务的质量。因此，当前我国主要的大型电子商务企业纷纷投入大量资金自建物流渠道，为消费者打造高质量的物流服务。

未来，我国电子商务物流行业还将继续保持快速增长态势，市场潜力巨大。一方面，我国综合国力迅速提升，国内生产总值跃居世界第二，国家基础设施迅速改善，各具特色的区域发展格局初步形成，产业结构调整取得积极进展，社会基本稳定，法治逐步完善，中国经济进入有史以来最好的发展阶段；另一方面，我国“五化（即市场化、城镇化、信息化、工业化、国际化）”进程为物流提供了巨大的市场契机，预计到2026年，全国物流业务收入将突破1.5万亿元人民币，业务总量将超过1 400亿件。

（资料来源：https://new.qq.com/rain/a/20210416A03JZ400）

二、仓储管理概述

仓储是指利用仓库对货物（如原材料、零部件、在制品、成品等有形物品）进行储存和保管，并同时向管理人员提供有关仓储货物的状态、条件和处理情况等信息的行为。仓储是电子商务物流系统的重要组成部分，是联结生产、供应、销售的中转站。

一般情况下，网店在日常运营的同时，还需要对商品入库、保管、出库的流程进行基本了解，这样才能为网店中商品的销售提供一个强大的后备力量，不至于等到商品缺货时，才发现已经没有商品可出售了；或者没有及时调整进货数量，造成某一款商品大量积压。

三、货物打包流程

1. 商品确认

打包人员在打包前需检查打包台面是否整洁，除在打包过程中需要用到的工具外，不得放置其他物品。打包人员从储物框内取出商品与销售单据，先检查销售单据与商品是否一致，如果不一致，则返回给销售部负责人，商品破损、条形码不清楚的必须退回质检部门处理，使用扫描器正常扫描销售单据和商品标签，等到系统确认完成再进行正式打包。

2. 选择包装

打包人员要根据商品的大小、种类等特性选用合适的包装物进行初步放置。一些表面

不规则的散装商品，买家在订购时可能会订购多个，此时可以使用较大的纸箱包装。大纸箱在封箱前需要打包人员检查商品有无遗漏，订单有无放入包装物内。

常见的打包材料有纸箱、快递袋和木箱等，如图 7-3 所示。

图 7-3　常见的打包材料

其中，纸箱是最常用的包装，可根据货物大小选择不同大小的纸箱，其优点是堆放方便且节省空间，缺点是成本较高；快递袋是由快递公司提供的货物包装袋，适用于耐挤压的货物，如衣服、毛绒玩具等；木箱和快递袋刚好相反，适用于包装跑步机、洗衣机等体积大、容易损坏、对防震要求较高的货物。

提示

在包装某些易碎或贵重商品时，需要在其周围加上填充物，以防止在运输过程中产生严重震荡导致商品受损，填充物主要选择废旧报纸，也可以购买专门防震的填充物，填充物以体积小、重量轻为佳（见图 7-4），在货物装箱时商品要和纸箱之间空出一定的距离，方便放置填充物。

图 7-4　防震填充物

3．胶带缠绕货物

用塑料袋包装的物品，须用胶带在塑料袋外缠绕成“十”字形，防止塑料袋破损导致物品遗失；对于拼袋（或拼箱）的物品，除用胶带缠绕成“十”字形外，还要用胶带弥合接口，防止物品遗失；液体类物品（如蜂蜜等）须加贴“易泄易漏”标志或“此面向上”标志；易碎品须加贴“易碎”标志。纸箱包装的物品，箱体上下对缝必须弥合，胶带缠绕不少于两周，左右侧缝用胶带缠绕弥合。

包装完成后加贴标签及打印机打印的地址面贴，地址面贴应与商品的外包装保持平整，以便于在下个流程进行扫描。最后将包装完好的商品放置于绿色流水线上，打包完成。

四、主流快递公司介绍

目前国内主流的快递公司如表 7-1 所示。

表 7-1　目前国内主流的快递公司

快递公司	网址	快递公司	网址
顺丰速运	https://www.sf-express.com/	京东物流	https://www.jdl.cn/
中通快递	http://www.zto.com/	韵达快递	http://www.yundaex.com/
德邦快递	https://www.deppon.com/	极兔速递	http://www.jtexpress.com
大田物流	http://www.dtw.com.cn/	日日顺物流	https://www.rrswl.com/

卖家可以根据快递公司的运价、运输的时效、配送的区域和包裹的安全四个方面综合考虑，从而选择合适的快递公司。对于新开的网店，卖家可以多选几家快递公司发货，然后从价格、时效、服务态度等方面做综合评价，最后选出几家优质的快递公司进行合作。在这个过程中，卖家会接触到不同公司的快递员，可以尝试与他们深入沟通，打好关系，以获取一个比较优惠的价格。

快递包裹的“低碳时刻”

我国电子商务高速发展，带动快递业务大幅增长。然而，在快递量快速攀升的同时，快递包装的使用量同步上涨，其中对塑料袋、塑料胶带及塑料填充物等不可降解材料的使用，给环境带来的影响不可小觑。

不过，快递行业内的“绿色风”已然刮起。以顺丰速运为例，其苏州各站点均设置有一个绿色的纸箱回收站，向公众提供纸箱回收服务。不仅如此，站点内的照明采用的是节能灯，且定时断电，以节约能源；快递员用于搬运快递的编织袋，也由可循环式编织袋取代，增加了使用次数；文件封、纸箱等包装材料，不仅减少了油墨的颜色，还缩小了字体，以减少油墨的使用量；所用的胶带经过“瘦身”，宽度缩小了 1 cm 左右，且可降解胶带正在逐步推广中。

“倡导可循环理念，快递员送完快递，还提供纸箱回收服务。采用环保材料制作的可循环快递箱‘π-box’（见图 7-5），已在各站点推广使用，‘π-box’不需要用胶带，全程可追踪轨迹，可循环使用 70 次以上，且整箱可回收，能大大减少快递包装。”顺丰速运苏州公司公关部负责人这样说道。

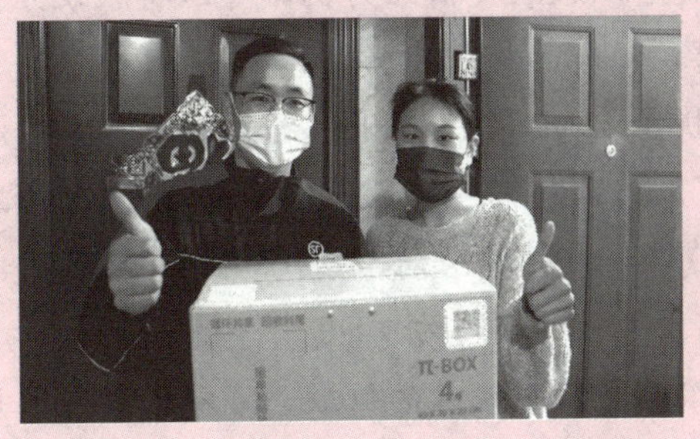

图 7-5　“π-box”快递箱

实际上，无论是 2018 年在我国施行的《快递暂行条例》，以及国家发展改革委等部门 2019 年、2020 年先后出台的《关于推动物流高质量发展 促进形成强大国内市场的意见》《关于加快推进快递包装绿色转型的意见》，还是 2021 年 3 月起施行的《邮件快件包装管理办法》，均对“绿色快递”作出了明确要求。

任务实操一　商品仓储管理

网店的仓储管理可以说是网店物流配送的一个重要环节，如何充分利用仓储资源提高服务质量、增强买家满意度，是网店运营和管理所面临的一个重要课题。对于一般网店来说，仓储管理分为以下几个部分：

网店仓储工作流程

一、入库检验

商品入库前，需要对其进行严格检验，具体操作如下：

步骤 1 在商品入库之前，由店主或者担任收货工作的人员，对全部商品进行严格认真的检查。一旦商品出现问题，如外包装出现破损、有效日期临近等，应该拒绝接收货物，并及时向上级主管部门报告。

步骤 2 按照订货单和送货单核对商品的品名、等级、规格、数量、单价、总价、有效期等内容。确定以上几点准确无误后，才能将商品入库保管。

二、编号保管

为了方便查找和控制数量，应该为每一款入库的商品确定一个商品编号，也就是货号。有了商品编号，无论是在仓库中找货还是盘货，都非常方便，可大大提高仓储管理的效率。为商品编号的方法有很多，其中最简单的方法是“商品属性+序列数”。对商品进行编号保管的具体操作如下：

步骤 1 为商品分类。以服装类商品为例，可以将服装分为短袖、长袖、外衣、风衣、连衣裙、短裙、长裤、短裤等多个类别。

步骤 2 确定汉语拼音缩写。每一个商品种类都对应一个汉语拼音，将汉语拼音的开头字母进行缩写，即可成为商品编号的开头字母。还是以服装类商品为例，短袖（duan xiu），缩写字母即为“DX”，以此类推长袖的缩写为“CX”，外衣的缩写为“WY”，连衣裙的缩写为“LYQ”，短裙的缩写为“DQ”……

步骤 3 确定数字编号。数字编号的位数，可以根据同品种商品的款数而定。但从长远的角度考虑，数字编号长度最好比款数多一些，因为随着网店的发展，商品的款数可能会越来越多。例如，商品的编号为000～999，那么WY-056代表56号外衣，DQ-188代表188号短裙。

步骤 4 品牌商品编号。一般来讲，品牌商品的厂家都会有标准的货号，这样就为网店卖家省去了为商品编号的工作。不同品牌的编号方式不同，不过只要了解其中的规律，就可以通过编号快速判断出是哪款商品。例如，有些商品编号，第一个字符代表商品大类，第二、第三个字符代表商品小类，第四个字符代表生产年份，第五、第六个字符代表大类和小类的流水号，第七个字符代表性别，第八、第九个字符代表颜色等。

提示

上述方法并不是商品编号的固定法则，卖家可以将其作为参考，再根据网店的实际情况进行调整。

三、登记入库

确定货物没有破损，并准确制定商品编号之后，即可登记入库。

步骤 1 对商品的名称、数量、规格、入库时间、凭证号码、送货单位、验收情况等进行详细登记。

步骤 2 根据商品的不同种类、属性、材质、功能等进行分类，分别放入专门的区域（仓库通常分存储区、拣货区、打包区、发货区、报损区），为日后从仓库中查找和盘点商品提供方便。商品入库要做到以下4点：

（1）有效提高储位的利用率。

（2）体现码放规则，不能随便乱放。

（3）对于明确保质期的商品，要遵循“先进先出”的原则。

（4）尽量方便拣货员拣货。通常一起出货的商品应该放在相邻区域，避免让拣货员满仓库跑；频繁进出的商品应放在便于拣货的区域。

步骤 3 做好防潮、防水和防火措施，食品类商品还要准备专门的冷库，防止食品变质。

步骤 4 对于商品入库后的库房管理，最重要的是做好“6S”管理。6S就是整理

（seiri）、整顿（seiton）、清扫（seiso）、清洁（seiketsu）、素养（shitsuke）、安全（safety）6个项目，因均以“S”开头，简称6S。

知识延伸

6S起源于日本，通过规范现场、现物，营造一目了然的仓库环境，培养员工良好的工作习惯，其最终目的是提升人的品质：革除马虎之心，养成凡事认真的习惯，认认真真地对待工作中的每一件“小事”、每一个细节。

任务实操二 商品发货管理

一、凭单发货

拆单发货与合并发货

商品出库时也要做好详细登记，遵守商品出库制度，凭订单发货，防止出现差错。具体操作如下：

步骤 1 订单消息处置。出售订单转化为出库单，出库单包括货物明细。

步骤 2 分拣。依据出库单进行分拣，贴商品条形码。制定灵活且可配置的拣货、复核策略。

步骤 3 商品核对。按照出库单所列的商品编码与商品实物进行严格仔细地逐一核对，并同时清点商品数量。

步骤 4 包装。商品核对无误后，根据商品大小选择合适的包装材料，将商品和需要寄给客户的优惠券、问候信、广告单等一并放入包装材料并打包。

步骤 5 确定快递公司。挑选快递公司的准绳：一看效率，二看价格，效率高、价格低的快递公司是首选。

步骤 6 快递单处置。不论是手写还是打印的快递单，均有一定的出错概率，所以这个岗位的员工必须仔细核对商品的快递信息。

步骤 7 取货。等待快递公司的拣货员上门取货。

步骤 8 登录千牛工作台，将鼠标指针移至左侧导航栏中的“交易管理”上，在打开的浮动窗口中选择“已卖出的宝贝”选项，打开“已卖出的宝贝”页面，切换到“等待发货”选项卡，单击“发货”按钮。

步骤 9 打开“开始发货”页面，填写订单物流信息，如图7-6所示。

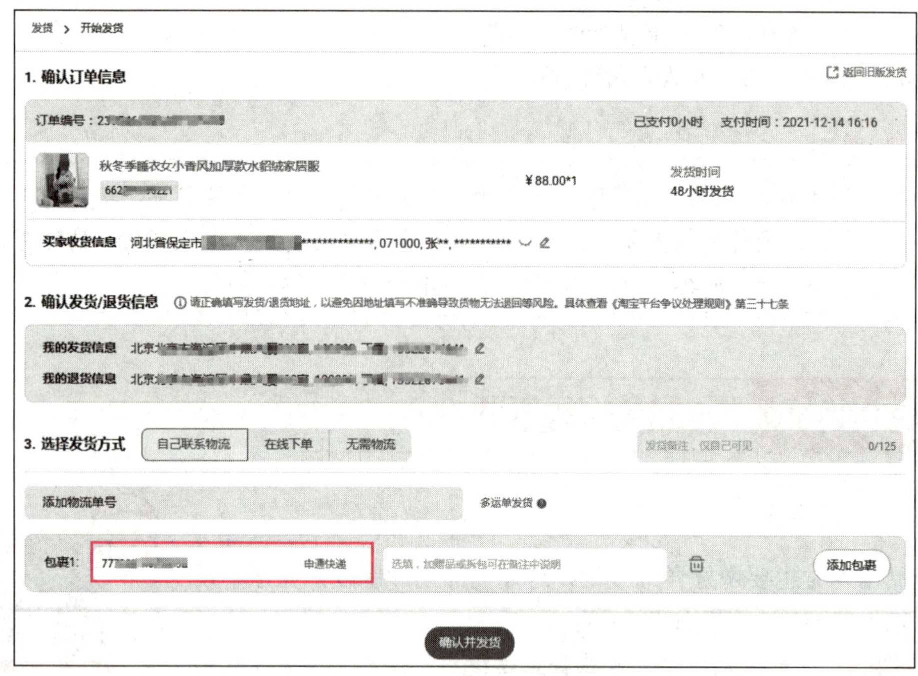

图 7-6 填写物流信息

二、物流跟踪

买家付款后，卖家要尽快发货并通知买家，并将快递单号告知买家。这样买卖双方都可以通过快递公司的网站进行查询，随时跟踪商品去向，如果有运输意外要尽快查明原因，并和买家沟通，避免因服务不周给网店带来差评。

步骤 1 登录千牛工作台，将鼠标指针移至左侧导航栏中的“交易管理”上，在打开的浮动窗口中选择“已卖出的宝贝”选项，打开“已卖出的宝贝”页面，单击订单中的“查看物流”超链接，如图 7-7 所示。

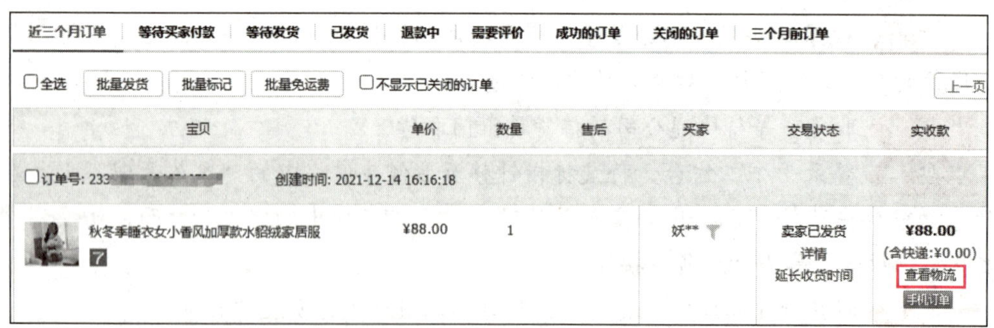

图 7-7 单击“查看物流”超链接

步骤 2 打开“物流详情”页面，查看详细的物流信息，如图 7-8 所示。

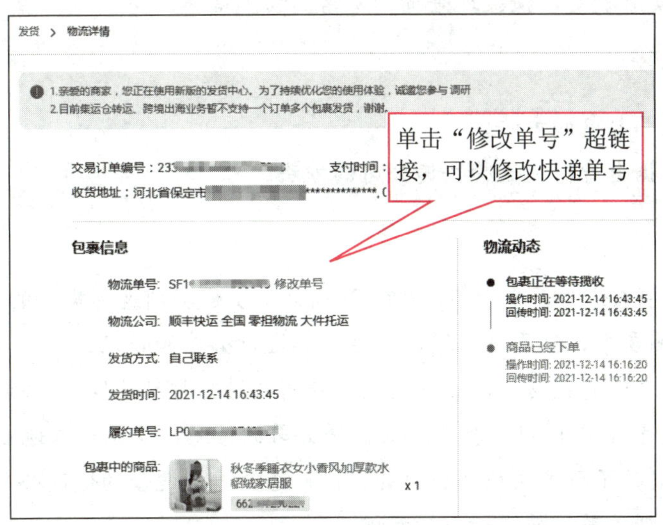

图 7-8　查看物流信息

步骤 3 用户也可以直接打开所使用的快递公司的网站（如果不知道网址，可以通过百度网站进行搜索），在“运单追踪”编辑框中输入快递单号，然后单击“查询”按钮进行查询，如图 7-9 所示。

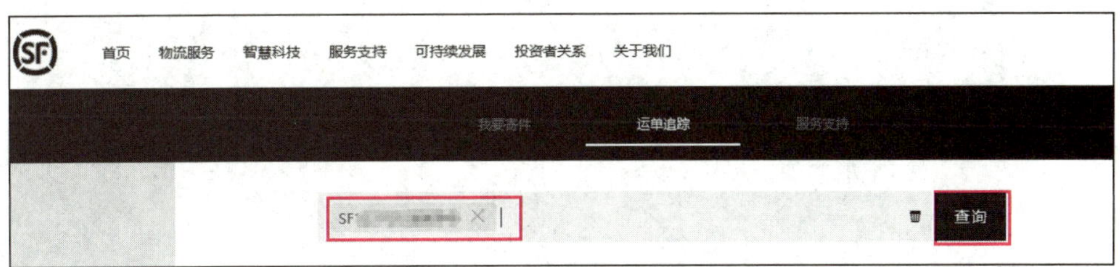

图 7-9　在物流公司网站查询物流信息

步骤 4 商品包裹快到时，可提醒买家注意收货。通常卖家会通过千牛工作台或手机短信向买家提供这些物流信息。

技能实训　打包商品并选择快递公司

一、实训背景

买家拍下商品后，卖家就要给买家配送货物了。配送货物时应注意两点：一是要根据商品的特点选择最佳包装方式；二是要根据买家的要求选择合适的送货方式。

快递公司繁多，互联网浩瀚芜杂，这使我们很难找到或容易找错所需的信息，快递查询服务可以帮助卖家稳定、便捷地查询到所需的物流信息。

二、实训目的

（1）掌握商品打包的方法。

（2）掌握根据自身情况选择快递公司的方法。

三、实训内容

（1）将全班学生分为若干小组，每组 2～4 人，了解实训老师提供的几种商品的属性、特点、价格、运输要求、使用方法等，然后对其进行编号和登记。

（2）选择合适的打包材料，将任意选中的商品进行打包处理。

（3）登录快递 100 网站，搜集各大快递公司的信息。假设买家地点为北京，结合买家所在的地区情况，了解不同快递公司的报价，选择一个适合的快递公司。

（4）分享实训成果，并进行小组互评。

项目八 网店推广与营销

项目导读

不管网店装修得有多漂亮、商品质量有多高、客服人员有多专业，若不积极推广，为网店引流，买家也看不到网店。网店推广的方式有多种，既可以使用优惠券、赠品等店内营销工具推广，又可以使用电商平台提供的站内营销工具推广，还可以使用微博、微信等进行站外推广。卖家可以根据自身需要将这些推广方式组合使用，优势互补，以达到推广效果的最优化。

学习目标

- 了解常用的淘宝营销工具，并掌握店铺优惠券、淘宝客和直通车的使用方法；
- 了解商品搜索排名的权重，并掌握淘宝 SEO;
- 了解常用的网络营销方法，并掌握利用微博、微信和 QQ 推广网店的方法。

素质目标

- 树立诚信意识和法制意识，守住底线，践行爱岗敬业、诚实守信的职业精神；
- 树立社会责任感，践行社会主义核心价值观。

上万茶企默默无闻，竹叶青何以破局?

中国人的饮茶习惯已传承千年之久，国内更是有着数万家茶企，但是长期以来，我国却没有一家享誉世界的茶叶品牌。直到 2021 年，情况终于出现了变化。

在有关机构发布的 2021 年《全球十大高端名茶》分析报告中，竹叶青（见图 8-1）成为唯一入围的中国品牌，并且即便是在 2020 年受疫情影响、整体市场低迷的情况下，竹叶青春茶上市首日就逆势增长，实现了同比上升 74.3%的销量。在中国茶企规模小、经营分散、有品类无品牌的产业格局下，竹叶青是如何让品牌“突出重围”的呢?

图 8-1　竹叶青宣传海报

在广告投放上，央视和线下场景依然是竹叶青的首选广告投放地，毕竟央视隐含的公信力是其他任何渠道都无法企及的。除此之外，为了顺应电子商务的大趋势，竹叶青的营销活动也自然而然发展到互联网上，微博就是竹叶青的主战场之一。

早在 2010 年，竹叶青便开通了官方微博账号，并通过话题活动进行营销。其中，最成功的话题营销是 2014 年的“新茶老友”活动，该活动吸引了许多文化圈名人，名人效应带动了大量粉丝的购买热潮。

除了微博，竹叶青也充分运用了微信朋友圈的营销价值。2016 年，竹叶青春茶上市时在微信朋友圈投放了广告，广告推送两天内就触达了近 2 000 万用户，超过 11 万网友赢得了小礼品，最终有近 2 万网友前往门店领取礼品，可以说实现了超高的消费引流。

课前学习

一、淘宝营销工具

大多数电商平台都会为卖家提供众多的营销工具。例如，淘宝给卖家提供了优惠券、单品宝、赠品、全店包邮、N 元任选、店铺宝、搭配宝等丰富多彩的店内营销工具，如图 8-2 所示。

图 8-2　店内营销工具

除了店内营销工具外，淘宝还提供了很多热门营销工具，包括淘宝客、直通车、极速推、超级推荐等，供卖家在淘宝站内或站外进行网店推广，如图 8-3 所示。这些营销工具大部分为收费项目，需要支付一定的费用才可以使用。

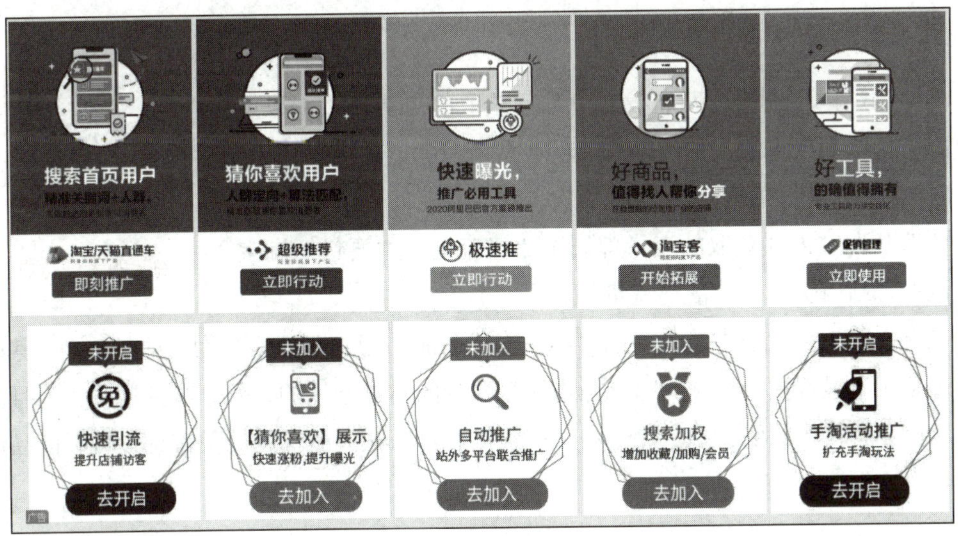

图 8-3　淘宝提供的营销工具

依法治国

大数据杀熟？上海出台网络营销活动算法应用指引

2021 年 11 月，上海市市场监管局根据《电子商务法》《个人信息保护法》《反垄断法》等相关法律法规，制定发布《上海市网络交易平台网络营销活动算法应用指引（试行）》（以下简称《指引》）。该《指引》将规范网络交易平台网络营销活动算法应用行为，为平台经营者划出合规底线。

网络营销活动算法应用是指通过互联网等信息网络销售商品或者提供服务时，应用算法技术实施各类自动化决策，包括向消费者个人进行信息推送或商业营销、提供搜索结果、开展交易等。《指引》仅限于网络交易平台网络营销活动，适用于上海市行政区域内的网络交易平台经营者，但利用信息网络提供金融类产品和服务、新闻信息、音视频节目、出版及文化产品等商品和服务的网络交易平台经营者除外。

《指引》为电子商务平台的经营者明确列出了“负面清单”，包括：① 不得利用算法实施不正当价格行为；② 不得对消费者在交易价格、交易机会等交易条件上实行不合理的差别待遇；③ 不得利用算法向消费者提供针对其个人特征选项的搜索结果；等等。

二、站内流量来源

淘宝四大流量渠道

淘宝的站内流量分为网店发布商品后获取的免费流量，以及需要网店付费做广告或参加活动获取的收费流量。

1．免费流量

免费从淘宝内部获取的流量都属于免费流量，主要包括淘宝搜索流量、站内免费促销活动流量等。

在淘宝网的搜索框中输入商品名称来查找商品的行为即搜索行为（见图 8-4），其产生的流量是淘宝最优质的流量。它们是由买家自身的需求产生的，买家产生购买行为且满意后，店铺会有较好的回头率。提升淘宝搜索排名可以从商品标题的关键词设置、商品图片的优化等方面入手。

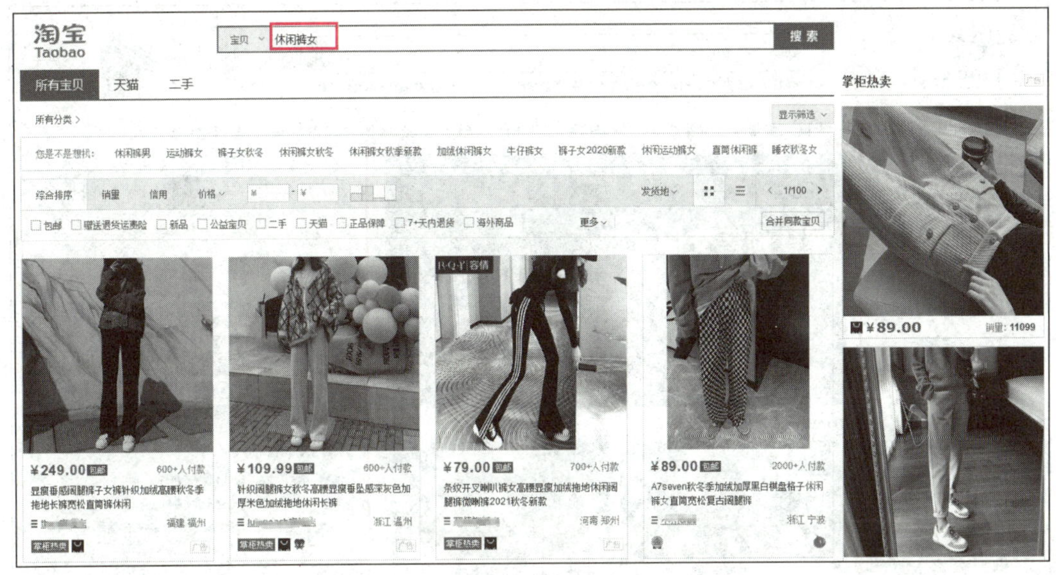

图 8-4　淘宝搜索行为

2. 付费流量

付费流量在网店流量中的占比越大，意味着卖家的成本越高。因此，在使用付费流量前一定要明确引入流量的目的，做好推广策略和访客价值的估算。通过付费推广引进的新流量，卖家要倍加珍惜，可以分析一下二次购买率和三次购买率，使新买家成为老客户。付费流量主要有以下几种：

- **直通车引流。**直通车是付费推广中收益最好的一种方式。淘宝直通车的展示位置为淘宝搜索页面右侧和下方的掌柜热卖、右下侧的店家精选、首页的热卖单品、阿里旺旺的焦点图、我的淘宝中已买到的宝贝页面、收藏列表页、物流详情页等买家浏览的热门展位。
- **淘宝客引流。**淘宝客推广是一种按照成交计费的推广模式，由淘宝客（个人或网站）帮助淘宝卖家推广商品，买家通过推广的链接进入网店完成交易后，卖家支付一定比例的佣金给帮助推广的淘宝客。想要做好淘宝客推广，首先要设置好佣金，合理地设置淘宝客佣金是卖家使用淘宝客推广最重要的事情。
- **钻石展位引流。**钻石展位一般位于淘宝首页的醒目位置，是淘宝的一种付费推广方式，按展现收费，即每千次展现付一定的费用。钻石展位可以迅速打响品牌，吸引很多流量，图 8-5 为淘宝网的钻石展位。

图 8-5　淘宝网钻石展位

三、商品搜索排名概述

在淘宝网上，影响商品搜索排名的因素很多，卖家要想做好店铺运营，就要熟悉影响商品搜索排名的因素，以便让网店的商品搜索排名处于靠前的位置。下面以淘宝网为例介绍商品搜索排名的相关知识。

1. 搜索权重的概念

淘宝搜索权重是指淘宝对网店和商品的好感度，也就是淘宝认为网店和商品的重要程度有多高。通常，网店的权重越高，淘宝给网店和商品的排名就越靠前。

2. 淘宝搜索权重的影响因素

淘宝搜索权重主要可分为店铺权重和单品权重两类。

- **影响店铺权重的因素：**有无消保保证金、有无 7 天无理由退换货、有无公益宝贝、旺旺响应速度、支付宝使用率及商品发货速度等。
- **影响单品权重的因素：**商品的销量、点击率、转化率、动态评分、动销率、回购率等。

（1）提升网店权重必须开通消保保证金、7 天无理由退换货及公益宝贝；而旺旺响应速度、支付宝使用率和商品发货速度等，只需达到平均水平即可，它们对于权重的影响没有前面三项大。

（2）在网店动态评分方面，只要高于同行或者与同行持平即可，但如果动态评分低于 4.4，就会对权重造成非常明显的影响。

网店动态评分是买家对卖家进行的如下 4 项评分：商品与描述相符、卖家的服务态度、卖家发货的速度、物流公司的服务。每项网店动态评分取连续 6 个月内所有买家给予评分的算术平均值。

（3）动销率包括商品动销率和 SKU（指的是商品的销售属性集合，供买家在下单时点选，如“规格”“颜色分类”“尺码”等）动销率两方面。

动销率是评价网店各种类商品销售情况的指标。商品动销率的计算公式为：

商品动销率 = 动销品种数 ÷ 仓库总品种数 × 100%

此处的动销品种数为网店中所有商品种类中有销售的商品种类总数。

在实际操作中，要了解某一单品的动销情况，一般会使用以下计算公式：

商品动销率 = 商品累计销售数量 ÷ 商品库存数量 × 100%

此处的累计销售可以为商品的年度销售。

（4）一般情况下，回购率（再次购买）越高，权重越高，但其高低参照的是同一个行业，不同行业则不具备可比性。

对于像消保保证金、7 天无理由退换货及公益宝贝，这几项对权重影响比较大的因素是可以在开店之初就设置好的；而像销量、点击率、转化率、动态评分、动销率和回购率等因素，是需要在网站运营的过程中不断优化的。

知识延伸

开通“7+”服务、设置运费险、承诺 24 小时发货、新品打上新品标签、设置手机专享价、动销率控制在 60%左右、设置手机详情页、设置淘金币抵现、公益宝贝、加购物车数、动态评分、收藏人气、发货速度、销量、转化率、橱窗推荐、浏览量、下架时间、价格、交保定金等因素共同构成综合排名。

3．淘宝 SEO

淘宝 SEO（search engine optimization，搜索引擎优化），即通过对淘宝网店各方面进行优化，初步达到网店商品关键词排名靠前、商品曝光率和点击率提高的目的，同时提高进店买家的购物体验，进而提高商品转化率。

淘宝 SEO

淘宝 SEO 主要包括商品关键词优化、商品标题优化、商品主图优化、商品详情页优化等内容。商品关键词优化主要指商品标题优化，其主要作用是提高网店商品被买家搜索到的概率。商品标题的设置技巧可以参考项目三任务实操二的内容，此处不再赘述。下面介绍商品主图优化和商品详情页优化。

（1）商品主图优化。

- **设置商品图片类型**。商品图片类型只能为 png、jpg 和 jpeg，且大小不超过 500 KB。
- **不要在商品主图上添加其他信息**，如水印、优惠信息等，否则被淘宝官方发现后会降权处理（即降低搜索权重）。
- **不使用侵权图片**。如果卖家使用了有版权保护的图片，一经发现，淘宝官方会删除商品并扣分。
- **卖家尽量在聚划算后台“商品素材图”下提交白底素材图**，符合规范的白底素材图越多，从淘宝 App 入口获取流量的概率就越大。另外，服饰卖家的模特图不要切头。
- **参加聚划算的商品素材图不能有多余的线条等未处理干净的元素**；不能有阴影、毛糙抠图痕迹；不能出现文字 logo、水印等；严禁出现色情/黄暴/政治/宗教类商品素材。图 8-6 为规范的商品图片。

（2）商品详情页优化。商品描述的作用主要表现在两方面：一是吸引买家，提高商品成交转化率；二是展示网店促销信息，引导买家查看网店其他商品，进而增加买家的购买金额。商品详情页优化主要从以下几点入手：

- **制作精美的商品描述模板**。商品描述模板可以自己设计，也可以在淘宝网上购买（见图 8-7），还可以从网上下载免费的商品描述模板。

图 8-6　规范的商品图片

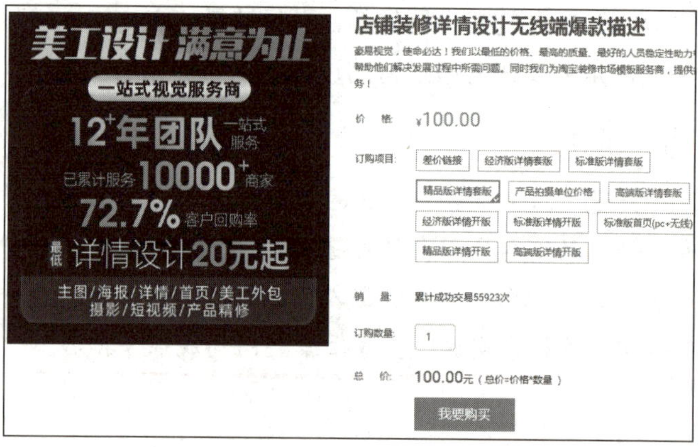

图 8-7　淘宝网上销售的商品描述模板

- **设计引人注目的商品描述，快速激发买家的购买欲**。商品描述的作用是吸引买家注意，唤起他们的兴趣。写商品描述的重点是了解潜在买家的需求和他们的想法，找到他们感兴趣的内容，尽量将商品与买家的兴趣联系在一起。
- **突出卖点，给买家一个购买的理由**。商品描述中要充分挖掘商品的卖点，加大对买家产生说服力的砝码。
- **推动买家购买，让对方尽快采取行动**。可以在商品描述中设置赠品，当买家已经对商品产生了兴趣，但还在犹豫时，告诉买家送赠品的活动随时可能终止，让其尽快下单。

在商品详情页中适当放一些买家的好评和精选的聊天记录，增加商品的说服力。 第三方的评价会让买家觉得可信度更高，能在一定程度上打消买家的顾虑。

知识延伸

除上述操作外，卖家还可以从以下两方面提升网店商品的搜索权重：

提升物流服务：在移动端，物流服务的好坏对于搜索排名的影响，目前已经排到了首位。因此，卖家必须重视物流服务的提升。

提升商品的质量评分：商品的质量评分有商品的人气分、服务质量分、商品质量分等，它们都会影响商品的搜索排名。

四、常用的网络营销方法

随着互联网技术和应用的不断革新，网络营销方法也在发生着日新月异的变化。

（1）微博营销。 微博营销是当前较为主流的网络营销方式之一。一方面，卖家可以通过自建微博账号树立良好的形象，并与买家建立起密切的联系；另一方面，借助微博粉丝的转发，营销信息可以在互联网上快速传播。

（2）微信营销。 微信既是一款即时通信工具，又是一款拥有超大用户规模的社交应用程序。利用微信的点对点沟通功能，通过互动将卖家与买家的普通关系发展成为强关系，便于进行精准营销。经过不断地发展，目前微信的很多功能都可以用于网络营销，如朋友圈、公众号、个性签名、扫一扫、小程序、附近的人等，如图 8-8 所示。

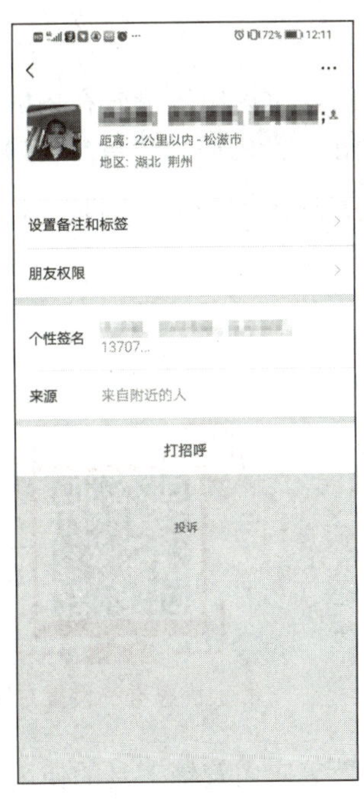

图 8-8　微信营销的常见形式

（3）短视频营销。短视频一般是指播放时长在 5 分钟以内的视频短片，在短视频平台（如抖音、快手等）上，用户可以观看和分享其他人发布的视频短片，也可以上传自己制作的视频短片。短视频营销相对于图文广告来说感染力更强，营销效果更好，但其对广告内容的要求也更高，短视频内容必须为广大用户所喜爱才能大范围传播。

（4）搜索引擎营销。搜索引擎营销（search engine marketing，SEM），即基于搜索引擎网站的网络营销活动。搜索引擎网站利用用户对搜索引擎的依赖和使用习惯，在其检索信息时将企业的营销信息穿插在搜索结果页面。搜索引擎营销的基本思想是引导用户发现信息，并进入企业网络营销的目标网站或网页。常见的搜索引擎营销模式有搜索引擎优化、竞价排名、关键词广告、网页内容定位广告等。

（5）电子邮件营销。电子邮件营销是指通过电子邮件向目标用户传递有价值信息的一种网络营销方式。根据目标用户电子邮件地址来源的不同，电子邮件营销可分为两类：① 内部列表，即企业自行建立邮件列表所开展的电子邮件营销活动；② 外部列表，即利用专业邮件服务商的用户资源投放电子邮件广告，如图 8-9 所示。

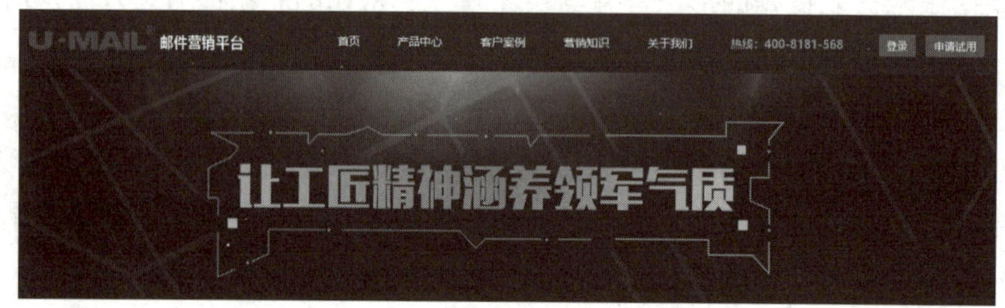

图 8-9　某邮件营销服务商

（6）网络社区营销。网络社区是指包括电子公告板、论坛、讨论组等形式在内的网上交流空间。同一主题的网络社区集中了大量具有共同兴趣的用户，因此，信息的传播速度非常迅猛，针对性也非常强。基于此，网络社区不仅具备信息交流的功能，同时也是一种理想的网络营销场所。国内知名的网络社区有以下几个：

百度贴吧：https://tieba.baidu.com/

天涯社区：http://www.tianya.cn/

豆瓣网：https://www.douban.com/

知乎：https://www.zhihu.com/

小红书：https://www.xiaohongshu.com/

扫一扫

淘宝优惠券的设置方法

任务实操一　店内推广

“店铺优惠券”“商品优惠券”“店铺宝”“赠品”“搭配宝”等店内营销工具的使用方法大同小异，下面以“店铺优惠券”为例进行介绍。

一、创建店铺优惠券

创建店铺优惠券的具体操作如下：

步骤 1 登录千牛工作台，将鼠标指针移至左侧导航栏中的“营销中心”上，在打开的浮动窗口中选择“店铺营销工具”选项，如图 8-10 所示。

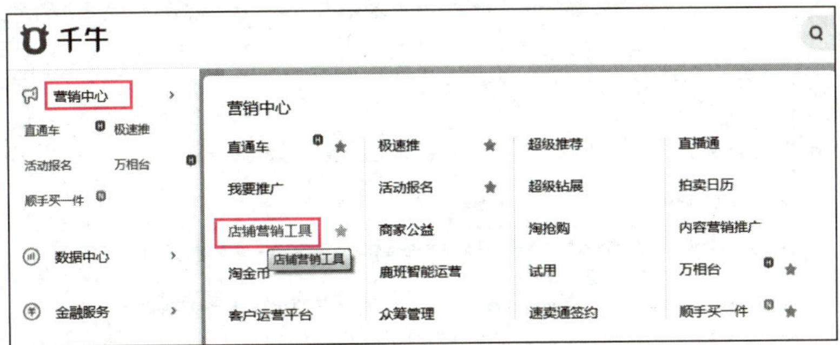

图 8-10　选择“店铺营销工具”选项

步骤 2 打开“商家营销中心”页面，单击“店铺优惠券”下方的“立即创建”按钮，如图 8-11 所示。

图 8-11　单击“立即创建”按钮

步骤 3 打开“创建店铺优惠券”页面，设置推广渠道、基本信息（名称、使用时间、低价提醒等）和面额信息（优惠金额、使用门槛、发行量、每人限领等），然后单击“资损风险校验”按钮，开始资损风险校验，如图 8-12 所示。

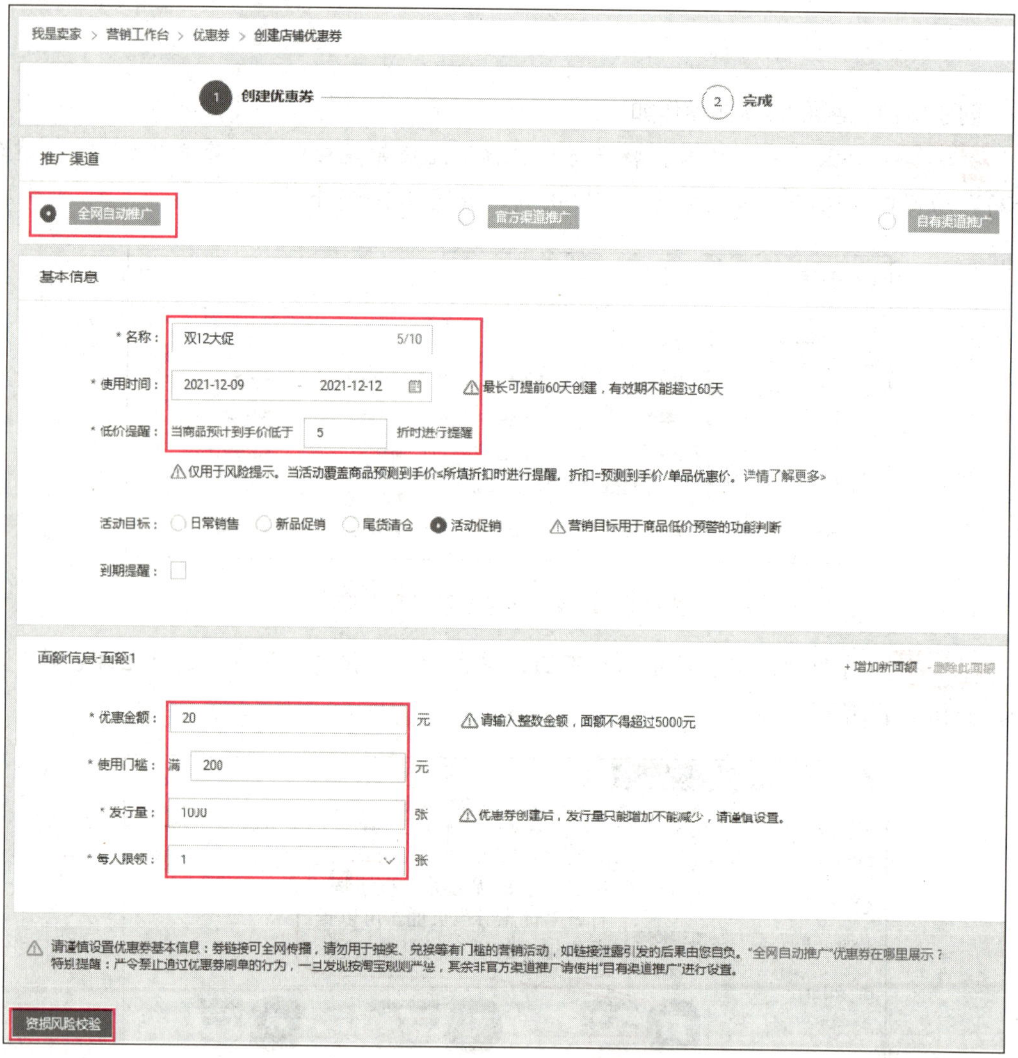

我是卖家 > 营销工作台 > 优惠券 > 创建店铺优惠券

1 创建优惠券 —— 2 完成

推广渠道

全网自动推广　官方渠道推广　自有渠道推广

基本信息

* 名称：双12大促 5/10

* 使用时间：2021-12-09 - 2021-12-12　最长可提前60天创建，有效期不能超过60天

* 低价提醒：当商品预计到手价低于 5 折时进行提醒

仅用于风险提示。当活动覆盖商品预测到手价≤所填折扣时进行提醒，折扣=预测到手价/单品优惠价。详情了解更多>

活动目标：日常销售　新品促销　尾货清仓　活动促销　营销目标用于商品低价预警的功能判断

到期提醒：

面额信息-面额1　+增加新面额　-删除此面额

* 优惠金额：20 元　请输入整数金额，面额不得超过5000元

* 使用门槛：满 200 元

* 发行量：1000 张　优惠券创建后，发行量只能增加不能减少，请谨慎设置。

* 每人限领：1 张

请谨慎设置优惠券基本信息：券链接可全网传播，请勿用于抽奖、兑换等有门槛的营销活动，如链接泄露引发的后果由您自负。"全网自动推广"优惠券在哪里展示？
特别提醒：严令禁止通过优惠券刷单的行为，一旦发现按淘宝规则严处，其余非官方渠道推广请使用"自有渠道推广"进行设置。

资损风险校验

图 8-12　填写优惠券信息

提示

如果选择全网自动推广，则优惠券链接由淘宝卖家自主投放，官方推广渠道将不会推广卖家的优惠券；如果选择官方渠道推广，则优惠券将被授权给官方推广渠道，免费推广到站内和站外；如果选择自有渠道推广，则优惠券将被授权只能由卖家指定渠道的买家领取。

资损风险校验是指系统会按卖家的设置智能抓取有资损风险的商品，帮助卖家提前发现资损，及时调整商品优惠，避免最终资损事件的发生。

步骤 4 资损风险校验完成后，店铺优惠券即可创建完成。打开网店任意商品的详情页，会看到设置的店铺优惠券，买家只需单击“领取”按钮，即可领取该优惠券，如

图 8-13 所示。

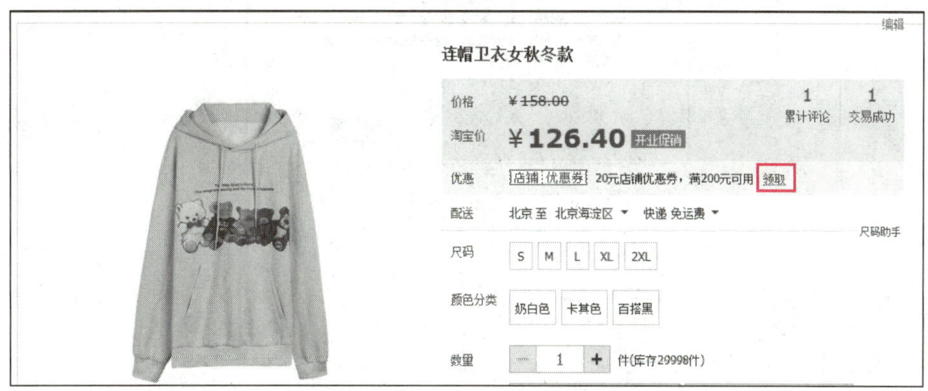

图 8-13　领取店铺优惠券

二、修改与删除店铺优惠券

修改与删除店铺优惠券的具体操作如下：

步骤 1 在“商家营销中心”页面中，单击“店铺优惠券”按钮，打开优惠券页面的“店铺优惠券”选项卡，显示所有的店铺优惠券，如图 8-14 所示。

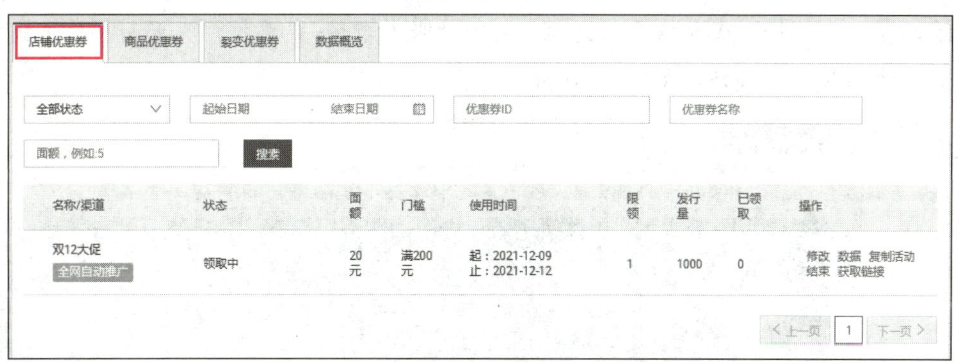

图 8-14　“店铺优惠券”选项卡

步骤 2 在店铺优惠券的右侧“操作”列单击“修改”超链接，可以修改优惠券信息；单击“数据”超链接，可以查看优惠券的领取情况；单击“复制活动”超链接，可以复制活动信息，以便快速创建其他类似活动；单击“获取链接”超链接，可以复制优惠券链接，卖家可以将其发送给指定人群，供其领取；单击“结束”超链接，在打开的对话框中单击“确认”按钮，结束店铺优惠券活动，如图 8-15 所示。

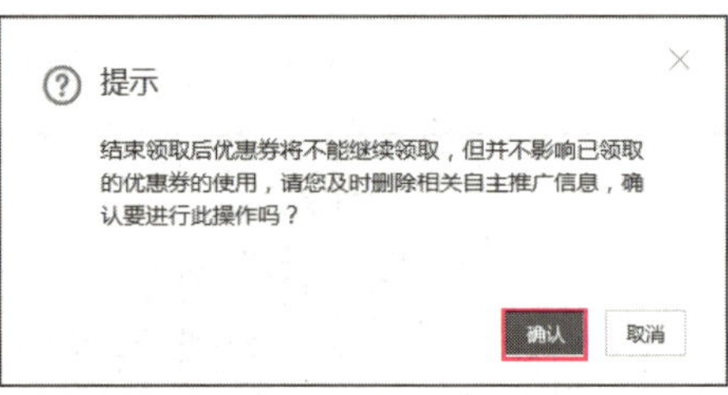

图 8-15　单击“确认”按钮

任务实操二　站内推广

一、利用淘宝客推广网店

什么是淘宝客

与其他推广方式相比，淘宝客推广具有较高的投入产出比，不成交不付费，实现了少花钱、多办事。利用淘宝客推广网店的具体操作如下：

1. 开通淘宝客

步骤 1 登录千牛工作台，将鼠标指针移至左侧导航栏中的“营销中心”上，在打开的浮动窗口中选择“我要推广”选项，打开“服务市场-我要推广”页面，单击淘宝客下方的“开始拓展”按钮，如图 8-16 所示。

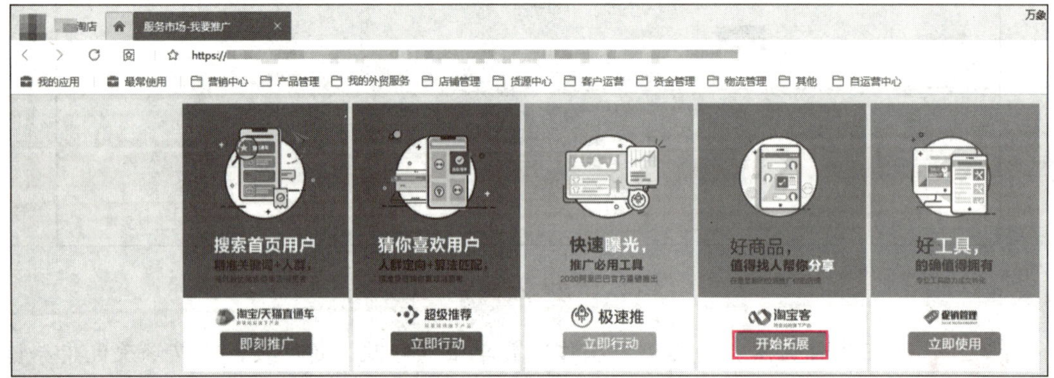

图 8-16　单击“开始拓展”按钮

步骤 2 打开阿里妈妈的登录页面，卖家可以使用阿里妈妈账户或淘宝账户登录阿里妈妈，如图 8-17 所示。

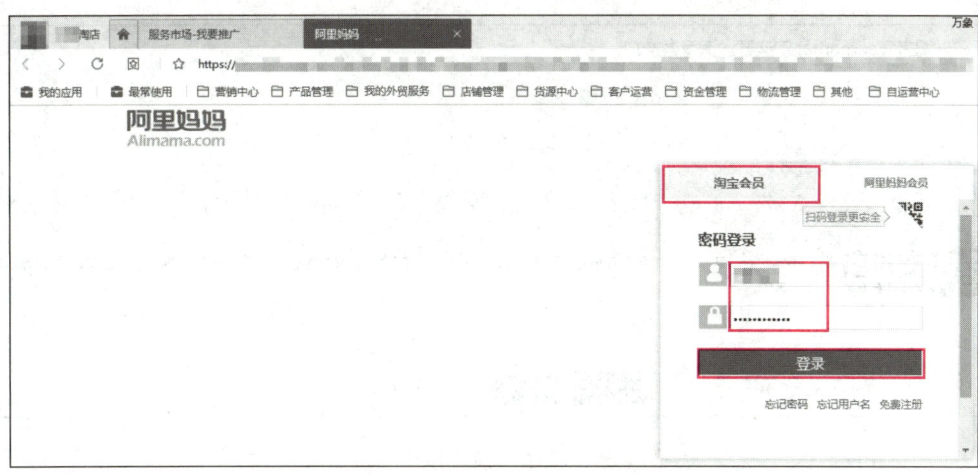

图 8-17　登录阿里妈妈

步骤 3 打开“淘宝联盟-商家中心”页面，阅读淘宝客推广软件产品使用许可协议，并单击“我同意并遵守以上条款”按钮，如图 8-18 所示。

图 8-18　单击“我同意并遵守以上条款”按钮

步骤 4 打开“授权支付宝”页面，单击“前往授权”按钮，如图 8-19 所示。

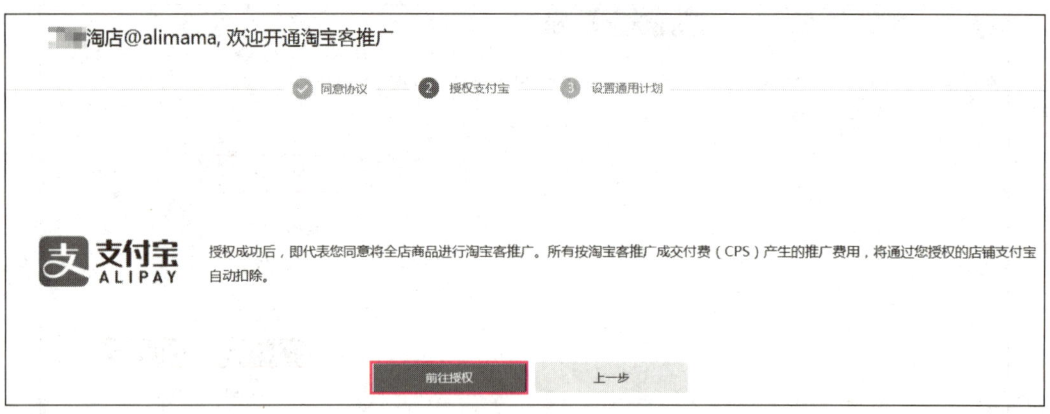

图 8-19　单击“前往授权”按钮

步骤 5 打开“开通支付宝付款-支付宝”页面，输入支付宝账户、支付密码和校验码，然后单击“同意协议并提交”按钮，如图 8-20 所示。

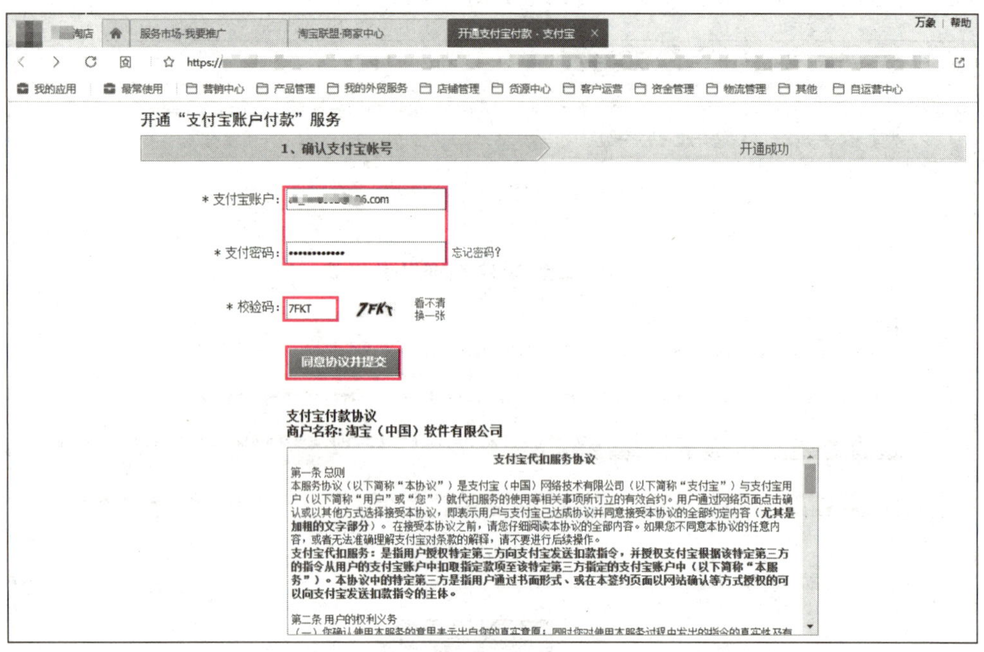

图 8-20　确认支付宝账户

步骤 6 打开“设置通用计划”页面，设置各类目的佣金率，然后单击“完成设置”按钮，如图 8-21 所示。至此，淘宝客开通成功，将于次日生效。

淘店@alimama，欢迎开通淘宝客推广

同意协议 —— 授权支付宝 —— 3 设置通用计划

为全店的推广，设置通用计划

通用计划是淘宝客推广中最基础的计划，可以让淘宝客帮助您推广全店铺的所有商品。当淘宝客帮助您推广成交一款商品时，订单确认收货后，您将按照该商品对应类目的佣金率支付佣金（佣金 = 成交价*佣金率）。

系统已按最低要求，为您店铺的所有类目开启了通用计划，将于次日（2021-12-12）生效。您可根据自身的推广诉求、支付佣金能力，更改以下设置：

类目信息	佣金率
女装/女士精品	6 %
女士内衣/男士内衣/家居服	5 %

完成设置

图 8-21　设置通用计划

2. 设置营销计划

如果卖家想利用淘宝客为指定商品设置营销计划，可执行如下操作：

步骤 1 在“淘宝联盟-商家中心”页面中，切换到“计划管理”选项卡，然后在左侧导航栏中选择“营销计划”选项，接着在右侧窗格中单击“添加主推商品”按钮，如图 8-22 所示。

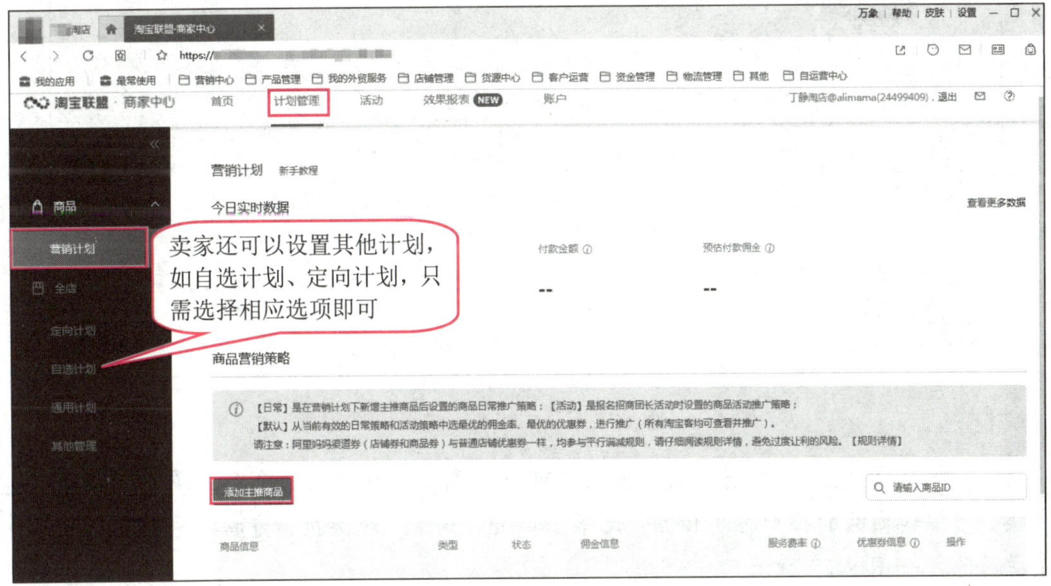

图 8-22　单击“添加主推商品”按钮

步骤 2 打开“添加主推商品”对话框，选择要推广的商品（单击商品可将其选中，再次单击可取消选择），然后单击“确定”按钮，如图 8-23 所示。

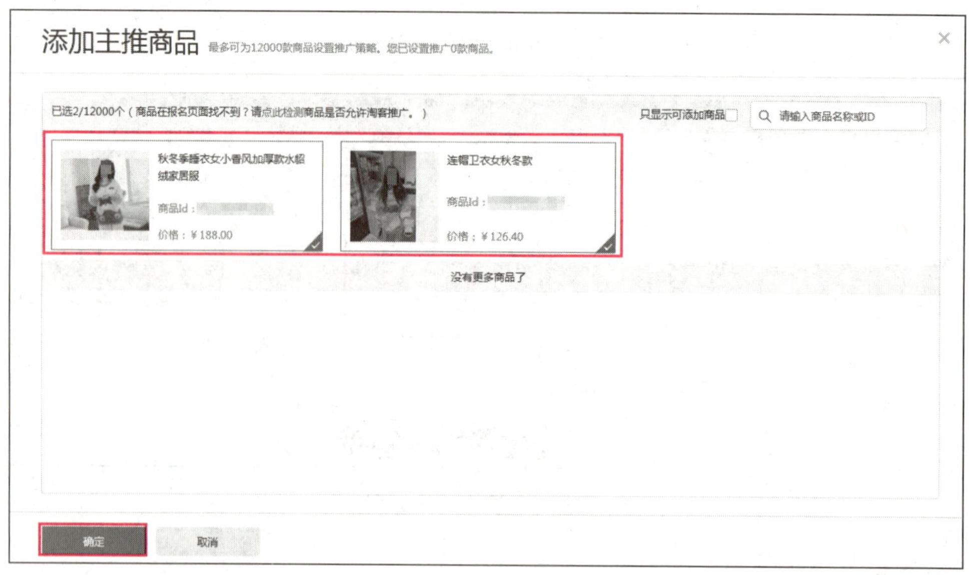

图 8-23 选择主推商品

步骤 3 在打开的页面中设置主推商品的推广时间和佣金率，然后单击“保存设置”按钮，如图 8-24 所示。

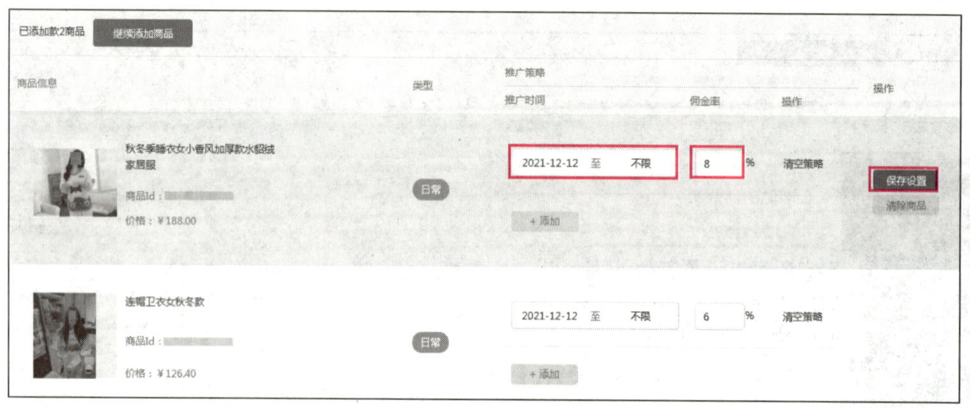

图 8-24 设置主推商品的推广时间和佣金率

步骤 4 切换到“营销计划”页面，可以看到刚添加的主推商品，单击“编辑”超链接，可编辑商品的推广时间和佣金比率；单击“删除”超链接，可将所选商品从营销计划中移除，如图 8-25 所示。

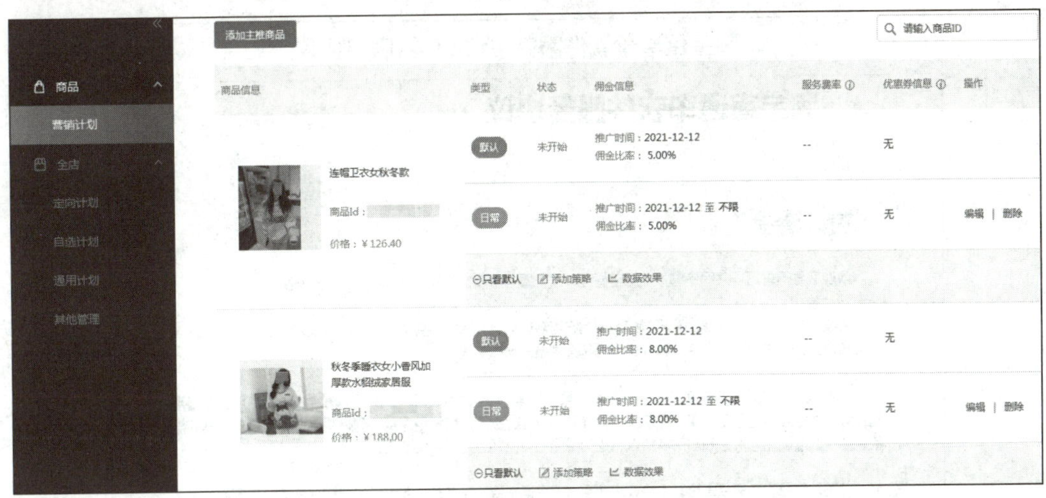

图 8-25　编辑或删除主推商品

二、利用直通车推广网店

1. 开通直通车

加入直通车，充值金额不能低于 200 元，付款成功后卖家的直通车账户就开通了。预付款全部属于卖家可使用的推广费用，形式类似手机预存话费。开通直通车的具体操作如下：

步骤 1 登录千牛工作台，将鼠标指针移至左侧导航栏中的“营销中心”上，在打开的浮动窗口中选择“直通车”选项，打开“淘宝直通车”页面，单击“进入直通车”按钮，如图 8-26 所示。

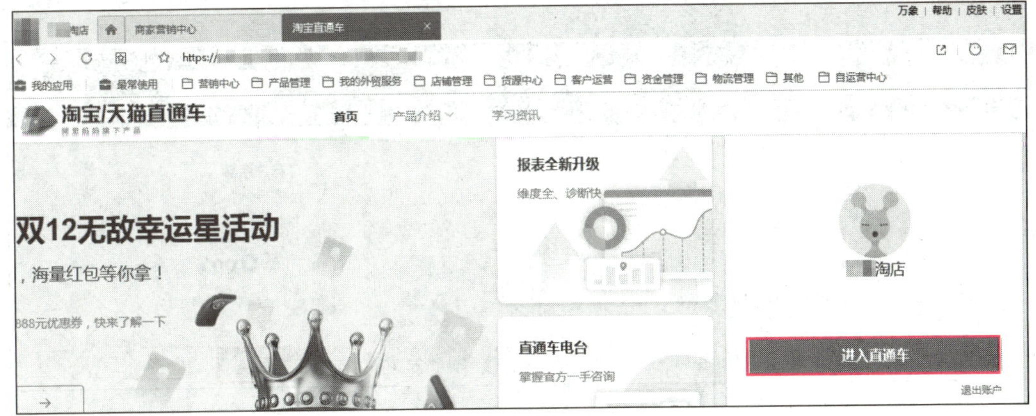

图 8-26　单击“进入直通车”按钮

步骤 2 在打开的页面中查看淘宝直通车软件服务协议与广告服务协议，然后单击“我已阅读并同意以上协议”按钮，如图 8-27 所示。

淘宝直通车软件服务协议&广告服务协议

淘宝直通车软件服务协议

修订日期：2017年10月17日

提示条款

欢迎您与阿里妈妈共同签署本《淘宝直通车软件服务协议》并使用淘宝直通车软件服务！

各条款前所列索引关键词及标题仅为帮助您理解该条款表达的主旨之用，不影响或限制本协议条款的含义或解释。为维护您自身权益，建议您仔细阅读各条款具体表述。

【审慎阅读】您在点击确认本协议或使用淘宝直通车软件服务之前，应当认真阅读本协议。**请您务必审慎阅读、充分理解各条款内容，特别是免除或限制责任、法律适用和争议解决等以粗体下划线格式特别标识的条款，您应重点阅读。**如您对本协议有任何疑问，可向阿里妈妈客服咨询。

【签约使用】当您点击确认本协议或使用淘宝直通车软件服务时，即表示您已充分阅读、理解并接受本协议的全部内容，并与阿里妈妈达成一致。**本协议自您点击确认本协议之时起或使用淘宝直通车软件服务的行为发生之时起（以时间在先者为准）生效。如果您不同意本协议或其中任何条款约定，您应立即停止使用淘宝直通车软件服务。**

一、定义

淘宝直通车软件服务：指阿里妈妈通过淘宝直通车软件系统（以下简称"软件系统"，登录地址为https://zhitongche.taobao.com/）向用户提供的软件服务，该软件服务可依用户操作、使用户指定信息并根据一定规

我已阅读并同意以上协议

图 8-27　单击“我已阅读并同意以上协议”按钮

步骤 3 在打开的“淘宝直通车”首页中，单击“充值”按钮，如图 8-28 所示。

图 8-28　单击“充值”按钮

步骤 4 打开直通车充值页面，在“充值金额”编辑框中输入充值金额，然后选择充值方式，接着单击“立即充值”按钮，最后根据操作提示完成充值，如图 8-29 所示。

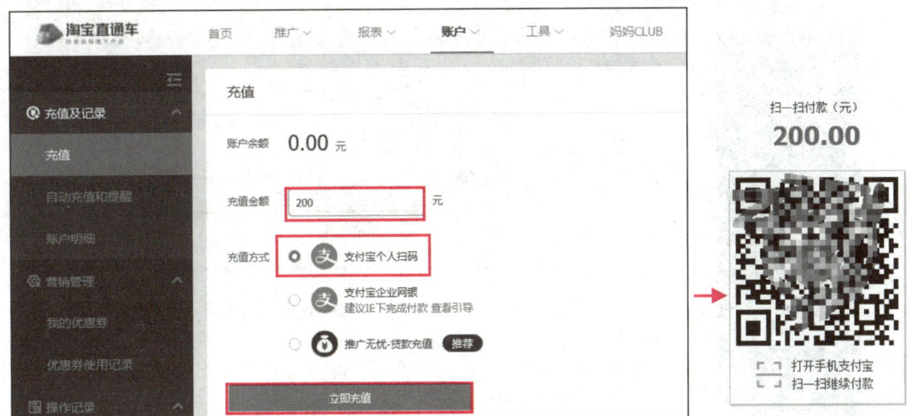

图 8-29　为直通车账户充值

2. 设置直通车推广计划

利用直通车进行推广，首先要设置直通车推广计划，然后再进行商品推广的设置，具体操作如下：

步骤 1 淘宝直通车首页的“推广产品”设置区中显示了多种直通车推广方式，它们的设置方法类似。本例选择“标准推广”方式，单击其下方的“新建计划”按钮，如图 8-30 所示。

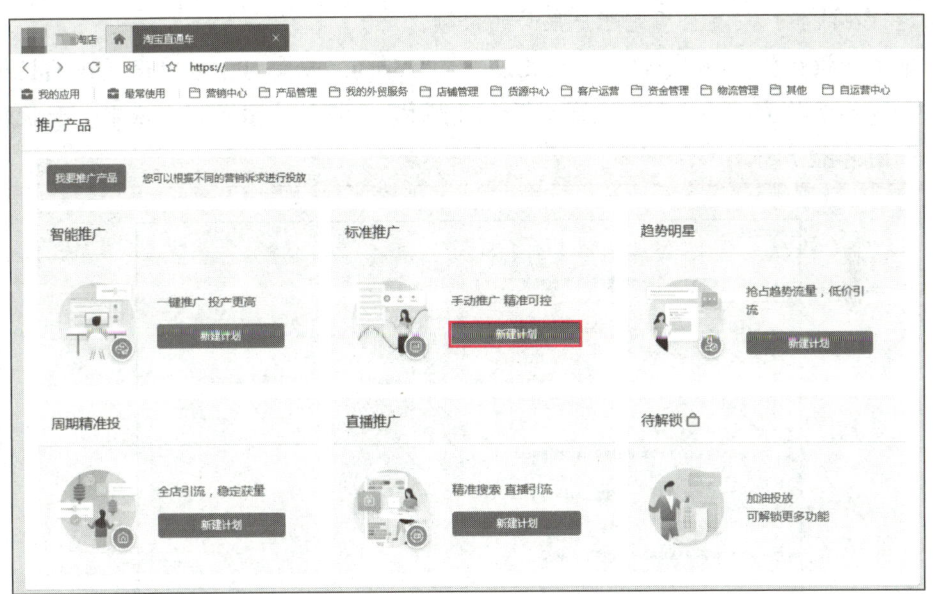

图 8-30　选择推广方式

步骤 2 在打开的页面中选择“标准推广”选项，然后在“计划名称”编辑框中输入推广计划的名称，选择“有日限额”单选钮，并在其右侧的编辑框中输入单日限额，投放方式本例保持默认的“智能化均匀投放”，如图 8-31 所示。

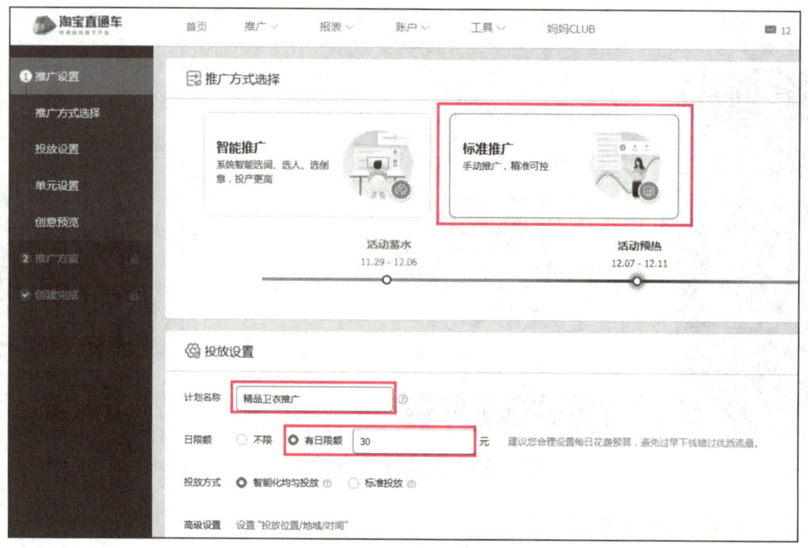

图 8-31　选择推广方式与投放设置

提示

直通车推广计划的最低预算金额为 30 元。在设置固定金额后，当每天的直通车推广费用达到预算金额时，直通车就会停止推广。若不设置日限额，直通车就会一直对商品进行在线推广，直至用完账户里面的余额。

单击“投放位置/地域/时间”超链接，在打开的浮动窗口中可以设置商品投放位置（手机淘宝搜索、淘宝网搜索或站外优质媒体）、投放地域（指定城市）和投放时间，如图 8-32 所示。

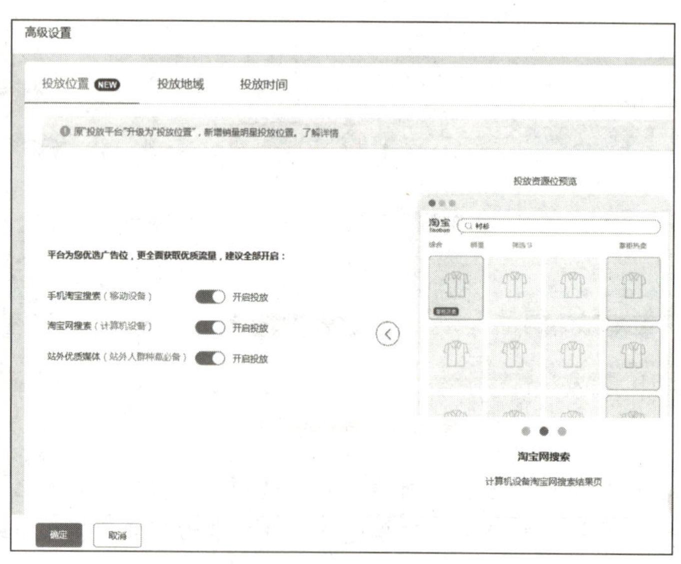

图 8-32　高级设置

知识延伸

卖家可以对计算机设备和移动设备分别进行设置。站外优质媒体是指投放到除淘宝网站以外的其他优质合作网站。

不同的推广计划可以设置不同的投放地域，方便卖家更有针对性地选择商品进行区别推广。如果没有设置投放地域，在后台的查询工具中将查不到该商品的排名情况，同时在淘宝搜索时商品也不会在直通车展位上展示。

投放时间是指商品进行直通车在线推广的时间。如果卖家的商品不在投放时间内，那么商品就不会展示。全日制投放是指全天 24 小时都在做推广。

步骤 3 向下拖动页面右侧的滚动条，在“单元设置”设置区中单击“添加宝贝”按钮，如图 8-33 所示。

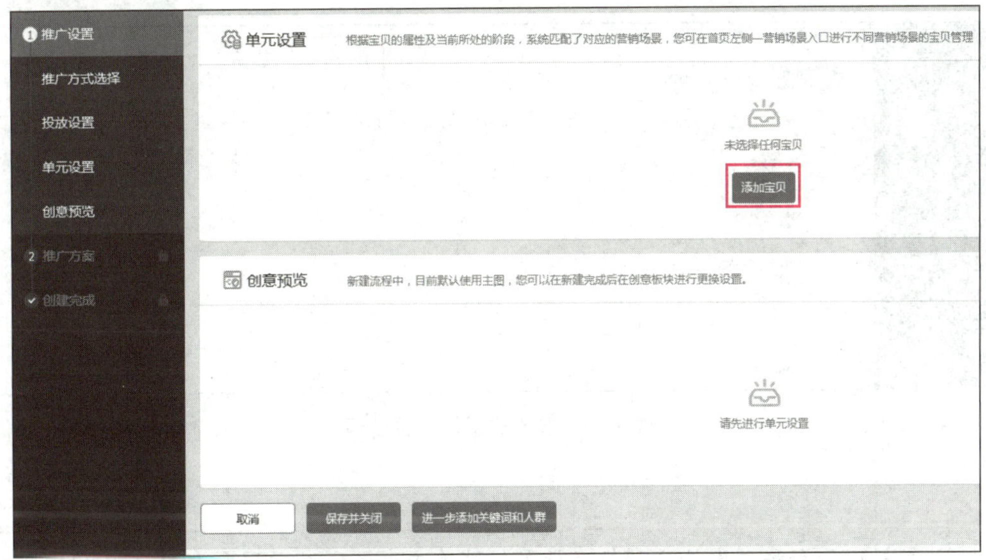

图 8-33　单击“添加宝贝”按钮

步骤 4 打开“添加宝贝”对话框，选择要加入直通车的商品，然后单击“确定”按钮，返回直通车设置页面，如图 8-34 所示。

步骤 5 在直通车设置页面中，单击“进一步添加关键词和人群”按钮，在打开页面的“推荐关键词”设置区中选择要采用的关键词包和具体关键词，并设置出价，如图 8-35 所示。

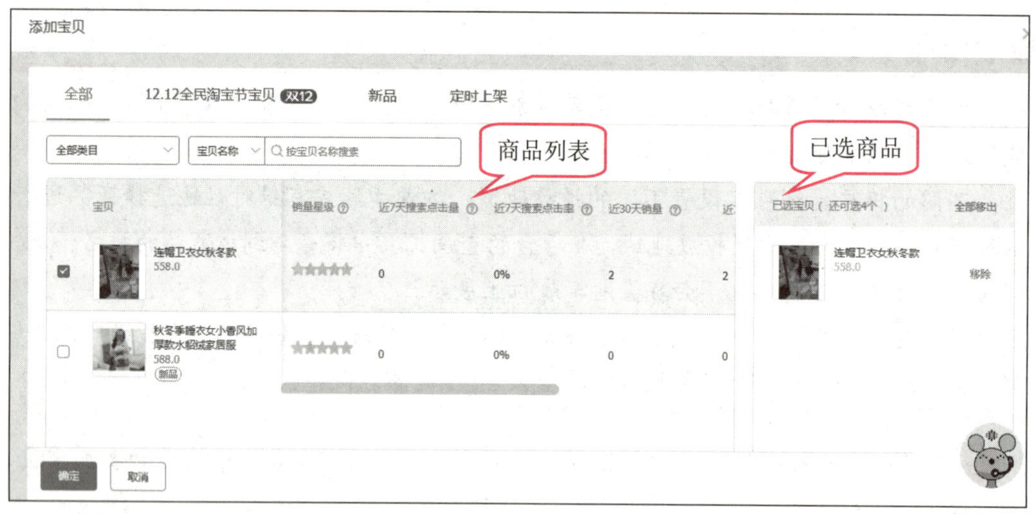

图 8-34　选择要加入直通车的商品

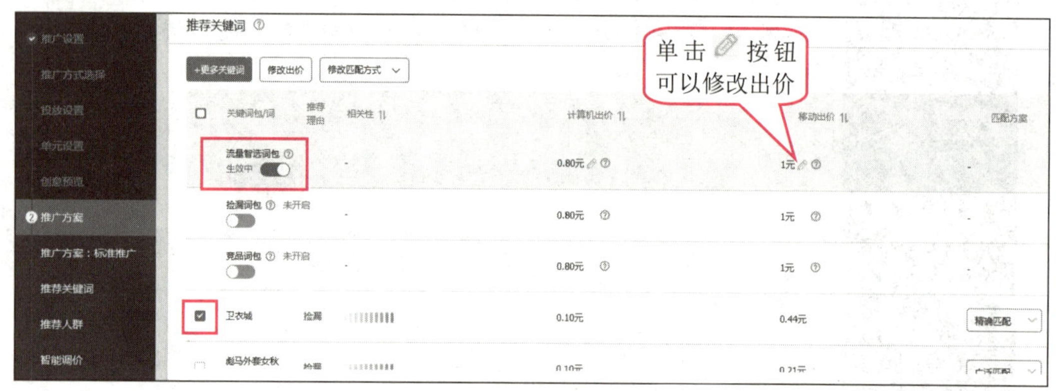

图 8-35　选择要采用的关键词

提示

计算机出价和移动出价分别指在计算机端单击商品所扣费用和在移动端单击商品所扣费用。

单击“更多关键词”按钮，可以查看更多关键词及每个关键词的搜索指数、竞争指数和市场平均出价；单击“修改出价”按钮，可以统一修改所选关键词的出价；单击“修改匹配方式”按钮，可以统一修改所选关键词的匹配方式，匹配方式包括精确匹配和广泛匹配两种。

步骤 6 向下拖动页面右侧的滚动条，在“推荐人群”设置区中选择要推荐的特定人群，然后单击“修改溢价”按钮，在打开的浮动窗口中修改溢价比例，接着在“智能调价”设置区中根据“优化目标设置”选项（包括促进收藏加购、促进点击和促进成交 3 个选项），设置最高溢价，最后单击“完成推广”按钮，完成直通车推广计划的创建，如图 8-36 所示。

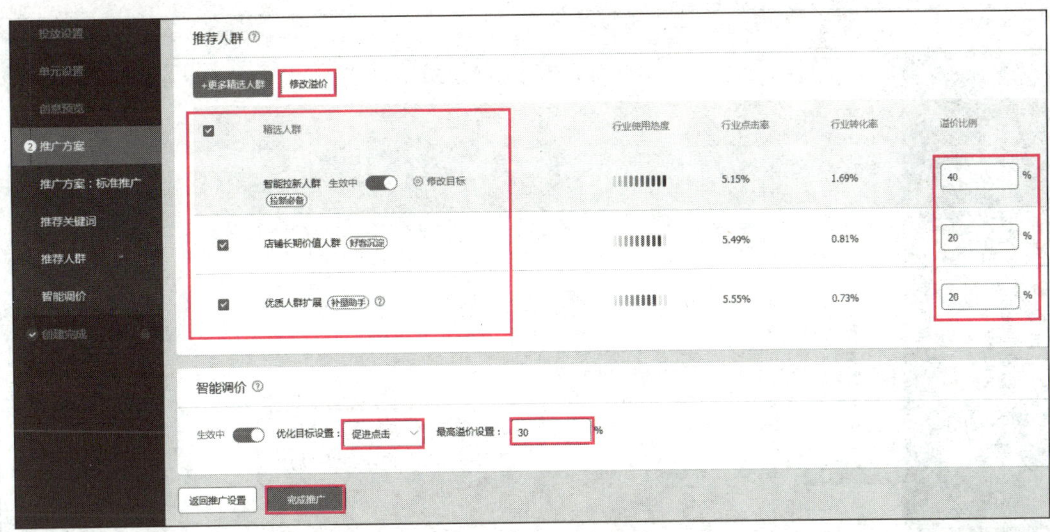

图 8-36　设置推荐人群和智能调价

技巧

溢价比例是指在前面设置的关键词出价基础上的上浮比例。如果一款商品的推广目的是快速打造爆款，就不应使用系统推荐比例，而是根据关键词的搜索指数和竞争指数，适当加大溢价比例。如果商品的推广目的只是平推，用直通车只是换取初期的点击量，则溢价比例可以在前期使用系统的推荐比例，在后期根据实际情况再做增减。

3．修改与删除直通车推广计划

修改与删除直通车推广计划的具体操作如下：

步骤 1 在淘宝直通车首页中切换到“推广”选项卡，选择要修改的推广计划，单击“暂停推广”按钮，可以暂停所选的推广计划；单击“参与推广”按钮，可以启用所选的推广计划；单击“设置投放时间”按钮，可修改推广计划的投放时间；如果要修改推广计划中的商品信息，可以单击推广计划名称，如图 8-37 所示。

步骤 2 打开“宝贝推广”页面，如图 8-38 所示。如果要将其他商品加入直通车，可以单击“新建宝贝推广”按钮；选择要修改或删除的商品，单击“修改智能调价”按钮，可以批量修改智能调价；单击“暂停推广”按钮，可以暂停所选商品的直通车推广；单击“参与推广”按钮，可以启用所选商品的直通车推广；单击“删除”按钮，可以将所选商品从直通车推广计划中移除。

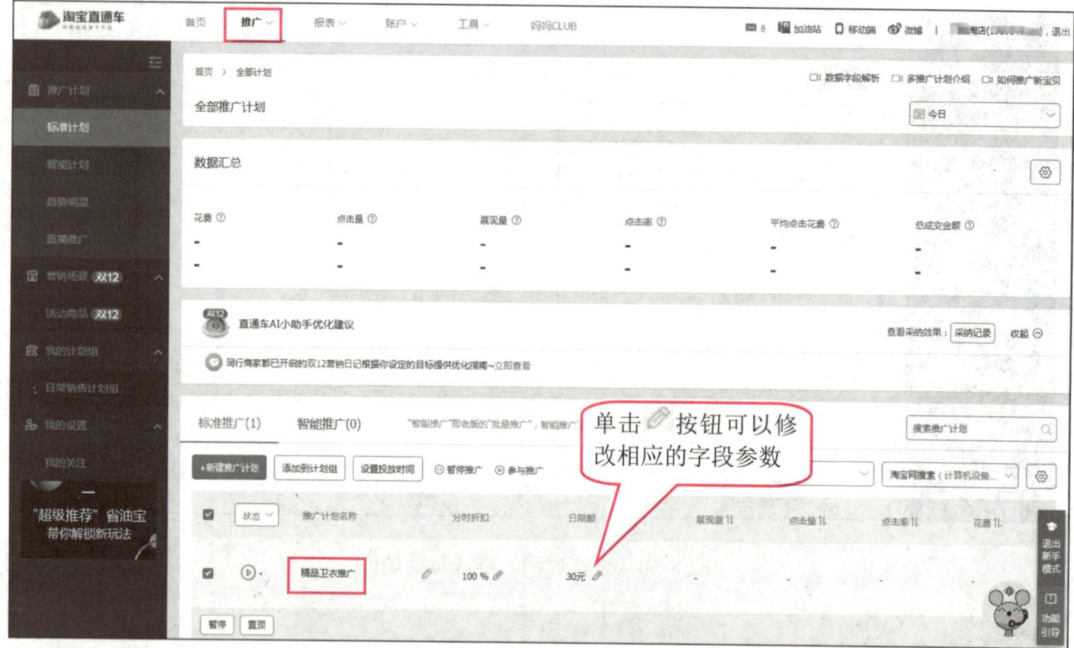

图 8-37　查看网店的直通车推广计划

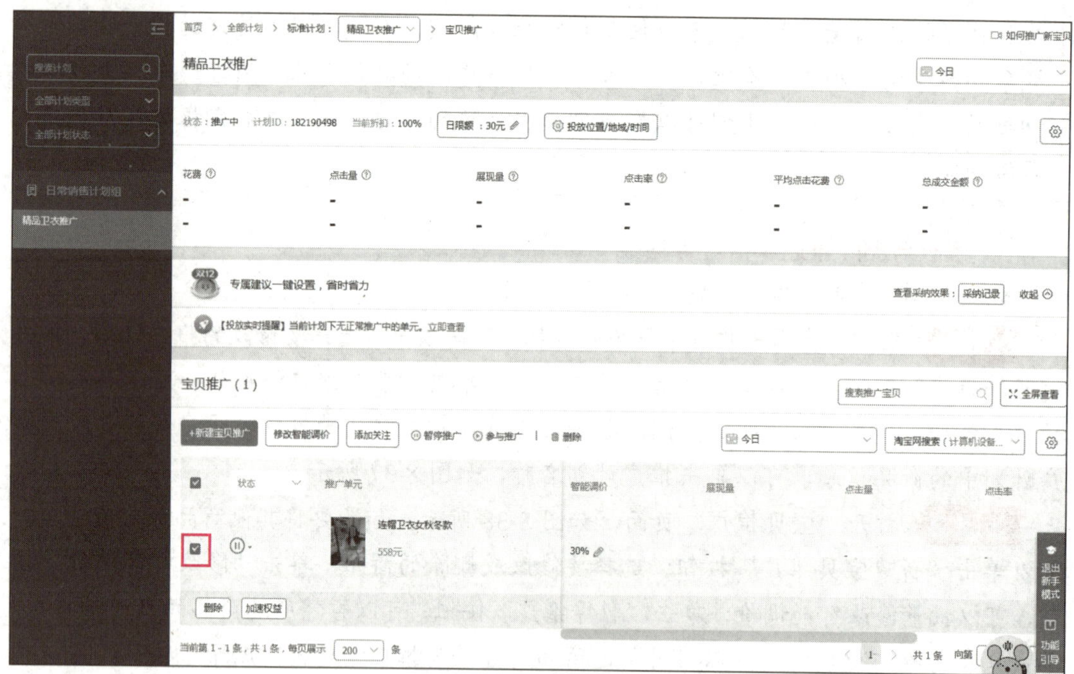

图 8-38　“宝贝推广”页面

任务实操三 站外推广

站外推广是指利用淘宝网以外的其他互联网平台获取流量，如微博、微信、QQ 等。

一、利用微博推广网店

微博推广是指以微博作为推广平台。在微博推广中，卖家需要更新自己的微博向粉丝推广商品信息，以树立良好的个人形象和网店形象。利用微博推广网店的具体操作如下：

步骤 1 用手机打开淘宝 App，然后进入网店并找到要推广的商品，最后单击页面右上角的•••按钮，在打开的浮动窗口中选择“微博”选项，如图 8-39 所示。

步骤 2 打开“转发到微博”页面，输入微博内容，然后单击“发送”按钮，如图 8-40 所示。

步骤 3 用手机打开微博 App，可以看到商品推广成功，如图 8-41 所示。

图 8-39　选择“微博”选项

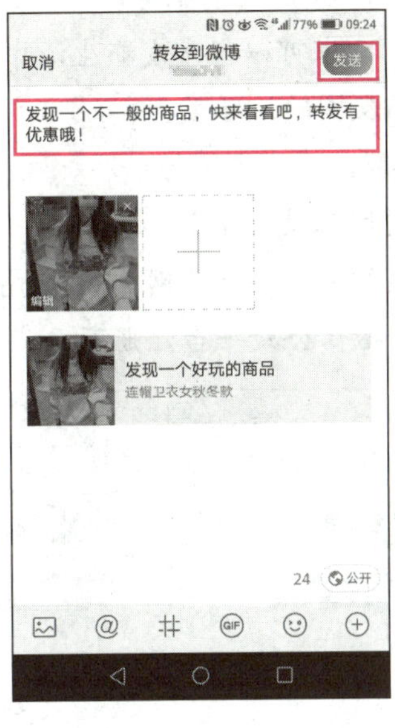

图 8-40　转发到微博

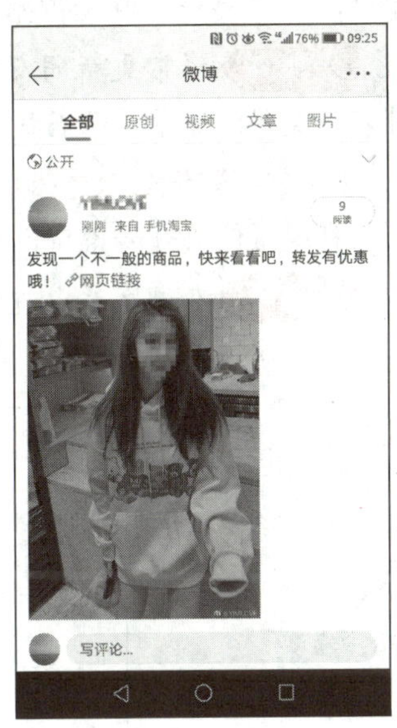

图 8-41　商品推广成功

二、利用微信推广网店

当前，微信及其海外版用户数量已超 12 亿，巨量用户促使其成为移动互联网时代最主流的营销方式之一。下面介绍利用微信朋友圈和公众号推广网店的方法：

微信朋友圈推广技巧

1. 利用微信朋友圈推广网店

利用微信朋友圈推广网店的具体操作如下：

步骤 1 常规互动。卖家应及时回复朋友的评论，为朋友发布的文章点赞，以及参与朋友发起的活动，积攒人脉。

步骤 2 推送优惠活动。定期在朋友圈发送一些店铺优惠活动，吸引买家进店选购，如图 8-42 所示。

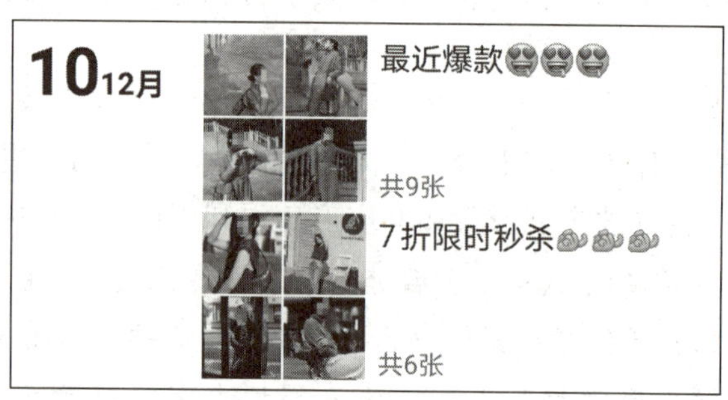

图 8-42　在朋友圈发送优惠活动

步骤 3 鼓励买家积极参与反馈，在朋友圈进行必要的调研，积极听取买家的意见建议，以便更好地改进网店商品及提供优质服务。

步骤 4 经常更新朋友圈。卖家可以经常发布生活中的点滴创意和琐碎事情、事物，引来朋友圈的流量，从而提升朋友圈的活跃度。

2. 利用微信公众号推广网店

利用微信公众号推广网店的具体操作如下：

步骤 1 在浏览器中打开微信公众平台官网（https://mp.weixin.qq.com/）。在页面顶部单击“立即注册”超链接，打开微信公众平台注册页面，如图 8-43 所示。

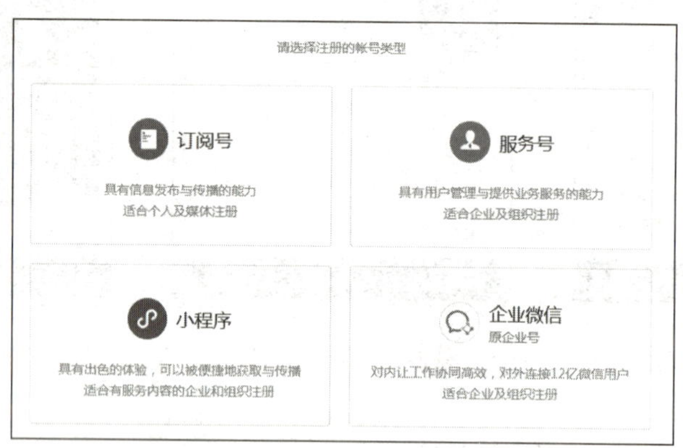

图 8-43　微信公众平台注册页面

步骤 2 选择“订阅号”选项，打开订阅号创建页面。创建订阅号一共需要 4 步：设置基本信息、选择类型、信息登记和设置公众号信息。

步骤 3 进行第一步，设置基本信息。基本信息的设置包括“邮箱验证”“设置密码”和勾选“我同意并遵守《微信公众平台服务协议》”复选框 3 个操作，如图 8-44 所示。

在设置之前，需要准备一个未绑定过任何微信公众号账号的电子邮箱。设置完成后单击“注册”按钮，进入下一步“选择类型”。

图 8-44　设置基本信息

步骤 4 进行第二步，选择类型。首先在打开的页面中确认企业注册地，保持默认，直接单击“确定”按钮，打开账号类型选择页面，本例选择“订阅号”选项，如图 8-45 所示。然后在打开的“温馨提示”对话框中单击“确定”按钮，进入下一步“信息登记”。

图 8-45　选择账号类型

步骤 5 信息登记，如图 8-46 所示。信息登记主要包括：① 选择主体类型，本例选择“个人”；② 主体信息登记，包括身份证姓名、身份证号码和管理员身份验证（需用微信扫码）；③ 管理员信息登记，主要是绑定管理员手机号码（此处需要准备一个未绑定过任何微信公众号的手机号码）；④ 创作者信息，此项是选填项，可不填。上述内容设置完成后，单击“继续”按钮。

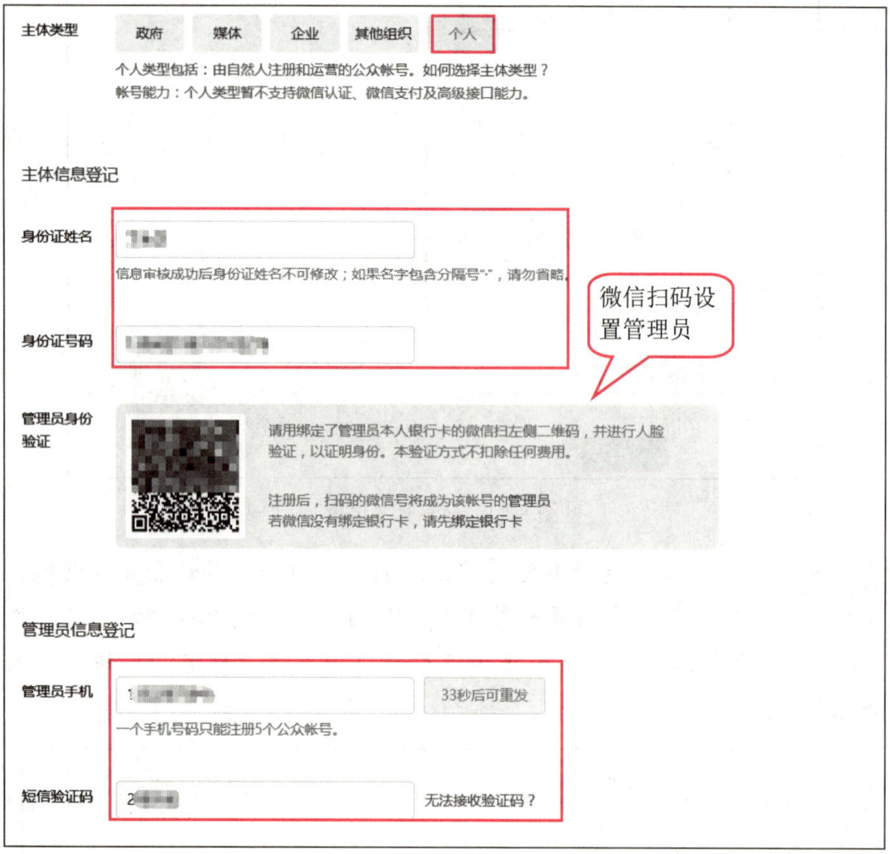

图 8-46 信息登记

步骤 6 在打开的“提示”对话框中依次单击“确定”按钮和“前往微信公众平台”按钮，打开“公众号信息”设置页面。输入账号名称并编撰一段公众号的功能介绍，然后选择内容类目和运营地区，最后单击“完成”按钮，完成账号注册，如图 8-47 所示。

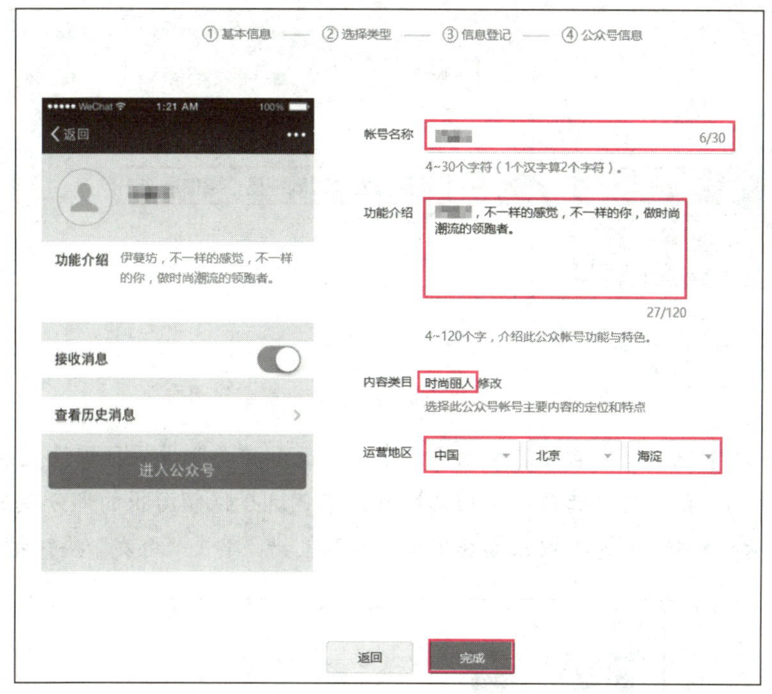

图 8-47　编辑公众号信息

步骤 7 在浏览器中打开微信公众平台官网，用申请的微信公众号账号登录，在打开的微信公众号的后台管理页面中单击“图文消息”按钮，如图 8-48 所示。

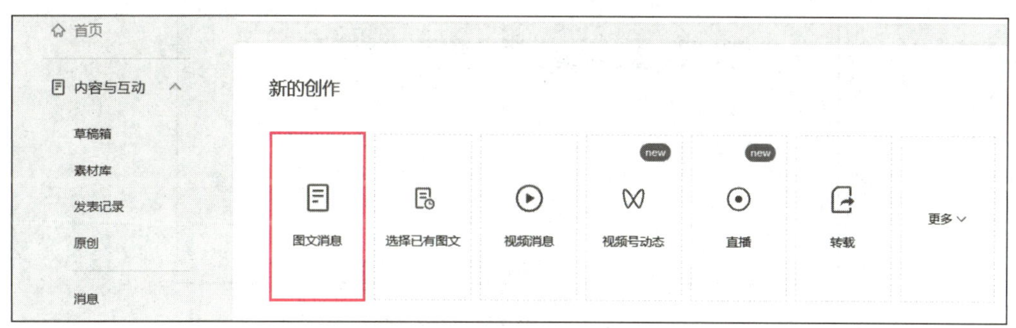

图 8-48　单击“图文消息”按钮

步骤 8 打开微信公众号的图文消息编辑页面，输入推文标题。然后输入商品促销文案或海报，本例单击“图片”按钮，在展开的列表中选择“本地上传”选项，如图 8-49 所示。最后在打开的对话框中选择“素材与实例/项目八/任务实操三”文件夹中的“公众号推文图片.jpg”。

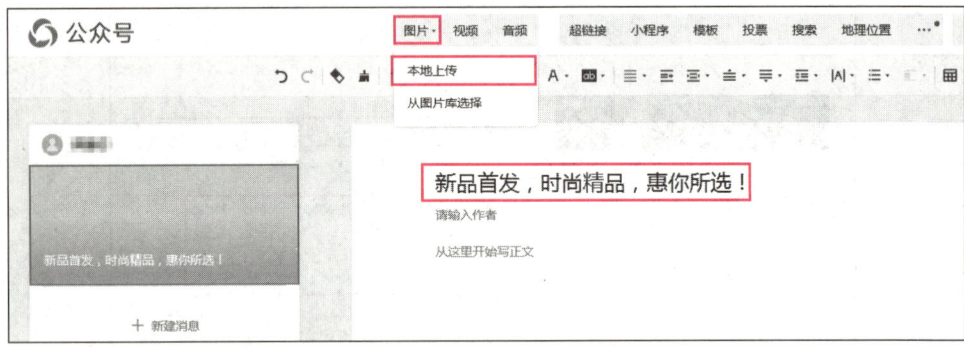

图 8-49　输入推文标题后上传商品促销海报

步骤 9 向下拖动页面右侧的滚动条，在“封面和摘要”设置区中设置封面（单击图片框，在打开的对话框中可选择要使用的图片，本例选择促销海报的部分截图）和摘要，如图 8-50 所示。单击“预览”按钮检查推文，如无差错，单击“群发”按钮发布推文即可。

图 8-50　设置封面和摘要

嘉言善行

做正能量的“播种机”，让“主旋律”有新表达

“‘公众号’就要为公众服务，以真实为底线，坚持正确的舆论导向、价值取向，传播正能量，弘扬主旋律！”带着这样的初心，江苏省海州高级中学开发区校区的老师颜亮于 2015 年创办了“墟沟微生活”微信公众号。

从无到有，从小众到“大V”，在颜亮的精心“哺育”下，“墟沟微生活”微信公众号成长为拥有粉丝量20多万、年阅读量过1 000万人次的连云港市民生类第一自媒体，成为当地助力社会正能量、弘扬新风气的“大舞台”。

作为一名党员，颜亮始终牢记自己的第一身份是共产党员，党员的宗旨是为人民服务。“内容生动起来，形式鲜活起来，让宣传靓起来，群众才能爱看，爱听。”开办伊始，他就用自媒体思维考虑如何传达好党的声音。“以后办这事不用跑了”“连云区这家单位招人了”“这件事情抓紧办”……6 年来，这些鲜活的标题成为他公众号的高频词；《注意，这些小区要停水停电》《连云港赢了！成功成为全国自贸区！》……从停水停电公告到地区发展政策，民生实事类消息占据了他每日推送内容的“头条”。

此外，颜亮的微信公众号文章《原创图文：唯有勇士，逆火而行！向在山火中奋战的第一个您致敬》《当赵雷的<成都>变成<墟沟>，刷爆了朋友圈》《致敬爱岗敬业的普通劳动者和见义勇为的平民英雄》等，充分展现了党的领导优势和制度优势，连续 3 年被评为年度“网络正能量”有温度的作品。在荣誉面前，颜亮说：“对比奖台，我更喜欢线下老师的讲台和网络这个舞台。”

三、利用 QQ 推广网店

QQ 用于网店推广，除了可以快速联系买家、回答买家问题外，还可以使用 QQ 群相册推广、QQ 群公告推广、QQ 空间推广等功能。

步骤 1 利用 QQ 群相册推广网店。群营销的本质是希望通过线上工具，借助人与人之间的沟通来完成网店的推广。QQ 群里有专属的 QQ 群相册，在其中上传的图片只有群内的人才能查看，可以用它来推广网店，如图 8-51 所示。

图 8-51　利用 QQ 群相册推广网店

步骤 2 利用 QQ 群公告推广网店。QQ 群公告也可以用于推广网店，不过只能在卖家创建的群或卖家是管理员的群内使用，如图 8-52 所示。

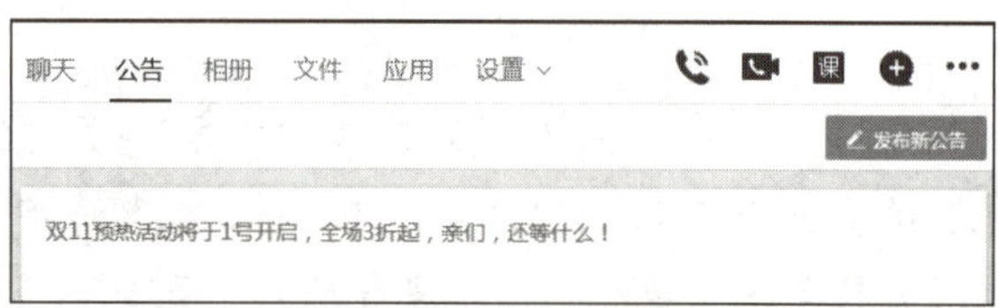

图 8-52　利用 QQ 群公告推广网店

步骤 3 利用 QQ 空间推广网店。QQ 空间推广一般以提高自己空间人气为目的。利用 QQ 空间推广，需要去他人的空间不断留言，使他人来自己的空间，以提高自己空间的人气，同时在 QQ 空间添加网店的推广信息，如图 8-53 所示。

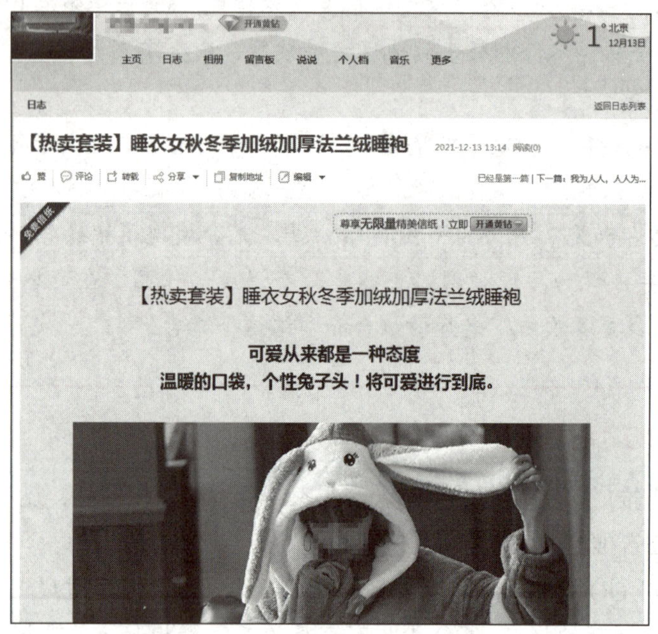

图 8-53　利用 QQ 空间推广网店

技能实训　布置一次推广活动

一、实训背景

创建好网店后，如何让买家了解网店商品？如何让买家进店购物？最有效的方法便是积极主动地推广。如今网络信息传播能力不逊于广告媒体，电子商务前景可观，可利用的推广平台比比皆是。因此，要想让网店被买家所熟知，可以使用多种途径进行推广。

二、实训目的

掌握网店营销工具的使用方法。

三、实训内容

（1）登录前面项目中所创建的网店，确定将要推广的商品。

（2）了解电商平台上的各种营销工具，观摩其他网店的促销或推广活动，并进行总结与分析，然后撰写一份营销策划书或网店促销方案。

（3）根据营销策划书或网店促销方案，使用一款或多款营销工具进行网店营销活动。

项目九

网店运营数据分析

项目导读

数据分析在网店运营过程中发挥着非常重要的作用。例如，它可以“预测未来”，帮助店主抓住市场机会或者规避市场风险；它可以“诊断缺陷”，找出网店运营中的不合理之处并提出解决方案；它可以“了解顾客”，将买家的特性呈现出来；它可以“提高销量”，根据网店现有资源做出最佳的营销计划……在大数据时代，数据分析工作已经成为网店运营的标配。

学习目标

- 了解网店运营数据分析的流程；
- 熟悉网店运营需要分析的核心数据；
- 掌握分析各类数据的方法；
- 掌握使用“生意参谋”分析数据的方法；
- 掌握使用 Excel 分析数据的方法。

素质目标

- 学习认真细致、善于分析问题的职业精神；
- 具有团结协作的团队精神。

“生意参谋”助力卖家提高销售额

在珠宝行业摸索多年的小田，从刚入淘宝时的盲目推广到利用“生意参谋”找准商品定位和用户人群，9 年时间，她把店铺做到了上亿规模。

“生意参谋”是阿里巴巴官方推出的生意分析工具，它不仅可以帮助卖家实现店铺销售的快速增长，还覆盖客服、物流、财务等方面的数据分析需求。据调查显示，使用“生意参谋”的淘宝卖家平均每月销售额比未使用的卖家高出 10%；在月销售额超过 1 万元的卖家群体中，“生意参谋”的使用率超过 95%，它几乎成为卖家开店的必备工具。

山东省潍坊市昌乐县被誉为中国蓝宝石之乡，出生于此的小田自小便在宝石堆里长大。2012 年毕业后，在选择创业方向时，她第一时间想到了开网店卖宝石，如图 9-1 所示。

图 9-1　小田在盘点商品

从宝石定制起家，靠着在“生意参谋”里研究市场情况和精细化运营，小田的淘宝店铺的营业额基本保持每年翻番的增长态势。她原先的运营计划是用快速上新、主攻性价比的策略抢占市场。

但是，从“生意参谋”呈现出的市场趋势来看，她发现近几年线上珠宝消费者的习惯正在悄然发生变化。“线上用户的客单价在不断提高，甚至有的用户在线上购买珠宝的花费已超过百万元。”小田分析，珠宝市场会不断扩大，而国内缺少的是真正高级的珠宝品牌，她逐渐意识到原先运营计划的不足并迅速做出调整。

在淘宝，像小田这样从零起步，把店铺的年销售额做到上千万甚至上亿的卖家不在少数，销售额大了，面对的数据也越发庞大且冗杂，有时候寻找某一个数据，就需要花费大量时间。“生意参谋”打破了过往菜单式的浏览、找寻，大大提高了卖家的使用效率。

2021 年 5 月 19 日起，“生意参谋”陆续免费开放给卖家使用，其中，流量纵横标准版、品类罗盘标准版两个产品最先开放。“生意参谋”此次的免费开放，更大的意义在于，卖家可以用更智能的数据产品，提高自身的洞察及分析能力，实现经营效率的提升。

课前学习

随着大数据时代的到来，越来越多的网店店主开始意识到数据的价值，通过数据驱动业绩增长成为普遍共识。在部分电子商务平台，数据分析已经成为网店后台必备的基础设施服务。

网店数据分析，就是通过对网店的重要指标数据进行分析，以反映网店运营各方面的真实情况，便于网店店主发现网店运营中存在的问题，获取用户的特性和动向，指导营销推广策略，提升用户体验，从而更好地提升经营业绩。

一、网店运营数据分析的流程

一般来说，网店运营数据分析的流程可以归纳为 4 步：搜集数据→量化分析→提出方案→优化改进。

1. 搜集数据

数据分析首先要有数据，完整、真实、准确的数据是数据分析取得成效的基础。网店数据的获取途径如表 9-1 所示。

表 9-1　网店数据的获取途径

获取途径	数据类型
网店后台	网店后台可以直接获取很多与网店运营相关的数据，如买家数据（购买时间、用户性别、所属地域等）、订单数据（订单数量、商品品类、订单金额等）和反馈数据（客户评价、退货换货、客户投诉等）
电商平台的搜索引擎	通过电商平台的搜索引擎可以获取网店在“店铺”搜索中的排名，及网店“宝贝”关键词在搜索中的排名情况等（利用淘宝网首页上方的搜索引擎“宝贝”和“店铺”标签搜索）
数据分析工具	“生意参谋”是淘宝卖家常用的数据分析工具。在“生意参谋”中可以获取买家的地域、渠道、搜索词、浏览的页面等数据信息及广告跟踪信息等
调查问卷	即以提出问题的形式搜集买家的需求信息（调查问卷一般由网店自行设计）

薪火相传

唐代的杰出人物刘晏在扶贫救灾过程中，很注重通过数据采集进行“大数据救灾”。虽然唐朝没有“大数据”一词，但其原理和现代“大数据”差不多。史料记载：“刘晏初为转运使，常以厚直募善走者，觇报四方物价。虽远方不数日皆达使司。”这句话的意思是，刘晏担任转运使时，用丰厚的报酬招募善于走访的人才，探查各地的物价，即使遥远地方的物价，用不了几天也能送到转运使官署。通过充分的数据采集，他就能调配物资，即使某地发生灾害，也能让全国的物价保持平稳。

2．量化分析

数据分析不只是对数据进行简单的统计描述，而是对数据进行量化分析，归纳和总结出对网店运营有用的信息。一般来说，常用的数据分析方法有以下几种：

（1）数据趋势分析。这是一种将分析期的数据或指标，与不同时期的同类数据或指标进行比较，从而确定其变化趋势和变化规律的分析方法。此方法一般适用于商品核心指标的长期跟踪，如点击率、活跃用户数、GMV（商品交易总额）等。具体的分析方法包括环比、同比和定基比。

- 环比：将分析期与上一个周期进行比较。环比可以知道分析目标最近的变化趋势，但是会受季节性因素的影响。例如，2022年9月，某服装店的访客数量为10 900人，2022年10月，该店的访客数量为25 900人，故该店的访客数量环比发展了138%。10月份恰逢换季，很多人会有购买秋装的需求，因此，该数据的波动受到季节性的影响较大。
- 同比：将分析期与去年同一时期进行比较。同比的优点是可以消除趋势变化中季节差异的影响。例如，2022年春节期间，某服装店的销售额为270万元，而该店铺2021年春节期间的销售额为180万元，故该店铺2022年春节期间的销售额同比增长了50%。
- 定基比：确定某个时期为基点，将分析期与基点进行比较。例如，某网店的促销活动定于2021年12月1日至12月5日，其中1日的销售额为120万元，5日的销售额为80万元，将这两个数据与网店2021年11月30日的销售额20万元进行比较可以发现，1日的销售额定基比为600%，5日的销售额定基比为400%。

提示

数据趋势分析不能仅仅只是得出简单的趋势图，对于趋势变化中明显的拐点，无论是内部原因还是外部原因，还要给出合理的解释。

（2）数据对比分析。如果单纯地只关注数据本身的趋势变化，其实很难得出有用的结论。例如，一家网店某个商品的销售额环比增长 50%，这一情况并不能说明什么问题，因为，如果其他店铺的同款商品销售额环比增长只有 5%，那么这一成绩堪称优秀；但如果其他店铺的同款商品销售额环比增长达 200%，那么这一成绩就非常糟糕了。因此，只有对比才能体现数据的价值。

数据对比分析就是把两个有共性或同质的数据或指标进行比较，从数量上展示并说明研究对象规模的大小、水平的高低、速度的快慢，以及各种关系是否协调。一般而言，此方法适用于基本面分析，如行业的情况、网店的转化情况等。

提示

数据对比分析的关键是两组对比数据或指标保持单一变量，其他情况基本一致。例如，对比商品的销售情况时，要保证商品的上架时间相同、销售的目标市场相同等。

（3）数据细分分析。有些综合性的数据或指标不能笼统地评判，还需要进一步地细分。在一些综合指标的使用过程中，会抹杀一些关键的数据细节，而数据或指标变化的原因，也只有抓住细节后才能得出。数据细分分析要注意采用多维度拆分，如分时（将数据按时间段拆分）、分渠道（将商品按不同货源拆分）、分用户（将用户按新老买家拆分）、分地区（将市场按不同地区拆分）、分来源（将网店流量的来源按站内和站外拆分）。

（4）其他分析方法。除了上述方法外，数据分析方法还有关联分析法（如两个或多个事物之间存在关联，通过对其中一个事物的分析可以预测关联事物的发展）、因果分析法（研究分析对象的先行情况和后行情况，确定引起分析对象产生变化的原因）等，由于篇幅所限，此处不再详述。

3．提出方案

找到网店运营存在的问题后，还要提出解决方案。提出解决方案的步骤如下：

（1）评估描述：对量化分析的结果进行描述。

（2）编制图表：用柱状图或条形图对基本情况进行描述；用散点图或折线图表现数据间的因果关系。

（3）提出观点：预判网店的发展趋势并给出具体的判断或建议。

（4）制作一份 PPT 文档：对上述 3 个步骤的内容进行演示。

4．优化改进

优化方案实施的同时，还要及时了解运营数据的变化情况，不断地对方案进行优化和改进，力争标本兼治，使同类问题不再出现；持续地监控和反馈，不断寻找能从根本上解决问题的最优方案。

实际上，网店运营数据分析是一项长期的工作，同时也是一个循序渐进的过程，需要网店运营人员实时监测网店的运营情况，及时发现问题、分析问题并解决问题，这样才能使网店健康、持续地发展。

二、网店运营需要分析的数据

数据充溢在网店运营的各个环节，但是并不是所有的数据都需要仔细分析。对于网店运营来说，最核心的数据是流量数据、网店主要页面数据、转化数据、客服数据等。网店店主应时刻监控这些数据，及时调整运营策略，使网店保持一个良好的运营状态。

1．流量数据

流量就是店铺的访问量，流量越大，店铺的人气就越高。流量是产生销量的基础，流量数据自然就成了网店最重要的分析对象之一，如图 9-2 所示。

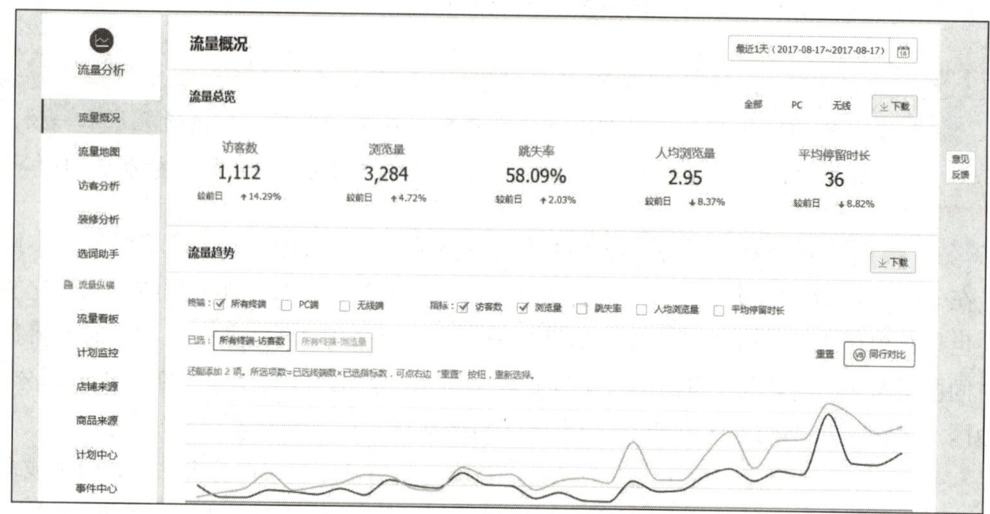

图 9-2　流量数据

一般来说，流量可以分为免费流量和付费流量。

（1）免费流量。无须为其支付引流费用的流量称为免费流量。免费流量主要包括电子商务平台内部关键词搜索带来的流量、自主流量和站外免费流量等。

- **关键词搜索带来的流量：**指买家通过电子商务平台站内的关键词搜索进入网店的流量。这类流量一般是免费流量的主要来源，具有成本低、精准度高的特点。
- **自主流量：**指买家自己主动访问网店的流量。这样的买家通常是之前在网店中已经有过成功的交易经历，因此才会通过直接访问、收藏商品、购物车等渠道来回访网店。这类流量十分稳定且转化率高。
- **站外免费流量：**指通过搜索引擎网站、论坛、微博、微信群、QQ 群等渠道从电子商务平台站外进入网店的流量。虽然这类流量无须支付费用，但是在推广的过程中，会有一些时间成本和人工成本。

（2）付费流量。网店店主通过投放广告、购买电子商务平台推广服务等方法引入的流量称为付费流量。与免费流量相比，付费流量的优点是见效快，只要支付营销费用，就可以马上获得大量流量。淘宝网上常见的付费流量来源主要有钻石展位、直通车、淘宝客等活动。

技巧

付费流量的成本较高，网店运营需要格外重视这一部分流量，不仅要在引流前规划好投放策略和流量价值评估，在流量进来以后，还要倍加珍惜，力争使新买家变成"老顾客"，发挥出付费流量的最大价值。

2. 网店主要页面数据

网店一般由网店首页和网店商品页构成。网店首页相当于店铺的门面，商品页相当于店铺的货架。买家在电子商务平台购买商品时，既可以通过网店首页寻找心仪的商品，也可以通过搜索商品，直接访问商品页。

（1）首页数据。首页是一个网店的门面，买家进入网店首页后，会根据首页的导航进入其他不同的页面。网店首页需要关注的核心数据如表 9-2 所示。

表 9-2　网店首页需要关注的核心数据

核心数据	含　义
首页访问量	指网店首页被查看的次数，同一买家多次打开或刷新页面，该指标值累加。一般来说，网店首页的流量大约占全店总流量的 15%，促销活动期间，网店首页的访问量会更高些
独立访客数	独立访客数指标能够真实地反映网店首页访问者的人数，同时它还可以用于不同情况下访问量的比较分析及转化率的计算
停留时间	指买家在网店首页停留的时间。停留时间越长，说明网店首页对买家的吸引力越大；停留时间越短，说明网店首页给买家的感观不佳
访问深度	指买家从网店首页访问其他商品页面的次数。当买家通过网店首页继续访问网店其他商品页面时，就是一个访问深度。访问深度是衡量一个网店是否受欢迎的重要指标。一般来说，在店铺首页不宜放置过多同类商品，宜放置可搭配销售的商品
跳失率	网店首页的跳失率不宜超过 80%，如果跳失率太高，则说明网店首页的装修设计有问题，导致很多买家进入首页后就失去了继续访问网店的兴趣而离开了

（2）商品页数据。商品页是网店最重要的页面，也是交易达成的页面，买家大部分的时间和操作都集中在商品页。商品页数据是网店数据分析需要实时关注的重点，这些数据直接影响网店商品的销量。商品页需要关注的核心数据如表 9-3 所示。

表 9-3　商品页需要关注的核心数据

核心数据	含　义
页面浏览量	指网店的商品页面被查看的次数。同一买家多次打开或刷新一个商品页面，该指标值累加。一般而言，商品的浏览量越大，销量越大
独立访客数	指访问商品页的人数。在选定的时间内，同一买家的多次访问只记为 1 次
咨询人数	指浏览了商品页后联系网店客服的人数。咨询人数的数据要进行细分分析，因为买家主动联系客服的动机是多方面的
跳失率	指在统计时间内，访客中没有发生点击行为（如收藏、加购、咨询、点击评价、点击超链接等行为）的人数与访客数的比值。商品页的跳失率越高，说明商品页的问题越大，店主就要从商品页的图片、描述、价格等方面进行改进
收藏类数据	指商品的收藏数据和网店的收藏数据。虽然买家进入网店没有下单购物，但只要收藏了商品或者网店，就证明其对网店或网店中的商品是有兴趣的，达成交易的可能性较高

3. 转化数据

转化数据是与商品成交相关的数据或指标，包括转化人数（付款的人数）、转化率（付款的人数与访问量的比值）、转化金额（买家付款的金额）、客单价（在统计时间内，支付金额与支付人数的比值，即平均每个支付人的支付金额）和退款率（退款的订单与付款订单的比值，若退款率较高，则表示转化率很低，不利于网店的发展）。其中，最为关键的指标是转化率和客单价，转化率反映了流量的质量高低；客单价反映了流量的价值大小。

（1）转化率。转化率数据的高低跟商品的价格、网店的装修、网店客服的服务水平等因素都有密切的关系。网店运营工作的重心就是通过持续不断地改进，消除买家的疑虑，促使其下单购买商品，从而提高转化率，为网店带来更高的收益。一般来说，根据买家有没有咨询网店客服，转化率可以分为静默转化率和咨询转化率；根据买家下单后有没有付款，转化率可以分为下单转化率和支付转化率，具体如表 9-4 所示。

表 9-4　转化率数据及其含义

数据类型	含　义	分　析
静默转化率	不咨询客服而直接下单的买家与独立访客数的比值	提高静默转化率是网店运营的重要运营目标，通过以下 5 点可以提高静默转化率：① 价格低廉；② 商品评价中多为高质量的好评；③ 商品描述详细、实用；④ 网店装修美轮美奂；⑤ 促销活动丰富
咨询转化率	咨询客服后下单的买家与独立访客数的比值	咨询转化率是评价客服工作的重要指标，可通过提升网店的客户服务水平来提高此数据

续表

数据类型	含　义	分　析
下单转化率	即提交订单的买家数与独立访客数的比值	如果下单转化率较低，说明买家浏览了商品或网店，但没有提交订单，此时就要关注商品详情页面是否合理、客服工作是否到位等
支付转化率	即支付订单的买家数与独立访客数的比值	如果下单转化率较高而支付转化率较低，就要增加催付工具的使用频率

（2）客单价。转化率数据可以通过提高客服的服务水平，加强页面设计来提高，但客单价则是一个复杂的指标，网店运营的每一个环节及每一个细节，都可能对客单价产生影响。

例如，关联销售通过关联商品推荐、优惠券促销、商品组合策略、客服推荐等，促使买家在购买商品时还顺便购买了其他商品；商品定价，某个商品具有很强的品牌溢价，广受年轻消费者的喜爱，比同类商品的价格要高几百元；营销推广，通过社交媒体找到了精准客户群体；等等。

4．客服数据

客服工作是网店运营的重要环节，当买家与客服沟通时，客服人员的服务水平对能否促进成交具有决定性的影响。因此，网店必须不断提高客服人员的服务水平，监控客服工作的过程和成果。分析客服数据时需要注意以下几点：

（1）对客服个人、客服团队、静默销售、网店整体流量数据进行全方位的统计分析。

（2）分析网店客服的销售额、销售数量和销售人数。

（3）分析网店客服的客单价、客件数和件均价，分析网店客服关联销售的能力。

（4）多维度统计网店客服的转化成功率，包括询单到最终下单的成功率，下单到最终付款的成功率，以及询单到最终付款的成功率。

知识延伸

为了客观地评价客服人员的工作能力、服务态度和工作业绩，提升网店的客服水平，许多网店都会制定客服 KPI 考核方案。KPI 考核的相关指标是衡量工作人员工作表现的量化指标，其指标来源就是相关的客服数据。常见的网店客服 KPI 考核指标有：销售额、咨询转化率、付款转化率、询单人数、客单价、回复率、响应时间、客服销售占比、好评数、聊天记录抽查等。图 9-3 为某网店售前客服 KPI 考核指标（部分）示例。

客服KPI考核参考							
KPI指标	详细描述	标准（%）	分值	建议权重	得分	数据来源	备注
销售额	实际销售额/计划销售额	≥80	100	20%		生意参谋	
		≥70，<80	80				
		≥60，<70	70				
		≥50，<60	50				
		≥40，<50	40				
		<40	0				
咨询转化率	最终下单人数/询单人数	≥40	100	20%		生意参谋	
		≥35，<50	80				
		≥30，<35	60				
		<30	0				
付款转化率	最终付款人数/下单人数	≥90	100	5%		生意参谋	
		≥80，<85	80				
		≥75，<80	60				
		<75	0				
询单人数	日均询单人数	≥150	100	5%		生意参谋	依据实际接待量调整，如区分“双11”与淡季指标
		≥100，<150	80				
		≥50，<100	60				
		<50	0				
客单价	销售额/下单付款人数（有效客单价）	≥150	100	5%		生意参谋	
		≥80，<150	80				
		≥40，<80	60				
		<40	0				
旺旺回复率	回复过的客户数/总接待的客户数	≥98	100	10%		生意参谋	接待客户，非询单客户
		≥95，<98	80				
		≥92，<95	60				
		<92	0				
旺旺响应时间	平均响应时间（秒）	≤20	100	10%		生意参谋	重要指标，体现工作能力和工作态度
		>20，≤30	80				
		>30，≤50	60				
		>50	0				
客服销售占比	客服销售额/店铺销售额	≥70	100	10%		生意参谋	
		≥60，<70	80				
		≥40，<60	40				
		<40	0				
好评数	商品详情页评价中体现客服旺旺名	>15	100	5%		宝贝详情页	需要店铺进行评估管理
		≥10，<15	80				
		≥8，<10	60				
		≥6，<8	40				
		<6	0				

图 9-3　客服 KPI 考核指标（部分）示例

薪火相传

网店运营需要和众多其他岗位的同事打交道，团结精神必不可少。在网店运营岗位上，我们可以学习中国女排精神。《人民日报》曾经在新媒体平台发表了《中国精神壮我国魂》一文，文中对中国女排精神是这样说的：“女排精神团结协作、顽强拼搏、永不言弃”。其中，“团结协作”说明了球队队员的思想统一、团结，大家目标一致，相互协作，表明了团结就是力量；“顽强拼搏”说明了球队的作风，能吃苦耐劳，不怕艰辛，勇往直前；“永不言弃”说明了球队队员始终向着目标前行，不怕险阻，不妥协、不放弃、坚持到底，一路向前。

正是因为中国女排有“团结协作、顽强拼搏、永不言弃”的精神，才造就了她们的辉煌成就，才使她们的光荣事迹感动了无数的中国人民。

三、常用网店数据分析工具

生意参谋简介

仅仅依靠人力获取、处理和分析数据是非常吃力的，为了更好地对网店的运营数据进行分析和总结，就必须掌握数据分析和管理工具的使用方法。淘宝网卖家常用的是以“生意参谋”为主的在线数据分析工具和以 Excel 为主的本地数据分析工具。下面对其进行简单介绍。

1. 生意参谋

“生意参谋”（见图 9-4）是阿里巴巴集团推出的在线商务数据分析工具，它秉承着“数据，让生意更简单”的使命，致力于为入驻平台的卖家提供精准且实时的数据统计、多维度的数据分析和权威的数据解决方案。“生意参谋”全面统计了淘宝店铺经营各链路的全部核心数据及其分析结果。利用“生意参谋”，卖家可以了解自家店铺的经营情况（包括流量分析、销售分析、客户分析及推广效果）、商品销售情况、买家付费情况和装修效果等，并由此完善经营策略，提升商品销量。

图 9-4　“生意参谋”的首页

2. Excel

Excel 是微软公司经典办公软件 Microsoft Office 中的重要组件之一，它具有交互友好的图形化界面和易于理解的操作逻辑，是最为大众所熟知和欢迎的本地数据分析工具。Excel 几乎可以胜任所有的数据处理和分析工作。例如，利用 Excel 中丰富的公式和函数，用户可以轻松完成求和、计数、条件判断、求平均值等数据处理工作；利用 Excel 的排序、筛选、分类汇总、分列、删除重复值、数据验证、透视表等功能，用户可以轻松完成数据分析工作，如图 9-5 所示。

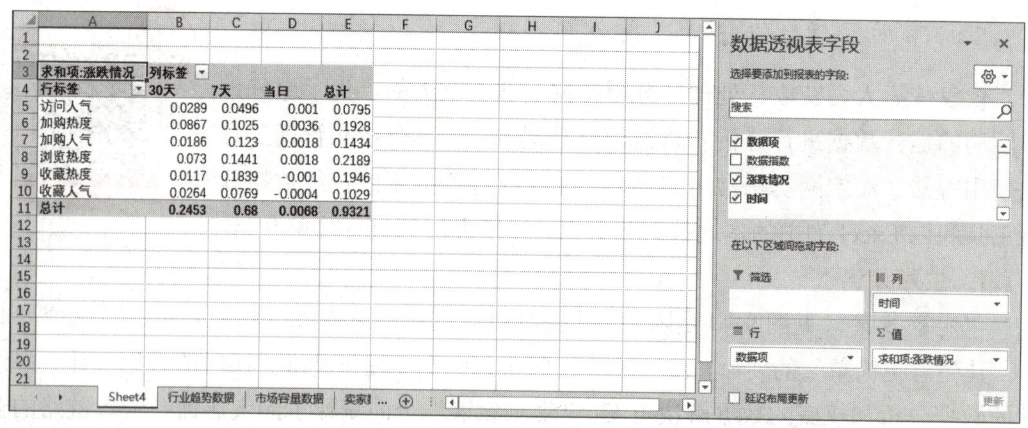

图 9-5 利用 Excel 进行数据分析

在数据可视化方面，Excel 同样表现出色。它支持将数据绘制成可视化图表进行展示，如折线图、条形图、饼图、散点图、气泡图、面积图、雷达图等。绘制好的图表不仅精致美观，还会随数据的变化而呈现实时效果，如图 9-6 所示。

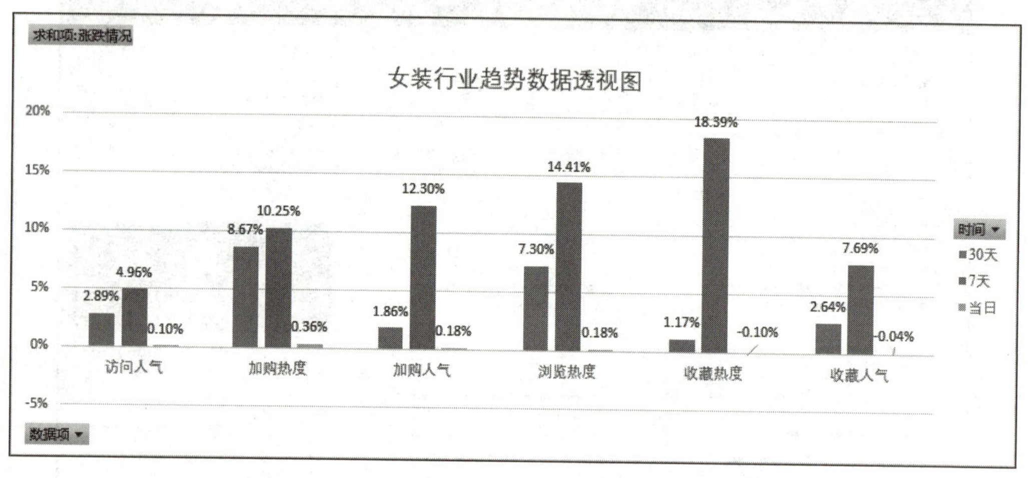

图 9-6 使用 Excel 绘制可视化图表

任务实操一 使用“生意参谋”分析网店运营数据

下面以某服装网店为例，介绍使用“生意参谋”进行网店运营数据分析的方法。此任务实操需要用到正常运营的网店，如果不具备实操条件，具体操作过程仅供参考。

生意参谋各项数据的查询方法

一、登录“生意参谋”

步骤 1 使用浏览器访问“生意参谋”的官方网站

（https://sycm.taobao.com/），打开登录页面，在右侧的登录框中输入登录名和登录密码，然后单击“登录”按钮，如图 9-7 所示。

图 9-7　登录“生意参谋”

提示

除官方网站外，淘宝卖家还可以通过阿里巴巴提供的店铺管理工具——“千牛工作台”的“数据”模块进入“生意参谋”，如图 9-8 所示。

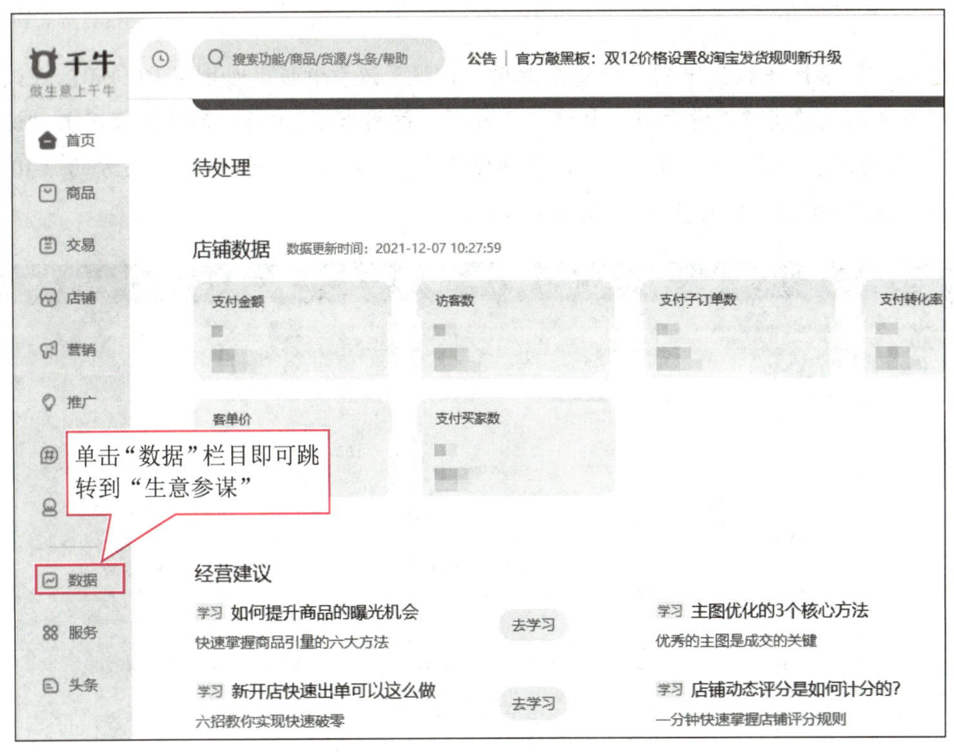

图 9-8　千牛工作台

步骤 2 “生意参谋”首页中，占据显眼位置的是“实时概况”面板，可以查看店铺的实时数据，如当日支付金额、行业排名、访客数、支付买家数、浏览量、支付子订单数等，如图 9-9 所示。

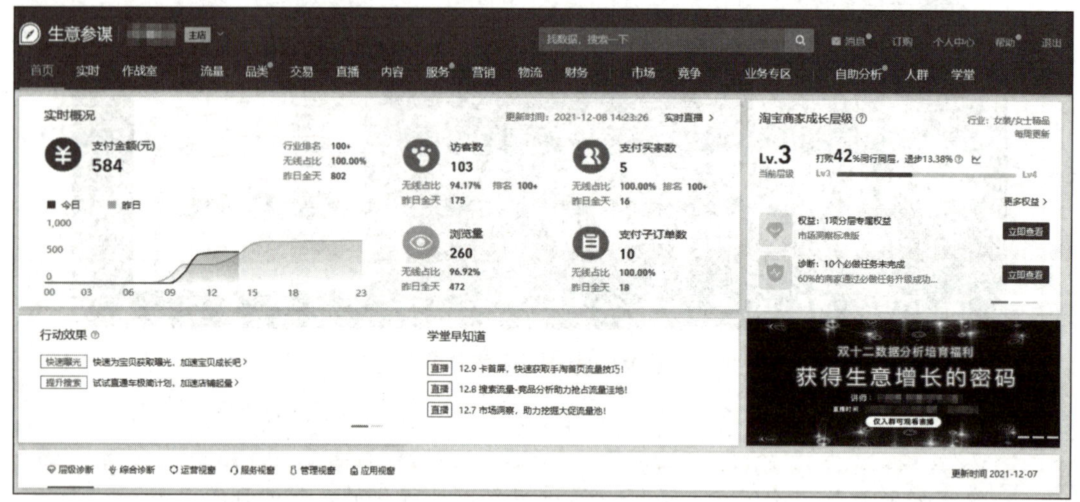

图 9-9 “生意参谋”首页

二、分析网店流量数据

步骤 1 选择导航栏中的“流量”选项，切换至流量看板，如图 9-10 所示。在此看板中可以查看店铺的实时流量数据，具体的栏目有“访问店铺”（店铺的流量情况）、“访问商品”（商品的流量情况）和“转化”（流量转化情况）。单击“流量总览”上方的“30 天”按钮，将分析期设定为 30 天，如图 9-11 所示。

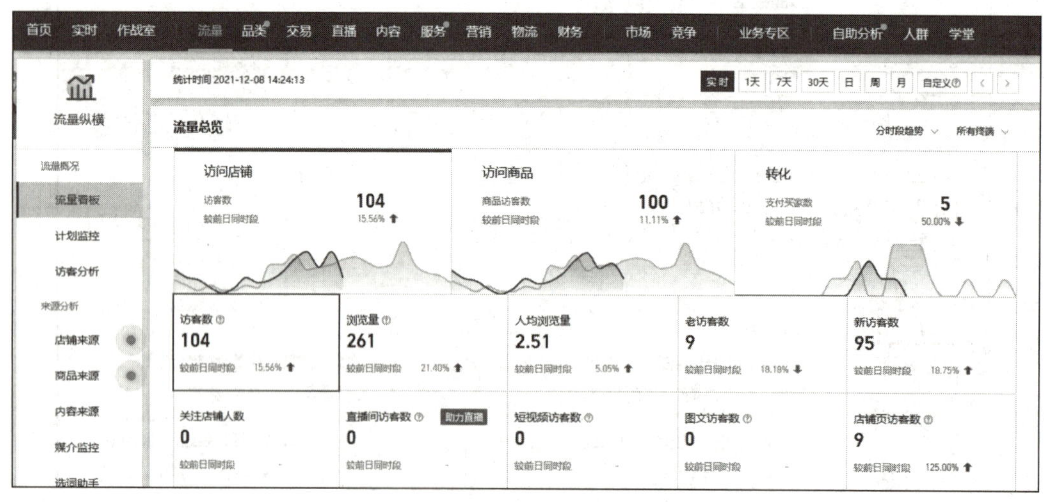

图 9-10 流量看板

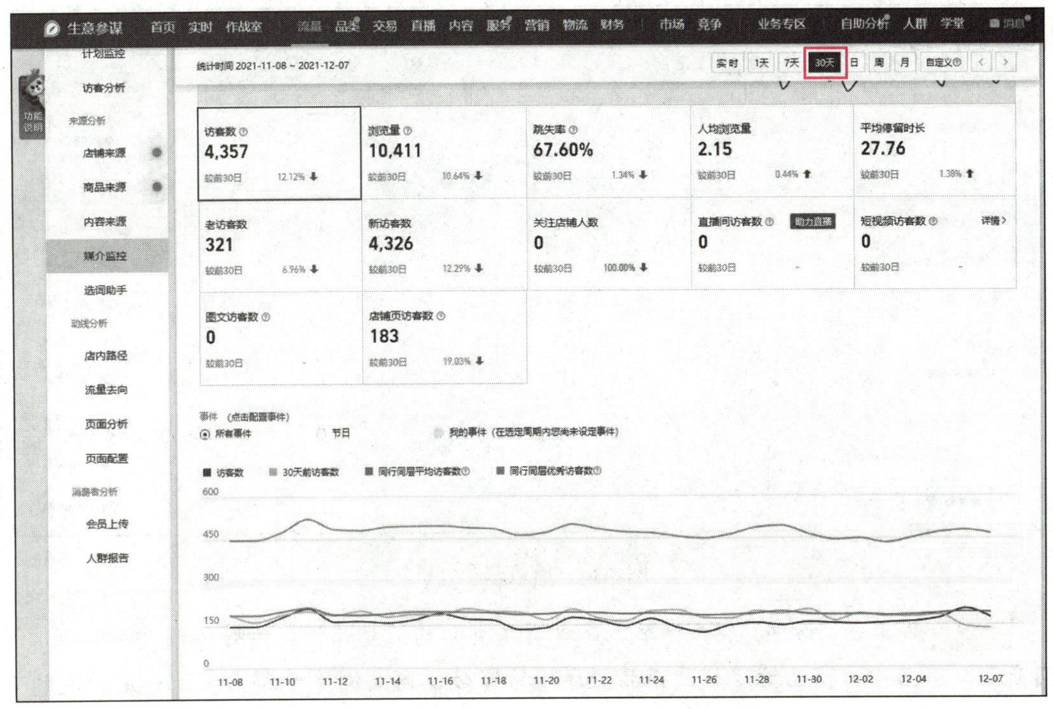

图 9-11　分析网店的流量数据

步骤 2 分析流量数据。对于网店来说，每天需要关注的数据主要有访客数和浏览量。从图 9-10 和图 9-11 可以看到网店当天的访客数为 104 人，30 天内的访客数为 4 357 人，而对应的浏览量为 261 人次和 10 411 人次。实际上，浏览量是访客量的 2～3 倍是最佳的，这说明来到店铺的买家至少看了 2～3 个页面，对网店的商品是感兴趣的。如果浏览量小于 2 倍访客量，那就说明很多买家进入店铺后没有进行任何操作就离开了，此时网店运营人员就要关注跳失率数据了，一般跳失率不要超过 80%，平均停留时长在 16 秒以上就算正常。从图 9-11 可以看出，该网店的跳失率为 67.6%（＜80%），平均停留时长为 27.76 秒（＞16 秒），网店数据基本合理。

步骤 3 继续进行流量对比分析。在图 9-11 的流量走势图中，可以通过“访客数”在时间轴上的曲线进行环比分析，通过“30 天前访客数”在时间轴上的曲线进行同比分析。从中我们可以发现，该网店的流量趋势较为平稳，与同行业同层次的平均水平相差无几，但是与行业优势水平还具有较大差距（平均水平的访客数＞150 人，行业优秀水平的访客数＞450 人）。网店可以从商品成本、营销推广和客户服务水平上进行优化改进。

步骤 4 向下拖动页面右侧的滚动条，查看流量来源数据，如图 9-12 所示（分析过程需要借助 Excel 完成，后续在任务实操二中演示）。

流量来源排行TOP10　　无线端　　店铺来源 >

排名	来源名称	访客数	操作
1	手淘搜索	36	详情 趋势 商品效果
2	直通车	34	详情 趋势 商品效果
3	手淘推荐	10	趋势 商品效果
4	我的淘宝	8	趋势 商品效果
5	手淘淘金币	4	趋势 商品效果
6	手淘旺信	3	趋势 商品效果
7	淘宝特价版	3	趋势 商品效果
8	淘内免费其他	3	详情 趋势 商品效果
9	购物车	3	趋势 商品效果
10	手淘拍立淘	2	趋势 商品效果

图 9-12　流量来源分析

步骤 5 单击“访问商品”区域，查看商品页面的流量情况，如图 9-13 所示。在“访问商品”页面中，商品访客数、商品微详情访客数、商品浏览量都出现了一定程度的下降，且商品跳失率为 85.85%，大于网店整体的跳失率 67.6%。这说明 85%以上的买家进入网店商品页之后没有进行任何操作就离开了。此时，网店需要对商品页主图或标题进行优化，或者调整商品价格。

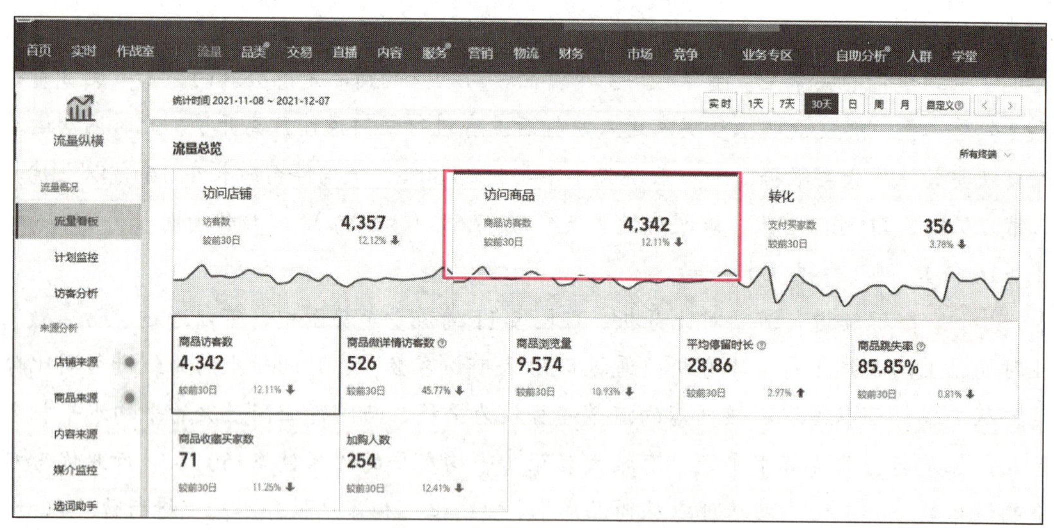

图 9-13　“访问商品”数据界面

步骤 6 进行访客分析。单击页面左侧的“访客分析”栏目，查看访客行为数据，如图 9-14 所示。在访客分布趋势图中，我们可以看到在 18:00—20:00 的时间段内，访客数最多，但下单买家数却处于低位。这说明该时间段内网店在商品更新、客户服务等方面有所欠缺，应及时加快商品的更新力度，提高网店的接待能力。

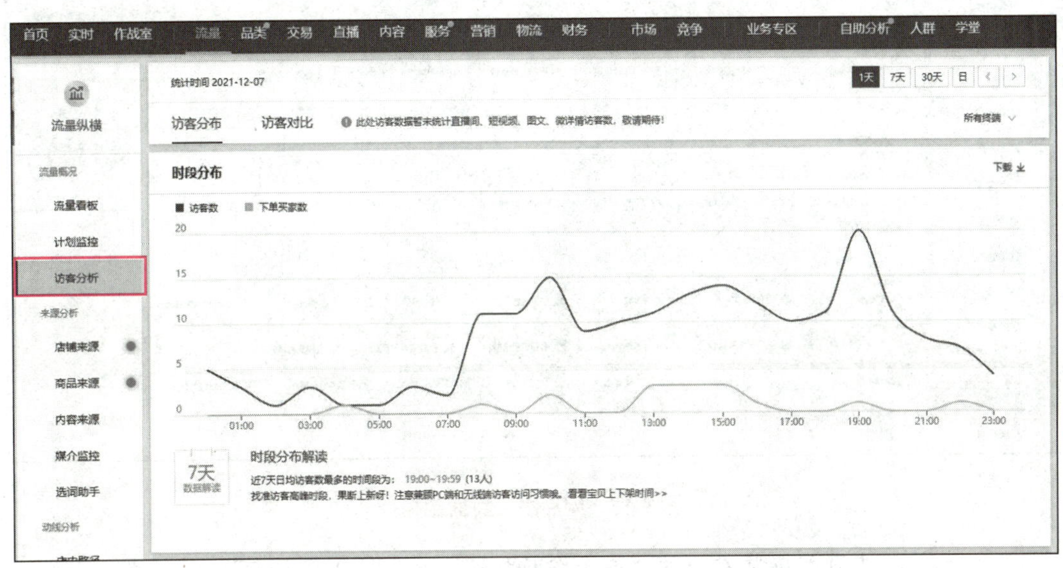

图 9-14　访客分析

三、分析网店主要页面数据

步骤 1 进行网店主要页面分析。单击页面左侧动线分析区域下的“页面分析”栏目。由于该网店的主要流量来自手淘搜索，因而主要查看网店手淘首页的数据。在页面顶部单击日期右侧的“PC 端”按钮，在下拉列表中选择“无线端”选项，如图 9-15 所示。在“首页 & 自定义承接页”区域中，依次勾选“浏览量”“访客数”“点击率”“跳失率”“平均停留时长”左侧的复选框，此时页面将会刷新，显示相应的数据。从“手机淘宝店铺首页”的相关数据可以看出，店铺当日的浏览量与前日变化不大（相差 4.55%），但点击率（16.67%）下降了 41.67%，跳失率（83.33%）上升了 16.67%，平均停留时长（3.45 秒）下降了 45.83%。此时网店应该及时更新手淘首页的商品信息，重新上架商品，优化商品主图和标题、开展一些促销活动等。

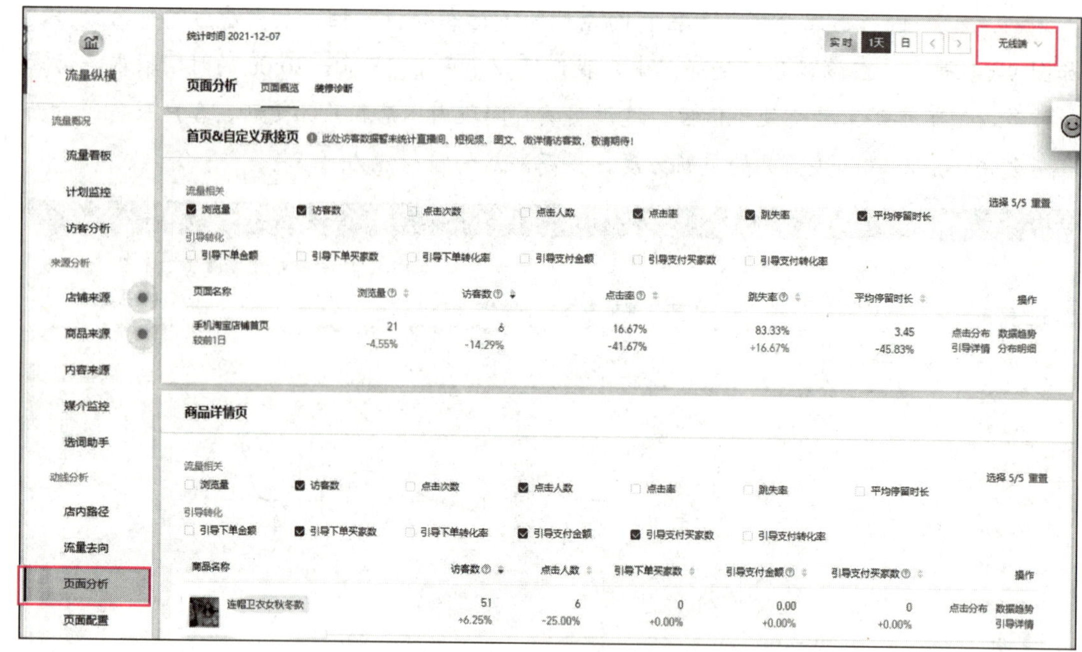

图 9-15　网店主要页面数据

步骤 2 单击页面概览右侧的“装修诊断”栏目（见图 9-16），可以通过查看手机淘宝店铺首页的点击分布查看买家的点击区域，对于那些几乎没有人点击的商品，就需要从商品主图或价格上进行优化。商品详情页的数据分析与手机淘宝店铺首页相似，此处不再赘述。

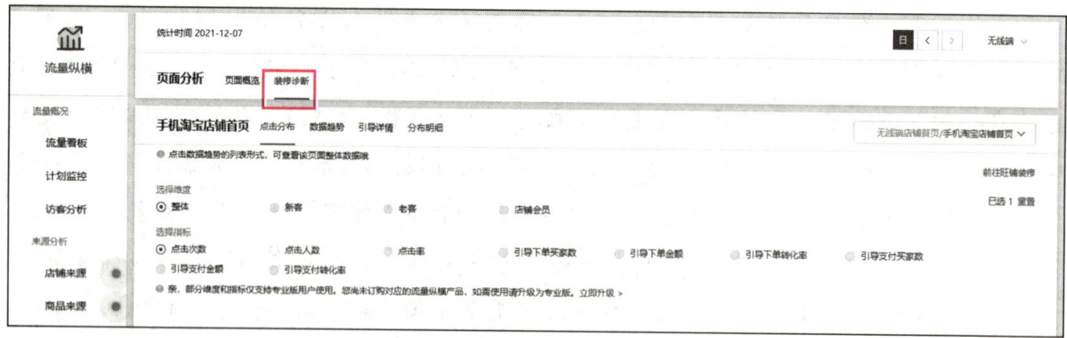

图 9-16　“装修诊断”页面

四、分析网店转化数据

步骤 1 在“生意参谋”中，既可以在流量看板中直接单击“转化”区域，查看相关的转化数据，如图 9-17 所示；也可以在页面顶部的导航栏中选择“交易”选项，查看更多转化数据，如图 9-18 所示。

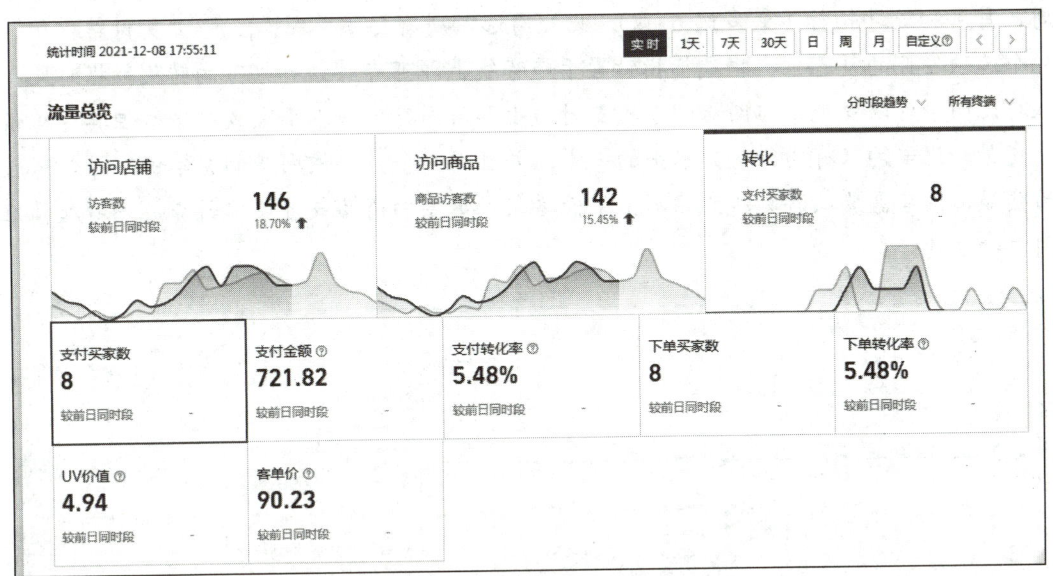

图 9-17　流量总览中的转化数据

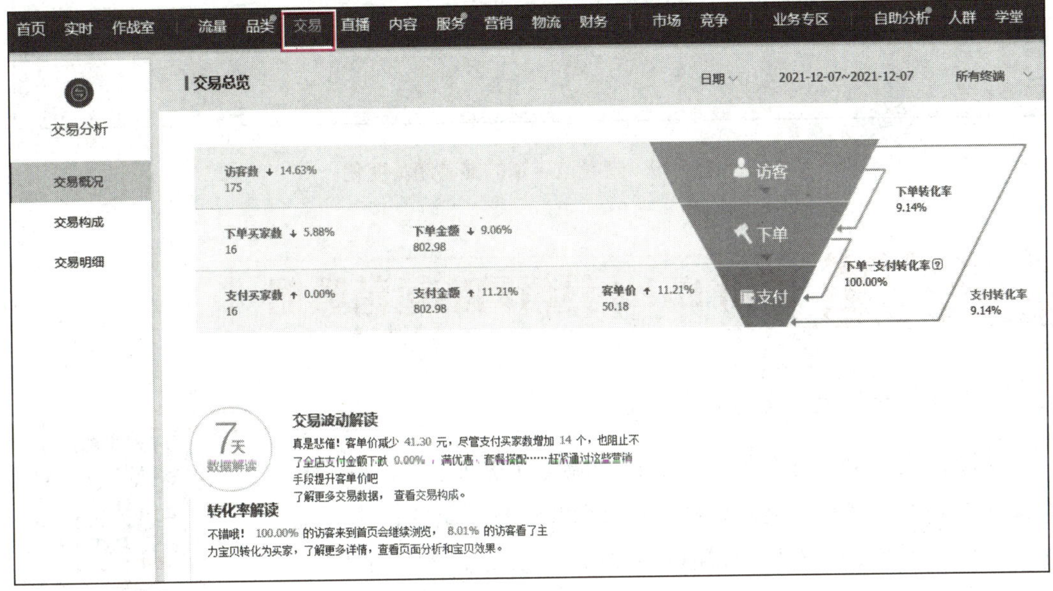

图 9-18　“交易”版块中的转化数据

步骤 2 从图 9-17 的数据中可以看到，当日共有 146 人访问了店铺，142 人访问了商品，有 8 人提交了订单，有 8 人支付了订单，所以其下单支付转化率为 100%。结合商品页面较高的跳失率来看，说明网店拥有一部分稳定的老客户。

步骤 3 在“交易总览”页面中，向下拖动页面右侧的滚动条，可以查看该店铺的交易趋势变化，选中“同行对比”左侧的单选钮，还可以将本店的转化数据与同行优秀水平进行比较，如图 9-19 所示。在趋势图的右上角，可以设置分析数据的统计时间（日、周、月）和统计指标（最多选 5 项）。此处勾选“所有终端”“客单价”“支付转化率”3 个选项左侧的复选框，将鼠标指针置于趋势线上即可查看该日期下的转化数据对比。从对比图中可以发现，该网店的下单支付转化率与同行优秀水平大致相当，但其客单价和支付转化率均只有同行优秀水平的一半。并且近一个月，该网店的客单价下降趋势较为明显，网店需要及时更新商品，上架价格相对更高的商品或者使用付费流量增加精准用户的数量。

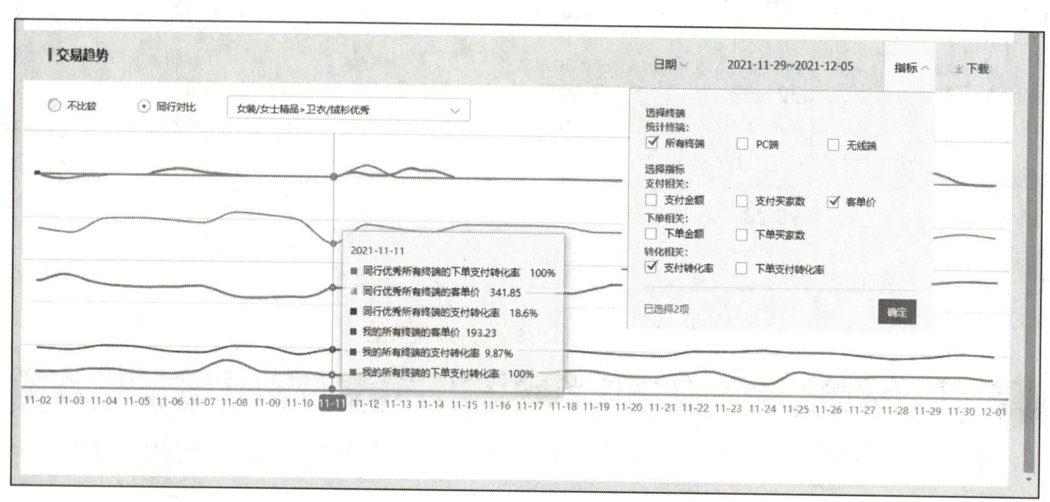

图 9-19　查看该店铺的交易趋势变化

任务实操二　使用 Excel 分析网店运营数据

一、分析付费流量占比

使用 Excel 分析商品数据

从图 9-12 中可以采集到网店流量来源排行榜前十名，但“生意参谋”并不能将其分类并计算付费流量和免费流量的占比，此时就需要使用 Excel 对其进行简单的数据处理，以便量化分析。

步骤 1 通过图 9-12 可以得到如下流量数据：手淘搜索（36），直通车（34），手淘推荐（10），我的淘宝（8），手淘淘金币（4），手淘旺信（3），淘宝特价版（3），淘内免费其他（3），购物车（3），手淘拍立淘（2）。

步骤 2 在 Excel 中新建一个工作簿，将默认的工作表 Sheet1 重命名为“网店流量分析表”，然后设定表头和“流量来源”“数量”“占比”“流量性质”等要素，然后输入步骤 1 中获得的数据，效果如图 9-20 所示。

步骤 3 为表格添加计算公式。首先计算流量的总和，在 B13 单元格中输入求和计算公式“=SUM(B3:B12)”，计算出流量总和为“106”。然后计算“手淘搜索”流量的占比，在 C3 单元格中输入公式“=C3/$B$13”并设置单元格格式的数字类型为百分比。双击 C3 单元格的填充柄，可计算出所有流量的占比，最终效果如图 9-21 所示。

	A	B	C	D
1	网店流量分析表			
2	流量来源	数量	占比	流量性质
3	手淘搜索	36		免费流量
4	直通车	34		付费流量
5	手淘推荐	10		免费流量
6	我的淘宝	8		免费流量
7	手淘淘金币	4		免费流量
8	手淘旺信	3		免费流量
9	淘宝特价版	3		免费流量
10	淘内免费其他	3		免费流量
11	购物车	3		免费流量
12	手淘拍立淘	2		免费流量
13	合计			

图 9-20　网店流量分析表效果

	A	B	C	D
1	网店流量分析表			
2	流量来源	数量	占比	流量性质
3	手淘搜索	36	33.96%	免费流量
4	直通车	34	32.08%	付费流量
5	手淘推荐	10	9.43%	免费流量
6	我的淘宝	8	7.55%	免费流量
7	手淘淘金币	4	3.77%	免费流量
8	手淘旺信	3	2.83%	免费流量
9	淘宝特价版	3	2.83%	免费流量
10	淘内免费其他	3	2.83%	免费流量
11	购物车	3	2.83%	免费流量
12	手淘拍立淘	2	1.89%	免费流量
13	合计	106		

图 9-21　为表格添加计算公式

步骤 4 制作数据饼图。选中 A3:A12 和 C3:C12 单元格区域，单击“插入”选项卡“图表”组中的“插入饼图或圆环图”按钮，在展开的下拉列表中选择“饼图”选项，此时表格中会自动生成一张数据饼图。选中饼图，单击右上角的“图表元素”设置按钮，取消“图例”左侧已勾选的单选钮，取消图例显示；然后勾选数据标签左侧的单选钮并将其设置为“数据标签外”；最后将饼图标题修改为“网店流量结构图”并对图表进行适当美化，最终效果如图 9-22 所示。

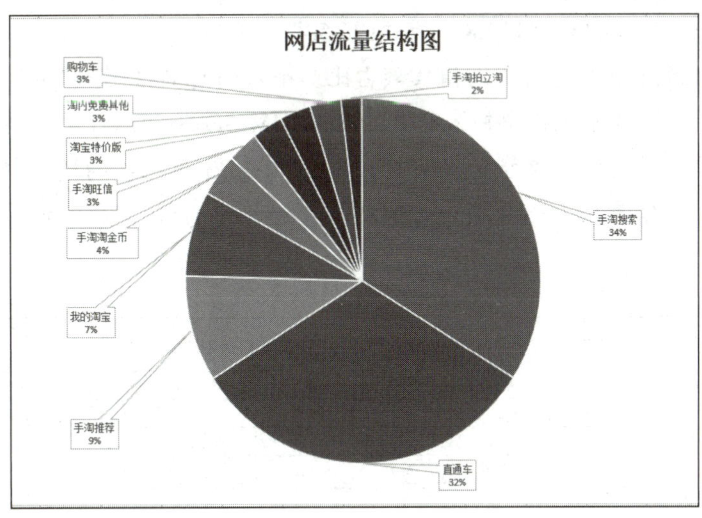

图 9-22　数据饼图

步骤 5 从图 9-22 可以看出，该店当日的流量中有 32%的数据来自直通车，其为付费流量。一般来说，新店开业，几乎没有流量，此时需要通过付费流量快速积累客户，付费流量的比例可以高达 80%以上。但是店铺运营进入平稳期以后，付费流量不宜超过 30%。该店付费流量比例适中。

二、分析客服数据

下面以从“生意参谋”中获取的客服数据为例（见图 9-23），使用 Excel 对其进行量化分析。

	A	B	C	D	E	F	G	H	I	J
1	客服人员月度数据表									
2	旺旺昵称	咨询人数	平均响应时间	销售额	销售量	销售人数	客单价(元)	客件数	件均价(元)	个人销售额占比
3	珍珍	693	13.6	56200	407	289				
4	小马	364	19.8	23800	211	126				
5	花花	812	12.5	87310	690	402				

图 9-23　客服人员月度数据

步骤 1 计算客服人员的客单价。客单价=客服销售额/客服销售人数，此时可以在 G3 单元格中输入公式“=D3/F3”，得到结果“194.46”，双击 G3 单元格的填充柄，可计算出小马和花花的客单价分别为“188.89”和“217.19”。

步骤 2 计算客服人员的客件数。客件数=客服销售量/客服销售人数，此时可以在 H3 单元格中输入公式“=E3/F3”，得到结果“1.41”，双击 H3 单元格的填充柄，可计算出小马和花花的客件数分别为“1.67”和“1.72”。

步骤 3 计算客服人员的件均价。件均价=客服销售额/客服销售量，此时可以在 I3 单元格中输入公式“=D3/E3”，得到结果“138.08”，双击 I3 单元格的填充柄，可计算出小马和花花的件均价分别为“112.8”和“126.54”。

步骤 4 计算客服人员的个人销售额占比。个人销售额占比=客服销售额/客服团队销售额，此时可以在 J3 单元格中输入公式“=D3/SUM($D$3: $D$5)”，得到结果“33.59%”（需设置单元格格式的数字类型为“百分比”），双击 J3 单元格的填充柄，可以计算出小马和花花的个人销售额占比分别为“14.23%”和“52.18%”。最终计算结果如图 9-24 所示。

	A	B	C	D	E	F	G	H	I	J
1	客服人员月度数据表									
2	旺旺昵称	咨询人数	平均响应时间	销售额	销售量	销售人数	客单价(元)	客件数	件均价(元)	个人销售额占比
3	珍珍	693	13.6	56200	407	289	194.46	1.41	138.08	33.59%
4	小马	364	19.8	23800	211	126	188.89	1.67	112.80	14.23%
5	花花	812	12.5	87310	690	402	217.19	1.72	126.54	52.18%

图 9-24　计算结果

步骤 5 制作柱形图。选中除表头以外的所有数据，单击“插入”选项卡“图表”组中的“插入柱形图”按钮，在展开的下拉列表中选择“三维百分比堆积柱形图”选项，此时表格中会自动生成一个柱形图。将图表标题修改为“客服人员业绩对比”，然后适当美化图表界面，最终效果如图 9-25 所示。

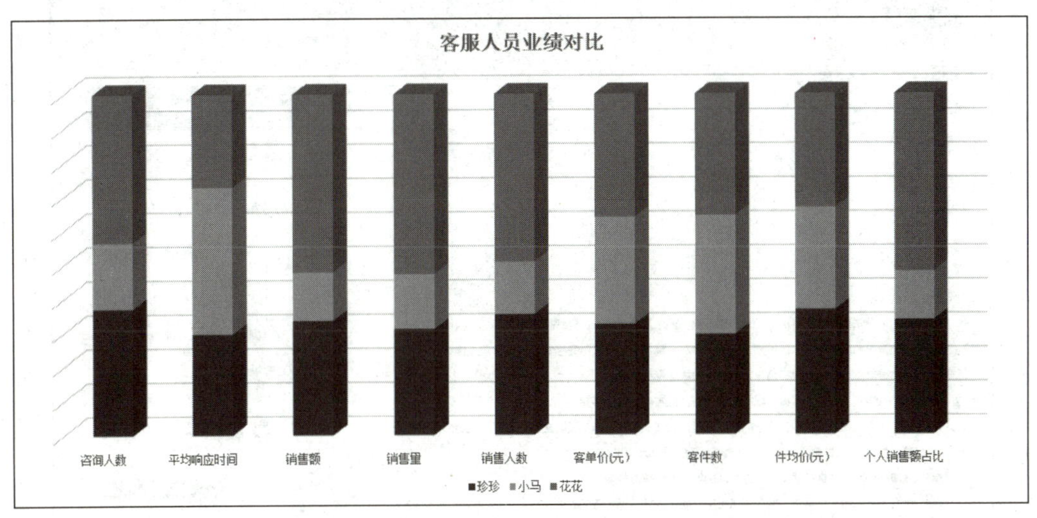

图 9-25　“客服人员业绩对比”柱形图

步骤 6 从各项数据来看，客服小马的表现最差，客服花花的表现最好。虽然客服小马的平均响应时间很短，但咨询人数和销售额均较少，说明其工作能力有待提升，需要加强业务培训。而客服花花的工作业绩最突出，不仅销售额和销售人数最多，而且销售占比更是达到 50%以上，应该给予肯定和鼓励。但整体客服的客单价都不高，应该加强服务过程中的关联销售力度。

技能实训　分析网店运营数据并制定改进措施

一、实训背景

在党领导人民进行奋斗的新时代，诞生了许多新职业、新工种。这些新岗位上的工作人员，借助互联网和大数据的快速发展、生活品质的提升和消费升级的时代契机，改变了原来的工种模式和工作流程。也正是这些新岗位的出现，让人们的生活更加丰富多彩，岗位相关工作人员置身于时代中的获得感也明显提升。“数据分析师”就是其中之一。

进入“大数据”时代，数据对于各行各业来说都显得无比重要。谁掌握了数据，谁就掌握了流量。“电子商务数据分析”工作不仅限于大型的互联网企业，随着数据分析工具的普及，广大网店也显现出对数据分析的巨大需求，拥有数据分析能力已经成为网店运营人员必备的基础技能之一，许多网店在招聘运营人员时将数据分析能力作为任职要求的重要能力指标，如图 9-26 所示。

图 9-26　网店运营招聘中的任职要求

二、实训目的

掌握网店运营数据分析的方法。

三、实训内容

（1）从网店后台登录“生意参谋”，通过“生意参谋”获取网店的运营数据。

（2）分析网店流量数据，包括访客数、浏览量、人均浏览量、关注店铺人数；店铺流量来源的结构、商品流量来源的结构；访客的访问时间、地域分布等。查看相关数据近一周的变化趋势，并分析变化原因；与同行平均水平及优秀水平进行比较，并提出优化方案。

（3）分析网店页面数据，包括 PC 端和无线端店铺首页的浏览量、访客数、点击率、跳失率和平均停留时长；商品详情页的浏览量、访客数、点击率、跳失率和平均停留时长。查看相关数据近一周的变化趋势，并分析变化原因；与同行平均水平及优秀水平进行比较，并提出优化方案。

（4）分析网店转化数据，包括支付买家数、支付金额、支付转化率、下单买家数、下单转化率、客单价等。查看相关数据近一周的变化趋势，并分析变化原因；与同行平均水平及优秀水平进行比较，并提出优化方案。

（5）将上述分析数据以图表的形式呈现出来，并结合上述优化方案制作一份 PPT。

参考文献

[1] 雷莉，黄睿．网店运营与推广从入门到精通（微课版）[M]．北京：人民邮电出版社，2021．

[2] 沈易娟，杨凯，王艳艳．电子商务与现代物流 [M]．上海：上海交通大学出版社，2020．

[3] 晏小庆，王慧，路阳．网店客服 [M]．镇江：江苏大学出版社，2019．

[4] 白东蕊．网店运营与管理（视频指导版）[M]．北京：人民邮电出版社，2019．

[5] 葛青龙．网店运营与管理 [M]．北京：电子工业出版社，2018．

[6] 黄红辉．网店运营与推广 [M]．北京：电子工业出版社，2018．

[7] 蒲先祥，邱新泉，孙明．网店运营与管理 [M]．镇江：江苏大学出版社，2017．